Zu diesem Buch

Das Buch wendet sich an homosexuelle liebende Menschen, die ihre seelischen Möglichkeiten ausweiten und ihr Leben bewußter gestalten und in die Hand nehmen möchten.

Um es nutzbringend für sich anwenden zu können, ist weder ein Psychologiestudium noch für die Durchführung der Trainingsprogramme die Anleitung durch einen Psychotherapeuten erforderlich. Es ist so leicht verständlich und praxisbezogen geschrieben, daß es auch der Laie versteht und die daraus zu gewinnenden Erkenntnisse unmittelbar auf sein Leben anwenden kann.

Abgesehen von Problembereichen, die ganz spezifisch Homosexuelle betreffen, kann dieses «Psycho-Buch» selbstverständlich auch von Heterosexuellen sehr gewinnbringend gelesen und durchgearbeitet werden.

Der Autor

Dipl.-Päd. Dr. Erhard Köllner hat Pädagogik, Psychologie und Soziologie studiert. Tätigkeiten in der Drogenberatung, Heimerziehung und Roma-Sozialarbeit. Engagement in der schwulen Emanzipationsbewegung. Psychotherapeut und freier wissenschaftlicher Publizist.

Veröffentlichungen u. a.:

«Homosexuelle Sozialisation und Gay Counselling», Münster: Lit 1990. «Pädagogische Bemühungen», Münster: Lit 1991.

Erhard Köllner

Schwul und selbstbewußt

Ein Programm fürs
Coming-out

Rowohlt

Originalausgabe
Veröffentlicht im Rowohlt Taschenbuch Verlag GmbH,
Reinbek bei Hamburg, Januar 1994
Copyright © 1994 by Rowohlt Taschenbuch Verlag GmbH,
Reinbek bei Hamburg
Lektorat: Jürgen Volbeding
Umschlaggestaltung: Thomas Henning
Satz: Galliard (Linotronic 500)
Gesamtherstellung: Clausen & Bosse, Leck
Printed in Germany
1290-ISBN 3 499 19634 4

Für
Heike
Ute
Antje
Anke
Tim und
Ingo

Inhalt

Vorwort

Das vorliegende Buch wendet sich an homosexuelle liebende Menschen, die ihre seelischen Möglichkeiten ausweiten und ihr Leben bewußter gestalten und in die Hand nehmen möchten.

Um das Buch für sich nutzbringend anwenden zu können, ist weder ein Psychologiestudium noch für die Durchführung der Trainingsprogramme die Anleitung durch einen Psychotherapeuten erforderlich.
Es ist so leicht verständlich und praxisbezogen geschrieben, daß es auch der Laie versteht und die daraus zu gewinnenden Erkenntnisse unmittelbar auf sein Leben anwenden kann.

Abgesehen von Problembereichen, die ganz spezifisch Homosexuelle betreffen, kann dieses «Psycho-Buch» selbstverständlich auch von Heterosexuellen sehr gewinnbringend gelesen und durchgearbeitet werden.

Das Buch gliedert sich in vier Teile:

Teil I
Theoretisches **Grundlagenwissen.** Einblick in die bei Menschen ablaufenden innerseelischen Prozesse, in die Prozesse, die in Gruppen ablaufen, und die Möglichkeit der Steuerung dieser Prozesse, Kenntnisse, über die Ausdrücksmöglichkeiten der Körpersprache, der «Verhaltensgesetze», der Verhaltensänderung und Verhaltensbeeinflussung, der Möglichkeiten des sozialen Lernens und Kommunizierenlernens, des Umgangs mit Aggression und der partnerschaftlichen Konfliktlösung.

Teil II
Selbsterfahrungsprogramm. Dieses Programm bietet die Chance, in 10 Sitzungen zu jeweils 3 Stunden sich selbst und andere in einer Gruppe zu erfahren, mit dem Ziel, neue Möglichkeiten des seelischen Wachstums und der seelischen Weiterentwicklung zu entdecken (z. B. die eigene Person realistischer wahrnehmen, die «eigenen blinden Flecken» verkleinern, zu lernen, angemessen Gefühle auszudrücken, Feedback zu geben, Konflikte zu lösen und angstfreier zu werden) sowie gemeinsam mit den Gruppenteilnehmern die eigene schwule Biographie zu reflektieren und sich für den Schwulenalltag gemeinsam neue Perspektiven zu erarbeiten.

Teil III
Partnertraining. Es enthält ein Selbsterfahrungsprogramm für Paare. Auch hier werden in 10 Sitzungen verschiedene Konfliktpotentiale des zwischenmenschlichen Miteinanders angegangen mit dem Ziel, seelisches Wachstum und interpersonale Weiterentwicklung zu erreichen.
Das wichtigste Ziel dieses sozialen Lern- und Trainingsprogramms für Paare ist der Aufbau eines Kommunikationssystems in der Partnerschaft, die es erlaubt, Störfaktoren und Probleme in der Beziehung so wahrzunehmen, daß sie einer Änderung zugänglich sind, und beide Partner in die Lage versetzt, sich ihrer Bedürfnisse in der Beziehung bewußter zu werden und zu lernen, sie besser zu befriedigen.

Teil IV
Selbstsicherheitstraining. Es enthält ein nach verhaltenstherapeutischen Prinzipien aufgebautes Selbstsicherheitstraining, das ermöglicht, Schüchternheit und soziale Ängstlichkeit abzubauen und soziale und kommunikative Kompetenz zu erwerben. Die Übungen dieses Programms werden zweckmäßigerweise in einer Gruppe von 6–12 Teilnehmern durchgeführt. Eine Anleitung durch einen therapeutischen Leiter/Trainer ist nicht notwendig. Das Programm kann notfalls auch nur paarweise durchgeführt werden. Aufgrund der hohen Bedeutung, die dem Modellernen bei diesem Übungsprogramm zu-

kommt, sind die erzielbaren Lernprozesse dann allerdings nicht so effizient wie in der Gruppe.

Sowohl das Selbsterfahrungsprogramm als auch das Partnertraining und das Selbstsicherheitstraining setzen voraus, daß die Teilnehmer das im Teil I angebotene Grundlagenwissen erarbeitet haben.

Durch ein lediglich theoretisches Studium des Buches erschließt sich der Leser zwar wertvolle Einsichten in zwischenmenschliche Zusammenhänge und in die grundlegenden «psychischen Abläufe», bleibt aber ohne tiefere Wirkung an der Oberfläche von Wissen und Erkenntnis stehen.

Nur wer zusätzlich die angebotenen Übungen durcharbeitet und das erworbene Wissen und die neuen Verhaltensalternativen konkret im Alltag anwendet, also den Inhalt des Buches in seine eigene Erfahrungswelt integriert, erschließt sich den vollen Nutzen dieses Buches!

1 Theoretische Grundlegung

Ist Verhalten veränderbar und erlernbar? Lassen sich unerwünschte Verhaltensweisen durch Lernen abbauen und gewünschte Verhaltensweisen durch Lernprozesse erwerben? Wie lassen sich Partnerkonflikte bereits im Vorfeld ihres Entstehens erkennen und beheben? Kann man Kommunizieren erlernen? Wie können Mißverständnisse und Störungen in der zwischenmenschlichen Kommunikation erkannt und behoben werden? Wie geht man mit Aggressionen um? Wie werden Gefühle durch Körpersprache ausgedrückt? Was passiert in Gruppen? Was ist Gruppendynamik? Wie lassen sich Gruppenprozesse steuern? Wie findet man zu sich selbst? Gibt es einen Weg zum Glücklichsein?
Diese und viele andere Fragen werden im nachfolgenden Kapitel behandelt.

Einstimmung

Das Wort «Selbstverwirklichung» ist in aller Munde. Verstanden wird darunter häufig ein Prozeß der Personwerdung, in der der einzelne seine Anlagen entfaltet und seine Ziele entdeckt und ihnen nachstrebt.
Bereits der Philosoph Friedrich Nietzsche forderte: «Werde, der du bist!» Rautenberg und Rogoll, zwei moderne Psychotherapeuten, wenden diese Aufforderung um: «Werde, der du werden kannst!»

Für William Schutz, einen amerikanischen Psychologen, rührt körperliche Freude von einem Körper her, der ohne unnötige Anstrengung reibungslos und selbstverständlich funktioniert – einem Körper, in dem sich die Gelenke locker bewegen, die Muskeln Spannkraft besitzen, das Blut die Adern kräftig durchpulst, der Atem frei und tief geht, der Verdauungstrakt störungsfrei arbeitet, die Sexualorgane leistungsfähig sind und das Nervensystem einwandfrei funktioniert.

Freude, so könnte man sagen, ist das Gefühl, das sich einstellt, wenn der Mensch alles das verwirklicht, was ihm an Möglichkeiten gegeben ist.

Zufriedenheit, meint der Theologe, Psychologe und Soziologe Siegfried Rudolf Dunde, ist nicht so sehr abhängig von der Menge an Lust, die wir gewinnen, sondern von unserer Einstellung, das zu genießen, was wir haben, auch wenn es nur weniges ist.

Zu einem guten Leben gehört es, das Dasein so zu nehmen, wie es ist und nicht wie ich mir wünsche, daß es wäre. Wichtig dabei ist die Gelassenheit, uns nicht gegen das Unabänderliche zu empören. Wir müssen die Grenzen unseres Seins und unseres Vermögens annehmen. Die Welt bejahen, lieben und arbeiten und sowohl die eigenen Grenzen als auch die Geschenke des Lebens dankbar annehmen.

Die **humanistische Psychologie** (Maslow, Horney, Goldstein, Rogers, Perls, Cohn) geht von der im Menschen angelegten Fähigkeit aus, sich selbst zu verwirklichen. Entscheidend ist, seinen eigenen Kräften und Möglichkeiten zu trauen und im «Hier und Jetzt» für seine Gefühle und sein inneres Erleben Verantwortung zu übernehmen.

Gesundheit wird als ein natürlicher Zustand betrachtet; die Mittel, ihn zu erreichen, liegen in der Reichweite eines jeden von uns. Der **Weg zum Glücklichsein** im Sinne der Humanistischen Psychologie ist ein Weg, der auf der Verantwortlichkeit und Verpflichtung sich selbst gegenüber beruht, auf der Lebenslust und dem Bedürfnis, alles das zu sein, wofür man sich im jeweiligen Augenblick entschieden hat.

Solange die **seelischen Problemzonen** unangetastet bleiben, kann auch die Notwendigkeit, sich zu ändern und Verantwortung zu übernehmen, unterlaufen werden. Das **alte psychologische Stabilisierungssystem** dient dem Zweck, Verantwortlichkeit von sich selbst abzuwehren und die Anstöße zur Veränderung in Grenzen zu halten.

Da sich das Augenmerk der Humanistischen Psychologie besonders auf die innerseelischen Prozesse von Menschen bezieht, bezeichne ich diese Psychologierichtung auch häufig als «**Erlebenspsychologie**». Unterbrich mal für einen Augenblick das Lesen. Schließe die Augen und konzentriere dich ganz auf dich selbst. Spüre, wie du ganz entspannt dasitzt, wie das Blut deinen Körper warm durchfließt und dein Atem ganz leicht, fast wie von selbst geht.

Nun mache deine Augen wieder auf, lies weiter und laß den Text auf dich wirken!

Sollte ich auf all die Dinge verzichten, die ich so gerne tun möchte? Sollte ich wirklich mein Leben nach den Vorstellungen anderer einrichten? Ist das Aufschieben auf später die richtige Lebensweise? Die richtige Antwort ganz kurz zusammengefaßt lautet: Lebe... Sei du selbst... Genieße... Liebe!

Ein tatkräftiges, glückliches Leben führen heißt, jeden Tag und jeden einzelnen Augenblick eines Tages auskosten, heißt, sich glücklich fühlen und die Möglichkeiten des gegebenen Augenblicks voll auszuschöpfen.

Statt der Depression das Glücklichsein wählen

Mit den Problemen in deinem Leben umgehen zu können heißt: auf deine innere Fähigkeit zu vertrauen, zu jeder Zeit die Emotionen empfinden zu können, die du tatsächlich empfinden möchtest. Das ist eine radikale Anschauung! Vermutlich bist du im Glauben aufgewachsen, daß du deine Gefühle nicht beeinflussen kannst; daß dir Ärger, Angst, Haß oder Liebe, Ekstase oder Freude usw. ohne eigenes Zutun widerfahren. Das soll sich jetzt ändern. Du willst künftig ein Mensch werden, der seine Gefühle steuert und nicht einfach hinnimmt.

Ohne zuvor einen Gedanken gedacht zu haben, kannst du kein Gefühl (Emotion) verspüren. Ohne dein Gehirn ist auch deine Fähigkeit zu «fühlen» ausgelöscht. Ein Gefühl ist eine körperliche Reaktion auf einen Gedanken. Immer wenn du weinst, rot wirst, wenn dein Herz schneller schlägt oder sonst eine der ungezählten Formen möglicher emotionaler Reaktionen bei dir auftritt, dann hast du zuvor ein Signal aus deinem Gehirn empfangen.

Jedem Gefühl, das du hast, ist ein Gedanke vorausgegangen, ohne Gehirn kannst du nicht fühlen. Die Schlußfolgerung, die du daraus ziehst, ist ebenfalls unangreifbar. Wenn du deine Gedanken steuern kannst und deine Gefühle wiederum aus deinen Gedanken resultieren, dann kannst du auch deine Gefühle steuern, indem du nämlich die Gedanken beeinflußt, die ihnen vorausgehen. Du selbst machst dich unglücklich durch das, was du über die Menschen oder Dinge in deinem Leben denkst? Ein freier, gesunder Mensch werden heißt lernen, anders zu denken. Wenn du erst deine Gedanken verändern kannst, werden bald deine neuen Gefühle zum Vorschein kommen, und damit hast du schon den ersten Schritt in Richtung auf deine persönliche Freiheit getan.

Die Kultur, in der du aufgewachsen bist, hat dich gelehrt, daß du für deine Gefühle nichts kannst. Hier folgt eine kurze Aufstellung solcher Äußerungen, die du immer wieder gebraucht hast. Achte darauf, was sie wirklich aussagen!
– «Du tust mir weh!»
– «Du machst mich traurig!»
– «Ich kann nichts dafür, daß ich so empfinde!»
– «Ich ärgere mich einfach, ich kann auch nicht erklären, warum!»
– «Er geht mir auf die Nerven!»
– «In großen Höhen bekomme ich immer Angst!»
– «Du machst mich ganz verlegen!»
– «Er regt mich mächtig auf!»
– «Ihr habt mich vor aller Augen blamiert!»
   Diese Liste ließe sich unendlich fortsetzen. In jedem Satz ist die Versicherung eingeschlossen, daß man für seine Gefühle nicht selbst verantwortlich ist.
   Ändere du nun die Liste der Wahrheit entsprechend, so daß sie die Tatsache widerspiegelt, daß du Herr deiner Gefühle bist und daß deine Gefühle aus den Gedanken resultieren, die du dir über die Dinge machst.

– «Ich habe mir selbst weh getan mit dem, was ich mir über deine Reaktionen auf mich eingeredet habe.»
– «Ich habe mich selbst traurig gemacht.»

– «Es liegt an mir, was ich empfinde, aber jetzt im Augenblick möchte ich mich aufregen.»
– «Ich habe mich dazu entschlossen, mich jetzt zu ärgern, weil ich normalerweise andere mit meinem Ärger manipulieren kann und dann das Gefühl habe, andere zu beherrschen.»
– «Ich gehe mir selbst auf die Nerven.»
– «In großen Höhen ängstige ich mich.»
– «Ich mache mich selbst verlegen.»
– «Immer, wenn ich in deine Nähe komme, bin ich erregt.»
– «Ich bin mir selbst blamiert vorgekommen, weil ich eure Meinung über mich ernster genommen hab als meine eigene und weil ich gedacht habe, daß die anderen das auch tun würden.»

Die Kunst, nicht unglücklich zu sein

Auf neue Art zu denken ist nicht leicht. Es bedarf einiger Anstrengungen, um alle die Denkgewohnheiten, die du dir bis heute angeeignet hast, abzulegen. Glücklich zu sein ist einfach, aber lernen, nicht unglücklich zu sein, kann ungeheuer schwierig werden.

Genauso, wie du die selbstschädigenden Verhaltensweisen gelernt hast, kannst du auch lernen, dich nicht mehr unglücklich, ärgerlich, verletzt und frustriert zu fühlen.

Du brauchst dein Glück nicht zu suchen, entscheide dich einfach dafür

Es geht hier um dein Vermögen, in jedem einzelnen Augenblick deines Lebens das Glücklichsein zu wählen oder dich zumindest nicht für das Unglücklichsein zu entscheiden.

Ebenso wie es dir freisteht, statt Niedergeschlagenheit inneres Wohlbefinden anzustreben, kannst du in zahllosen Vorkommnissen des täglichen Lebens selbstverwirklichende Verhaltensweisen den selbstzerstörenden vorziehen.

Du hast die Entscheidung getroffen, dir nicht mehr die Laune verderben zu lassen. Du hast dich dafür entschieden, die alten, selbstschädigenden Gefühle in einem langsamen Prozeß schrittweise gegen gesunde neue Gefühle und Gewohnheiten auszutauschen.

Nur du selbst kannst deine Lage verbessern oder deine Lebensfreude vermehren. An dir ist es, die Steuerung deines eigenen Bewußtseins zu übernehmen und dann die neuen Gefühle und Verhaltensweisen einzuüben, für die du selbst dich entschieden hast.

Innere Lähmung – wie man sie vermeidet

Innere Lähmung kann von leichter Unentschlossenheit und Zögern bis zur völligen Unfähigkeit zu handeln reichen. Hält Ärger dich davor zurück, manches zu sagen, zu empfinden oder zu tun? Wenn das so ist, bist du gelähmt. Hindert deine Schüchternheit dich daran, mit Leuten zusammenzutreffen, die du gerne kennenlernen möchtest? Wenn ja, dann bist du gelähmt und läßt dir Erlebnisse entgehen, die dir einfach zustehen.

Lähmungserscheinungen erstrecken sich über ein breites Spektrum. So gut wie alle negativen Gefühle verursachen Selbstbehinderung; das allein ist schon Grund genug, sie weitgehend aus deinem Leben zu verbannen.

Leben im «Hier und Jetzt»

Das Leben voll ausschöpfen heißt vor allem, ganz im gegenwärtigen Augenblick und bewußt im «Jetzt» zu leben.

Der gegenwärtige Augenblick, dieser flüchtige Moment, in dem du lebst, ist am schönsten, wenn du dich ganz darin verlierst. Koste jeden Augenblick bis zur Neige; lasse das, was vergangen ist, beiseite und das Zukünftige in Ruhe auf dich zukommen.

Wer es versteht, den gegenwärtigen Augenblick zu ergreifen und wirklich etwas Einmaliges daraus zu machen, hat sich für ein freies, reiches und erfülltes Leben entschieden.

Seelisches Wachstum bedeutet Leben

Nachweis für Leben ist Wachstum! Dies gilt auch auf psychologischem Gebiet. Solange du innerlich wächst und dich weiterentwikkelst, bist du lebendig. Es steht in deinem Belieben, dich eher durch das Bedürfnis zur Weiterentwicklung leiten zu lassen als durch den Wunsch, deine Mängel mühsam zu kitten. Es genügt, zu erkennen, daß du immer noch weiterwachsen, Fortschritte machen, dich weiterentwickeln und entfalten kannst.

Wenn du auf inneres Wachstum setzt, ist persönliche Autonomie in deinem Leben die natürliche Folge. Autonomie meint dabei, daß du selbst über dein Schicksal bestimmst. Du wartest nicht auf «günstige Umstände» oder gibst den Verhältnissen die Schuld, sondern übernimmst im jeweiligen Moment deines Lebens die Verantwortung für dich selbst und schöpfst alle in dir schlummernden Wachstumspotentiale im «Hier und Jetzt» aus.

Grundlagenwissen

Der Mensch, ein soziales Wesen

Meines Wissens lassen sich beim Menschen hinsichtlich seines Sozialverhaltens drei Grundbedürfnisse hervorheben: Zugehörigkeit, Steuerung und Zuneigung.

Zugehörigkeit meint das Bedürfnis, sowohl mit anderen Menschen zusammmen als auch allein zu sein.
Steuerung ist das Bestreben, genügend Einfluß auszuüben, um die eigene Zukunft günstig mitbestimmen zu können, andererseits aber auch Einfluß preiszugeben, sich von anderen belehren, unterstützen und bisweilen auch etwas an Verantwortung abnehmen zu lassen.
Zuneigung beinhaltet als menschliches Grundbedürfnis zum einen, zu vermeiden, durch allzu starke Beteiligung in emotionale Schwierigkeiten zu geraten, zum anderen, zu verhindern, daß man zuwenig Zuneigung gibt und empfängt und ein ödes, steriles Leben führt – ohne Liebe.

Für viele Menschen, vielleicht sogar für die meisten Menschen, sind andere Menschen die Hauptquelle der Freude. Freude bedingt die Möglichkeit des Leids: Andere Menschen können einem ebenso das Leben zur Hölle machen, wie sie einem den Himmel bereiten können.
Ein wesentlicher Aspekt der Zugehörigkeit besteht darin, daß man eine ausgeprägte Persönlichkeit ist, d. h. daß man eine fest umrissene Identität besitzt. Eine entscheidende Voraussetzung für Anerkennung und Aufmerksamkeit ist, daß sich der einzelne Mensch von anderen Menschen unterscheidet. Er muß als ein spezifisches Individuum erkennbar sein – er muß eine besondere Identität besitzen. Der höchste Grad dieser Identifizierung ist, daß er verstanden wird. Verstanden werden bedeutet, daß jemand an dir in einem solchen Maße interes-

siert ist, daß er sich die Mühe macht, deine spezifischen Persönlichkeitsmerkmale herauszufinden.

Das Zuneigungsverhalten bezieht sich auf intime persönliche emotionale Empfindungen zwischen zwei Menschen, insbesondere auf Liebe und Haß in ihren verschiedenen Schattierungen und Abstufungen.

Bei der Entwicklung einer Gruppe oder einer persönlichen Beziehung folgen auf die Probleme der Zugehörigkeit in der Regel die Probleme der Steuerung.

Der Mensch, der in einem extrem geringen Maße auf Steuerung anderer bedacht ist, der sogenannte «**Abdikrat**», neigt in seinem Verhalten anderen Menschen gegenüber dazu, sich zu unterwerfen und auf jede Macht und Verantwortung zu verzichten. Er strebt mit Vorliebe untergeordnete Positionen an, in denen er keine Verantwortung auf sich zu nehmen und keine Entscheidungen zu treffen braucht und in denen jemand anderes die nötigen Anordnungen erteilt.

Der «**Autokrat**» ist dagegen ein Mensch, dessen Verhalten anderen Menschen gegenüber in extremer Weise von Herrschgelüsten geprägt ist. Er wünscht sich eine Machthierarchie, in der er selbst an der Spitze steht. Er ist machthungrig und konkurrenzfreudig. Er hat Angst, daß andere Menschen sich von ihm nicht beeinflussen oder steuern lassen oder daß sie ihn gar beherrschen wollen.

Der Unterschied zwischen Zugehörigkeitsverhalten, Steuerungsverhalten und Zuneigungsverhalten läßt sich an den verschiedenen Empfindungen verdeutlichen, die sich bei einem Mann einstellen, wenn er von einer Freizeitgruppe abgewiesen wird, wenn er bei seinem Professor in einem Examen durchfällt oder wenn er von seinem schwulen Freund einen Korb bekommt. Die Freizeitgruppe nimmt ihn nicht – man macht ihm klar, daß man als Gruppe nicht genügend an ihm interessiert ist. Der Professor läßt ihn durchfallen und sagt ihm damit praktisch, daß er ihn auf diesem Gebiet für inkompetent hält. Der schwule Freund gibt ihm einen Korb und deutet damit an, daß er ihn nicht liebenswert findet.

Pädagogik und Psychologie der Gruppe:

Gruppendynamik

Der Begriff «**Gruppendynamik**», den 1944 erstmals der amerikanische Sozialpsychologe Kurt Levin verwandte, umfaßt folgende zwei große Teilbereiche:
1. Die Gesamtheit aller sozialpsychologischen Phänomene in Kleingruppen sowie die natürlichen Gesetze, die sie beherrschen.
2. Die Gesamtheit aller Methoden, die es gestatten, mit Hilfe von Gruppen auf die Persönlichkeit einzuwirken.

Ab wann kann man von einer Gruppe sprechen? Gibt es bestimmte typische Phänomene, die in allen Gruppen zu beobachten sind? Gibt es bestimmte Kriterien, die erfüllt sein müssen, um von einer Gruppe sprechen zu können?

Mucchielli nennt **sieben grundlegende psychologische Charakteristika**, nach denen sich Primärgruppen (Familie, Nachbarn, Freundeskreis, Freizeitclubs, Schulklassen, Arbeitskollegen usw.) definieren lassen:
1. **Interaktion** (Kontaktnehmen), d. h., daß jedes Gruppenmitglied zu einem bestimmten anderen Gruppenmitglied oder zu einer ganzen Gruppe handelt und reagiert.
2. **Entstehung von Normen.** Verstanden werden darunter Verhaltensregeln, die mit der Zeit in Primärgruppen aufkommen. Was mit diesen Normen in Einklang steht, wird von den Gruppenmitgliedern als «günstig» betrachtet und formt das Wertsystem der Gruppe.
3. **Existenz von Zielen.** Durch gemeinsames Lösen von Problemen und Ausführen von Aufgaben bilden sich Gruppenziele heraus. Die Gemeinsamkeit der Ziele hält die Gruppe zusammen.
4. **Vorhandensein gemeinsamer Emotionen und Gefühle** in bezug auf die Situation, in denen sich die Gruppe befindet, stellen sich ein. Die Folge sind gemeinsame (gruppenspezifische) Handlungs- und Reaktionsweisen.
5. **Das Aufkommen einer informellen affektiven Gruppenstruk-**

tur, d. h., es kommt zu einer Auf- und Verteilung von Sympathien und Antipathien, nach denen sich Einfluß und Stellung der beliebten und unbeliebten, abgelehnten Mitglieder richten, die aber auch das Entstehen von Cliquen oder Untergruppen innerhalb der Gruppe als Ausgangspunkte für Konflikte und Sympathien steuern.

6. Vorhandensein gemeinsamer nichtbewußter Phänomene, d. h. «wunde Punkte» oder «blinde Flecken» in bezug auf andere Gruppen mit anderer Normenstruktur und anderen Zielen, zu denen eine feindliche Konkurrenzbeziehung eingegangen wird oder heftige Antipathien bestehen, ohne daß den Gruppenmitgliedern dies selbst bewußt wird.

7. Erhaltung des inneren Gleichgewichts und eines stabilen Bezugssystems zur Umwelt. Im Laufe der Schicksalsfälle ihres Bestehens errichtet die Gruppe ein zweifaches Gleichgewicht: ein inneres und ein äußeres, d. h. innerhalb der Gruppe selbst und in bezug auf ihre Umgebung.

Wenn dieses Gleichgewicht durch irgendwelche Ereignisse gestört wird, bildet die Gruppe nach deren Überwindung und im Falle des Weiterbestehens ein neues Gleichgewicht.

Das Problem der Konformität
Zwei besonders negative Phänomene von Gruppen sind der Konformitätsdruck und das Außenseitertum.

Der **Konformitätsdruck** richtet sich auf jedes Gruppenmitglied. Die bestimmenden Faktoren für sein Zustandekommen sind vor allem zwei Faktoren: das Bedürfnis nach Bestätigung und das Bedürfnis nach Sicherheit, welche beide einem menschlichen Grundbedürfnis entsprechen und zusammenhängen.

An der Stärke des Konformitätsdrucks läßt sich ablesen, wie «offen» oder «geschlossen» die jeweilige Gruppenstruktur ist, ob die Toleranzgrenzen für Abweichung sehr weit oder eng gezogen sind, Widerspruch erlaubt bzw. erwünscht ist oder starr auf Konsens (völliges Übereinstimmen) gepocht wird.

Der **Außenseiter** ist ein Individuum am «Rande» der Gruppe. Der räumliche Vergleich verrät den «geistigen Abstand» (Meinungen, Normen, Werte) von den Standards der Gruppe.

Er hält sich am Rande, verläßt das Spielfeld oder wird des Feldes verwiesen.

Gruppendynamisch gesehen trägt der Außenseiter Entscheidendes zum Zusammenhalt einer Gruppe bei. Er ermöglicht den einzelnen Gruppenmitgliedern und der Gruppe als Gesamtheit eine Negativabgrenzung: «So wie der wollen wir nicht sein!», «So wie der sind wir nicht!» Die Rolle des Außenseiters muß nicht von einem Mitglied der Eigengruppe eingenommen werden; sie kann auch von einer Fremdgruppe wahrgenommen werden.

Ablehnung von Konformitätsdruck und Angst, in die Rolle des Außenseiters zu geraten, sind die zwei Hauptgründe, weshalb ausgesprochene Individualisten sich ungern einer Gruppe anschließen. Die Hauptaufgabe eines demokratisch orientierten Gruppenleiters ist es daher, die Gruppenstruktur möglichst in Richtung einer Lockerung des Konformitätsdrucks und der Verhinderung von Außenseitertum zu verändern.

Soziometrie

Die «Soziometrie» ist eine von Jacob Levy Moreno entwickelte Methode, die es gestattet, die sozioaffektive Gruppenstruktur aufzudecken.

Dabei werden die Mitglieder einer Gruppe aufgefordert, andere Mitglieder zu wählen. Um das affektive Kräfteverhältnis einer Klasse, die bestehenden Sympathien und Antipathien der Schüler untereinander festzustellen, könnte der Klassenlehrer z. B. Schüler auffordern, auf einem Blatt verdeckt aufzuschreiben, neben wem er gerne sitzen möchte und neben wem unter keinen Umständen. Das Ergebnis zeigt dann, daß einzelne Schüler von relativ vielen Klassenkameraden gewählt werden («Stars»), andere wiederum keine Wahl bekommen («Isolierte») oder nur negative Wahlen («Abgelehnte») und einzelne Schüler sich gegenseitig wählen («Paare»).

Soziogramm (Moreno)

«Stars»: beliebte Personen, die von vielen Mitgliedern an erster oder zweiter Stelle gesetzt werden
«Isolierte»: Personen, die keine Wahl bekommen
«Abgelehnte»: Personen, die nur negative Wahlen bekommen
«Untergruppen»: «Paare», «Trios», «Vierergruppen», «Cliquen».

Gruppenposition und «Führungsqualitäten»

Sieht man von den Extrempositionen (positiv: Gruppenstar; negativ: Gruppenaußenseiter) ab, sind die Mitglieder von Gruppen meistens in der Position des **Members**, d. h. lediglich Gruppenmitglieder («Mitläufertum»).

Daneben gibt es noch die β-**Position** (Homans, Olmsted), die Position des «Fachmanns» («Experten»). Dies ist ein Gruppenmitglied mit ausgesprochen individualistischen Zügen, der aber über außergewöhnliche Fähigkeiten verfügt. Ihm werden hinsichtlich Konformitätsdruck erhebliche Zugeständnisse gemacht, und er wird sowohl vom Gruppenführer als auch von der Mehrzahl der Gruppenmitglieder umworben, da man zur Erreichung zentraler Gruppenziele auf ihn nicht verzichten kann oder will.

Untergruppen («Paare», «Trios», «Vierergruppen», «Cliquen») sind ehemalige ranghohe Mitglieder («Exstars» oder «Experten»), die sich mit eng befreundeten Members von der Gesamtgruppe absetzten.

Ein Gruppenführer mit «sozialer Sensibilität» wird Untergruppen, ähnlich wie einem Gruppenmitglied in der β-Position, Kooperationsangebote und hinsichtlich Konformitätsdruck weitgehendste Zugeständnisse machen.

Der ideale Gruppenführer ist «**Head-Leader**» (intellektueller Anführer) und zugleich «**Emotion-Leader**» (tonangebend hinsichtlich der Gefühle und Affekte), wobei letzteres, Emotion-Leader zu sein, die bedeutendere Rolle ist.

Ausdrucksformen der Körpersprache

Signale sind Hinweiszeichen, die ein Mensch benützt, um anderen zu zeigen, als was für eine Art von Persönlichkeit er gelten möchte (Lüscher).

Solche **«Signale der Persönlichkeit»** (Lüscher) sind also alle von einem Menschen ausgewählten Verhaltensweisen, Mittel und Ausdrucksweisen, die bei seinen Mitmenschen die gewünschte Einschätzung erzielen sollen. Die Art des äußeren Outfits (Kleidung, Frisur, Schmuck, Kosmetik usw.) spielen dabei ebenso eine Rolle wie verschiedene sonstige Ausdrucksweisen der Körpersprache, wie Gestik, Mimik, Gebärden, Körperhaltung, Klangfarbe und Tonfall der Stimme usw.

In diesen Signalen können die verschiedenartigsten Haltungen zum Ausdruck kommen, von der arroganten Wichtigtuerei bis zur absichtlichen Bescheidenheit, der vor sich selbst verborgenen Eitelkeit.

Wer die Signale bewußt kennt und einordnet, versteht die Sprache der Motive. Er versteht mehr, als Worte allein sagen und ausdrücken können. All dies setzt voraus, sich mit den vielfältigen Ausdrucksformen der Körpersprache auseinanderzusetzen.

Körpersprache ist Symbolsprache

In ihrer vielfältigen Form von Gesten und Bewegung enthüllt die Körpersprache unbewußte Motive und verschleierte Gefühle.

Gewöhnlich bezeichnet man die Augen als den «Spiegel der Seele». Manche Augen glänzen und funkeln, manche leuchten wie Sterne, andere sind matt und glanzlos und viele leer und ausdruckslos. Natürlich ändert sich der Ausdruck in den Augen. Deshalb suchen wir nach dem typischen Blick. Manche Augen sind traurig, andere zornig, manche sind kalt und hart, andere mild und gewinnend.

Daß ein enger Zusammenhang zwischen seelischen (psychischen) und körperlichen (physischen) Faktoren besteht, wird allgemein anerkannt.

Dies kommt auch in vielen gängigen Redewendungen zum Ausdruck, in denen durch die Beschreibung von Körpergebärden auf die dahin-

ter stehenden seelischen Empfindungen verwiesen wird. Hierzu kurz
eine kleine Auswahl:
- Den Kopf verlieren.
- Kopf hoch!
- Ein saures Gesicht machen.
- Bis über beide Ohren verliebt sein.
- Sich die Haare raufen.
- Die Zähne zusammenbeißen.
- Nicht in jemandes Haut stecken mögen.
- Die Nase rümpfen.
- Sich an die eigene Nase fassen.
- Einen guten Riecher haben.
- Gebrochenen Herzens.
- Frei von der Leber weg reden.
- Seinem Ärger Luft machen.
- Ins Auge gehen.
- Große Augen machen.
- Großmaul!
- Die andere Wange hinhalten.
- (Kein) Rückgrat haben.
- Den Buckel hinunterrutschen.
- In die Arme nehmen.
- Auf den Arm nehmen.
- Sich es aus den Fingern saugen.
- Mit der Faust auf den Tisch hauen.
- Mit vollen Händen.
- Sich ein Bein ausreißen.
- Mit beiden Beinen auf der Erde stehen.
- Mit zitternden (schlotternden) Knien.
- Unter die Haut gehen.
- Aus der Haut fahren.
- In Berührung bleiben.
- Das kratzt mich nicht.

Häufig gestattet die genaue Beobachtung des nonverbalen Ausdrucksverhaltens (der Körpersprache) einen exakten Rückschluß auf die

wahre gefühlsmäßige Stimmungslage des Senders. Wenn beispielsweise eine Person mit zitternder Stimme behauptet: «Ich habe keine
Angst…» und ihm auch noch die Knie dabei schlottern, überzeugt
sein nonverbales Ausdrucksverhalten mehr als seine Worte.
Andererseits kann aber die Körpersprache auch vieldeutig sein und des
Rückfragens oder der sprachlichen Vergewisserung bedürfen. Ein
weiteres Problem ist, daß die Körpersprache keine durchgängige Uni-
versalität besitzt. So bedeutet beispielsweise in unserem Kulturkreis
Kopfschütteln «Nein!» bzw. Ablehnung und Kopfnicken «Ja!» bzw.
Zustimmung, während in einzelnen Bevölkerungsgruppen in Indien
damit genau das Umgekehrte ausgedrückt wird.

Sowohl im Selbsterfahrungsprogramm als auch im Partnertraining
werden zahlreiche Übungen zum nonverbalen Ausdrucksverhalten
angeboten.
Die nachfolgende Tabelle enthält eine Zusammenstellung von Kör-
persignalen mit Kurzhinweis, wie sie gängigerweise in unserem Kulturkreis «übersetzt» werden.

Ausdrucksformen der Körpersprache

Körperliches Signal	Ausgedrücktes Gefühl
Mit den Augen zwinkern	Zeichen für Vertrautheit
Sich auf die Stirne schlagen	Etwas vergessen haben
Hochmütiger Ausdruck, ohne Lächeln, mit erhobenem Kopf	Dominanz
Nervöses, apologetisches Lächeln und gesenkter Kopf	Submission
Hohe, laute Stimme, schnelles Sprechen, Abbrechen	Unterdrückte Wut
Hohe, laute Stimme, schnelles Sprechen, kaum Abbrechen	Offene Wut

Tiefe und schwache Stimme, langsames Sprechen, verstärktes Abbrechen	Unterdrückte Depression
Tiefe und schwache Stimme, langsames Sprechen, kaum Abbrechen	Offene Depression
Verstärktes Abbrechen (in schneller Abfolge)	Angst
Arme verschränken	Sich isolieren oder schützen wollen
Mit den Achseln zucken	Zeichen für Gleichgültigkeit
Jemanden sanft an der Schulter oder am Kopf berühren	Zeichen für helfen wollen
Jemandem auf die Schulter klopfen	Zeichen für Anerkennung
Mit den Fingern trommeln	Zeichen für Ungeduld
Zurückgezogene Schultern	Unterdrückter Zorn
Hochgezogene Schultern	Angst, Angstgefühle signalisieren
Gebeugte Schultern	Vermitteln den Eindruck einer drückenden Last
Breite und stämmige Schultern	Sind Ausdruck für mangelnde Bereitschaft, Verantwortung auf sich zu nehmen
Einen anderen räumlich bedrängen	Seine Führungsrolle zum Ausdruck bringen
Kopf erheben	Überlegene Rolle spielen
Kopf senken	Untergeordnete Rolle einnehmen

Häufiges Anschauen	Versuch, eine engere Beziehung herzustellen
Häufiges Anschauen, zusammen mit einem Lächeln	Freundliche Annäherung
An einem Menschen vorbeiblicken, dem man gerade zuhört	Ich bin mit dem, was er sagt, nicht ganz einverstanden
Wenn man wegsieht, während man selbst spricht	Ich bin mir dessen, was ich sage, nicht ganz sicher
Vom Partner wegsehen	Ich möchte was verbergen Ich möchte nicht, daß du meine Gefühle errätst
Schneller Blick und anschließendes Senken des Auges	Ich vertraue dir Ich habe keine Angst vor dir
Jemanden länger anstarren, als es die konventionelle Höflichkeit zuläßt	Mißbilligung ausdrücken, den anderen demütigen; kann auch als sexuelle «Anmache» vom anderen verstanden werden und zur Aggression reizen
Blicke unter Männern: Reaktion auf Anstarren	Provoziert beim Gegenüber Verlegenheit oder Zorn Wenn sich die Blicke begegnen, ist es die Pflicht dessen, der anstarrte, als erster den Blick abzuwenden
Hochziehen einer Augenbraue	Ein klassisches Signal für Zweifel
Hochziehen beider Augenbrauen	Signal für Überraschung
Senken beider Augenbrauen	Signal für Unbehagen und Mißtrauen

Sprechen, begleitet von Handbewegungen oder Spielen mit dem Ring an einem Finger	Nervosität, Verlegenheit und Furcht
Wenn Augen und Gesicht plötzlich «zusammenfallen», eine Person sich zu bemühen scheint, ihren Gesichtsausdruck «zurückzudrängen», oder wenn seine Gesichtszüge «verschwimmen»	Vorgang, der als Schuldgefühl zu interpretieren ist
Übermäßig sprunghafte Bewegung	Signal für Enttäuschung und Frustration
Sich zusammenziehende Körperbewegung, mit deren Hilfe sich eine Person allem Anschein nach verstecken will	Zeichen für depressiven Zustand
Plötzliches Vorwärtsbewegen des Kopfes und des ganzen Körpers	Zeichen für Kraft und Energie
Wenn der Kopf sich zur Seite neigt, der Betreffende in der Stellung verharrt und die Finger dabei verschränkt	Langeweile
Intensiver Blick, gerunzelte Stirn und einen Blick nach unten gerichtet	Nachdenken
Die Brille abnehmen oder in eine andere Richtung schauen	Wunsch, nicht zu sehen oder nicht gesehen zu werden

Verhaltensgesetze

Es war immer wieder von «Verhaltensänderung», von «Verlernen» von Verhalten und vom «Lernen» neuer Verhaltensweisen die Rede.

Das nachfolgende Kapitel befaßt sich damit, inwieweit Verhalten «angeboren» ist oder durch Lernen «erworben» wird und auf welchem Weg, nach welchen Gesetzmäßigkeiten, Verhalten gelernt wird.

Die vorangestellte Kernthese, die es noch zu beweisen gilt, lautet: **«Verhalten ist gelernt, kann verlernt und neu gelernt werden.»**

Ist Verhalten angeboren oder erworben?

Menschen unterscheiden sich von anderen Lebewesen dadurch, daß sie hinsichtlich bestimmter Merkmale weniger durch ihre Erbanlagen festgelegt sind: Menschen können sehr viele Eigenarten und Verhaltensweisen durch Lernen erwerben.

Die Fähigkeit zu lernen hat dem Menschen in seiner kulturgeschichtlichen Entwicklung ermöglicht, sich an verschiedenartige Umweltsituationen anzupassen.

In einigen Merkmalen sind wir stärker durch Erbanlagen festgelegt, andere erwerben wir vorwiegend durch Lernvorgänge.

– Festgelegt durch Erbanlagen sind zum Beispiel: Sexualtrieb, Geschlecht, Augenfarbe.

– Teilweise festgelegt, aber beeinflußbar sind Eigenschaften wie Körperbau und Verstand: Unsere intellektuellen Fähigkeiten werden durch Erziehung und Ausbildung, unsere Konstitution wird durch Lebensumstände und Erziehungsgewohnheiten mitbestimmt.

– Fast ausschließlich durch Lernvorgänge erworben werden motorische Bewegungsabläufe (Gehen, Autofahren, Tanzen), Gefühle und Empfindungen (Freude, Ärger, Angst in bestimmten Situationen), Bewertungen, Vorlieben und Normen (etwas gut oder schlecht finden, Gebote achten). Solche Fähigkeiten bilden wir im Zusammenhang mit bestimmten Reifungsvorgängen und Umweltbedingungen aus. Wir können sie teilweise wieder verlernen – und wir können neue Fähigkeiten und Verhaltensweisen hinzulernen.

**Individuelle Unterschiede und Gemeinsamkeiten
von Lernprozessen und Lernergebnissen**

Ich habe Angst beim Schwimmen	Du hast Angst beim Fliegen
Ich werde unsicher, wenn man mich kritisiert	Du ärgerst dich über schüchterne Menschen
Ich schaffe es nicht, einen Materialfehler zu reklamieren	Du beschwerst dich auch in einem vornehmen Restaurant
Ich bin sexuell nicht so schnell erregbar	Du bist sexuell sehr stark erregbar
Ich spreche schlecht Englisch	Du sprichst fließend Englisch
Ich kleide mich gerne elegant	Du legst wenig Wert auf dein Äußeres
Ich glaube nicht an Gott	Du glaubst an Gott

In vielen Dingen sind wir ganz verschieden
Wir sind zusammen in die Schule gegangen
Wir sind auch noch jetzt befreundet
Wir wandern beide gerne
Wir tanzen beide gerne
Wir sind beide Nichtraucher
Wir interessieren uns beide für klassische Musik
Wir gehen gerne gemeinsam aus

In vielen Dingen sind wir uns ähnlich
Noch stärkere Unterschiede entdecken wir oft, wenn wir uns mit Menschen vergleichen, die eine ganz andere Schul- und Berufsausbildung haben oder in einer völlig anderen Umwelt aufgewachsen sind – in

einem anderen Milieu (einem kleinen Dorf), einem anderen Land (Amerika), in einer anderen Kultur (China).

Unterschiede und Ähnlichkeiten sind nur zu einem geringen Teil erklärbar durch Erbanlagen. Vielmehr ergeben sich die meisten Unterschiede und Gemeinsamkeiten bei Menschen – im Hinblick auf ihr Verhalten, ihre Fähigkeiten, ihre Einstellungen, ihre Wertmaßstäbe, ihre Gefühle dadurch,
– daß sie mit unterschiedlichen/ähnlichen Bedingungen (Signalreizen, Konsequenzen) konfrontiert werden,
– daß sie in unterschiedlichen/ähnlichen Verhaltensweisen bekräftigt werden,
– daß sie unterschiedliche/ähnliche Modelle beobachten.

Reaktionen auf Signalreize *
Auf bestimmte Signalreize reagiert jeder Mensch normalerweise ganz reflexartig:
Jemand hinter mir knallt mit Wucht ein Buch auf den Tisch. Ich spanne mich an, drehe mich um, habe ganz kurz ein unbehagliches Gefühl.
Der Arzt gibt mir einen Schlag auf die Kniescheibe. Mein Bein streckt sich.
Ein Grashalm kitzelt meine Nase. Ich muß niesen.
Ich sehe etwas, was mir besonders gut schmeckt. Ich spüre, wie sich in meinem Mund Speichel ansammelt.
Mein Freund streichelt mich zärtlich. Ich fühle mich wohl, ich entspanne mich, ich spüre, wie sich mein Glied aufrichtet.

Wenn Reize, die an sich nicht unangenehm sind, oft gleichzeitig auftreten mit unangenehmen, angstauslösenden Signalen, dann lösen sie allmählich ebenfalls Angst in uns aus.
– – Der dreijährige Thorsten streichelt das weiche Fell eines Kaninchens. Plötzlich hört er einen lauten Ton und erschrickt. Das passiert noch ein paarmal: Er streichelt das weiche Fell, hört den lauten Ton

---

* Wissenschaftlicher Begriff: klassische Konditionierung

und erschrickt. Dann hat er auf einmal Angst, wenn er das weiche Fell berührt.

– – Heiner streichelt sein Glied. Er hat ein angenehmes Gefühl dabei. Die Mutter sieht das, sie gibt ihm einen Klaps auf die Hand und sagt: «Das ist böse, das darfst du nicht.» Jedesmal, wenn die Mutter sieht, daß Heiner sein Glied streichelt, gibt sie ihm einen Klaps und sagt: «Das ist böse.» Allmählich fühlt sich Heiner unbehaglich, wenn er sein Glied streichelt, und denkt: «Das ist böse!»

Durch die Koppelung von unangenehmen Signalreizen mit zunächst neutralen Reizen lernen wir, Furcht und Unbehagen vor vielen Dingen zu empfinden. Manchmal entsteht ein Unbehagen oder eine Angst durch eine Reihe von Erlebnissen. Manchmal genügt ein einziges Ereignis, um eine starke, lang andauernde Angst in uns auszulösen.

– – Als kleines Kind hat mich einmal eine Katze angesprungen. Dadurch, daß es so plötzlich kam, habe ich mich furchtbar erschreckt. Noch heute gehe ich nicht zu Leuten in die Wohnung, die Katzen haben. Ich lehne solche Leute überhaupt immer etwas ab.

Durch die Verbindung von unangenehmen Erfahrungen mit neutralen Reizen können wir die unterschiedlichsten Ängste lernen:
Wir haben Angst vor Hunden, vor großen Höhen, davor, Fehler zu machen, davor, jemandem zu sagen, daß wir ihn mögen, vor sexuellen Begegnungen.
Denn diese Ereignisse signalisieren:
Du wirst gebissen, das tut weh!
Du fällst runter und fällst und fällst!
Du blamierst dich, alle lachen dich aus!
Du wirst zurückgestoßen oder verletzt!
Du tust etwas Schlechtes. Oder: Du wirst versagen. Oder: Es wird doch wieder eine Enttäuschung.

Sehr häufig versuchen Menschen ihre Ängste dadurch zu bewältigen, daß sie ein Vermeidungsverhalten ausbilden.
Um uns unangenehme Erfahrungen zu ersparen und um nicht unseren Ängsten ausgeliefert zu sein, versuchen wir diejenigen Situationen zu

vermeiden, in denen die Signalreize auftreten könnten, die unsere Angst auslösen:

Wir gehen nirgendwo mehr hin, wo Hunde sein könnten.

Wir übernehmen keine Aufgaben, bei denen wir Fehler machen könnten.

Wir melden uns nicht zur Prüfung.

Wir gehen Menschen, die wir eigentlich mögen, aus dem Weg.

Wenn wir alle Situationen vermeiden, in denen die angstauslösenden Signale auftreten könnten, haben wir gleichzeitig keine Möglichkeit zu überprüfen, ob unsere Befürchtung auch wirklich eintritt.

Wir haben Angst davor, gebissen zu werden, aber wir erleben es nicht. Wir befürchten, kritisiert zu werden, aber wir haben keine Möglichkeit herauszufinden, ob man uns wirklich kritisiert, weil wir alle Situationen vermeiden, in denen möglicherweise Kritik geäußert werden könnte.

Vermeidungsverhalten verhindert das Verlernen und den Abbau von Ängsten. Durch Vermeidungsverhalten können sich Ängste festigen und Lebens- und Verhaltensspielraum von Menschen stark eingeschränkt werden.

Wir halten fest

Ängste können durch die Koppelung von unangenehmen, beängstigenden Signalreizen und zunächst neutralen Reizen entstehen. Durch die Koppelung entwickeln sich inhaltlich sehr verschiedenartige Ängste. Durch Vermeiden der angstauslösenden Signale können sich solche Ängste verfestigen.

Lernen durch Bekräftigung *

Wenn auf unser Verhalten ein für uns angenehmer Zustand erfolgt, so wird dieses Verhalten dadurch bekräftigt und tritt in Zukunft mit größerer Wahrscheinlichkeit auf.

---

* Wissenschaftlicher Begriff: operante (instrumentelle) Konditionierung

– – Heiner ist traurig und weint. Sein Luftballon ist zerplatzt. Die Mutter tröstet ihn mit einem Stück Schokolade. Das schmeckt. Heiner baut einen Turm; der Turm fällt um. Heiner ist traurig und fängt an zu weinen. Die Mutter tröstet ihn mit einem Stück Schokolade. Immer wenn ihm etwas nicht gelingt, fängt Heiner an zu weinen und wartet auf das Stück Schokolade, mit dem die Mutter ihn tröstet. Manchmal weint er auch, wenn alles in Ordnung ist. Heiners Weinen wird durch die Schokolade, über die er sich freut, bekräftigt. Heiner weint allmählich häufiger.

– – Michael kommt dazu, wie die Mutter seinen kleinen Bruder badet. Er darf dabei helfen und den Kleinen in der Wanne halten. Es macht ihm Spaß, wie der Kleine lacht und daß die Mutter sich über seine Hilfe freut. Am nächsten Tag hilft er wieder, den kleinen Bruder zu versorgen. Die Freude des kleinen Bruders und seiner Mutter bekräftigt das hilfsbereite Verhalten von Michael.

– – Andreas und Thorsten sind zu einer Party eingeladen. Thorsten hat etwas Angst, er kennt niemanden von den anderen Gästen. Andreas mixt ihm einen Drink und sagt: «Trink, dann geht es besser!» Und Thorsten hat tatsächlich das Gefühl, freier und gelöster zu sein. Auch vor der nächsten Party helfen ihm ein paar Drinks, seine Angst vor fremden Menschen zu vergessen, sich leicht und unbeschwert zu fühlen. Bei Thorsten wird das Trinken von Alkohol dadurch bekräftigt, daß es ihm die Angst vor Fremden nimmt.

Unser Verhalten kann durch verschiedene Dinge und Ereignisse bekräftigt werden:
– durch materielle Belohnung (Dinge, die uns wichtig sind – Geld, Schokolade, Platten, Getränke),
– durch soziale Zuwendung (Lächeln, Lob, Freundlichkeit von anderen),
– durch uns selbst (wenn wir mit uns zufrieden sind, wenn wir uns selbst loben können)
– durch das Aufhören eines unangenehmen Zustands (wenn unsere Zahnschmerzen nach dem Gang zum Zahnarzt verschwunden sind,

kann dieses Erlebnis fördern, daß wir sofort bei Beschwerden den Zahnarzt aufsuchen).

Oft tritt ein Verhalten, das unter bestimmten Bedingungen bekräftigt wurde, auch in anderen, ähnlichen Situationen auf:
Heiner weint auch in Situationen, in denen alles in Ordnung ist. Michael ist auch gegenüber anderen Menschen hilfsbereit. Thorsten beginnt auch zu trinken, wenn er eine unangenehme Sache bei einer Behörde zu erledigen hat, wenn er Ärger im Büro hat, wenn er keine Lust hat, zur Arbeit zu gehen, denn es erleichtert ihn.

Menschen können individuell sehr verschiedene Dinge angenehm finden:
Frau H. ist es sehr wichtig, daß ihre Kinder in der Schule gute Zensuren haben. Herr H. ißt furchtbar gern Eisbein. Manuela freut sich, wenn die Jungen hinter ihr herpfeifen. Michael liest gern vor dem Einschlafen noch einen Krimi.

In verschiedenen Situationen können unterschiedliche Dinge für uns angenehm oder bedeutungslos sein:
Wenn ich gerade zwei Tafeln Schokolade gegessen habe, freue ich mich nicht, wenn mir jemand ein Stück Schokolade anbietet. Wenn ich einsam und traurig bin, freue ich mich über jeden Anruf. Wenn ich abgehetzt vom Büro komme, ärgert es mich, wenn Leute anrufen und mich beim Fernsehen stören.
– – Früher war ich ziemlich ängstlich und schüchtern. Da war es sehr wichtig für mich zu wissen, was andere von mir dachten, daß sie mich mochten. Heute ist es mir nicht mehr so wichtig, was andere über mich denken. Entscheidender ist, daß ich mit mir zufrieden sein kann.
Durch Bekräftigung können inhaltlich sehr verschiedene Verhaltensweisen gefördert werden:
Hans freut sich, wenn seine Mutter ihn lobt. Sie lobt ihn vor allen Dingen, wenn er gute Zensuren nach Hause bringt. Wenn er sich anderen Kindern gegenüber kameradschaftlich verhält, beachtet sie das nicht besonders. Hanno freut sich, wenn andere Kinder ihn beachten. Die anderen lachen über ihn, wenn er Faxen macht; wenn er einmal

ernsthaft mit ihnen reden möchte, sind sie nicht an ihm interessiert. Andreas hat ein großes Bedürfnis nach materieller Sicherheit. Ein gutes Gehalt bedeutet ihm viel. Er wird dafür bezahlt, daß er andere straff kontrolliert. Frau H. freut sich, wenn man bemerkt, wie perfekt und sauber sie ihren Haushalt führt. Frau K. schätzt es, wenn man ihren beruflichen Erfolg anerkennt. Thorsten macht es froh, wenn Männer ihn charmant und sexy finden.

Verhaltensweisen, die häufig bekräftigt werden, treten eher auf als solche, die selten bekräftigt werden:
– – Wenn Elke mit ihren Puppen spielt, lobt die Mutter sie häufig: «Das ist aber nett, wie du deine Puppe angezogen hast.» Wenn Elke mit dem technischen Baukasten spielt, wird sie nur selten gelobt. Wenn ihr Bruder dagegen mit dem Baukasten bastelt, lobt ihn die Mutter oft wegen seiner Geschicklichkeit; wenn er mit Elkes Puppen spielt, lobt sie ihn nicht. Die anderen Erwachsenen verhalten sich ähnlich. Allmählich ist Elke immer weniger an den technischen Spielsachen des Bruders interessiert, und er kümmert sich nicht um ihre Puppen.

Wenn auf ein Verhalten die erwartete und gewöhnte Bekräftigung überhaupt nicht mehr folgt, tritt es allmählich seltener auf und kann so verlernt – gelöscht – werden:
– – Wenn Heiner keine Schokolade mehr bekommt, wenn er weint, wird er allmählich seltener weinen. Wenn ich für meine Arbeit nicht mehr bezahlt werde, höre ich auf zu arbeiten.

Verhaltensweisen, für die wir uns selbst bekräftigen, bleiben erhalten, auch wenn die äußere Bekräftigung entfällt:
– – Elke macht es Spaß, mit ihren Puppen zu spielen, sie beschäftigt sich mit ihnen, auch wenn die Mutter sie allmählich nicht mehr dafür lobt. Auch wenn die Mutter Michael nicht mehr für seine Hilfsbereitschaft lobt, kann es ihm weiter Freude machen, den kleinen Bruder zu baden. Der Spaß dabei und die Zufriedenheit mit sich halten jetzt sein hilfsbereites Verhalten aufrecht.

Wenn ich mit bestimmten Verhaltensweisen bei mir einverstanden bin, hat das Lob von anderen eine nicht so große Bedeutung: Ich zeige dies Verhalten auch unabhängig vom Lob der anderen. Die meisten Menschen haben sowohl Verhaltensweisen, die durch Selbstbekräftigung aufrechterhalten werden, als auch Verhaltensweisen, die durch regelmäßige materielle Belohnung oder soziale Anerkennung aufrechterhalten werden.

Wir halten fest
Folgt auf ein Verhalten ein angenehmer Zustand (materielle Belohnung, soziale Zuwendung, Beendigung eines unangenehmen Zustandes), so wird es dadurch bekräftigt und tritt in Zukunft mit größerer Wahrscheinlichkeit auf. Durch regelmäßige Bekräftigung kann ein Verhalten gefördert und aufrechterhalten werden. Durch Entzug der Bekräftigung wird es gelöscht.

Lernen durch Bestrafung
Durch Bestrafung kann ein unerwünschtes oder gefährliches Verhalten sehr schnell unterdrückt werden:
– – Ich fahre mit 80 Stundenkilometern durch eine Ortschaft. Ein Polizist hält mich an und schreibt ein Strafmandat. Ich fahre mit vorgeschriebenem Tempo weiter.
– – Heiner schreibt bei einer Klassenarbeit von Irene ab. Die Lehrerin verwarnt ihn und droht, sein Heft einzuziehen. Heiner blickt jetzt nur noch auf sein Heft.
– – Michael fühlt sich sehr einsam, bis er entdeckt, daß die Menschen sich für ihn interessieren, wenn er Geld hat. Sie sprechen mit ihm, wenn er einen ausgibt. Und Michael ist glücklich, bis die Polizei ihn bei einem seiner Diebstähle erwischt, mit denen er das notwendige Geld beschafft. Er wird abgeführt und verurteilt.

Das unerwünschte Verhalten wird durch Bestrafung oder die Drohung mit Strafe zwar kurzfristig unterdrückt, jedoch nicht dauerhaft beseitigt. Oft lernen wir nur, die Bestrafung geschickter zu vermeiden: Wir achten genauer auf Polizisten und Radarkontrollen; wir lernen, unauffälliger abzuschreiben oder das Finanzamt zu hintergehen.

Durch Bestrafung lernen wir kein angemesseneres, günstigeres Verhalten: Durch Haftstrafe lernt niemand, wie er auf angemessene Art soziale Kontakte aufnehmen kann. Bestrafung ist sehr häufig mit beängstigenden, demütigenden Erfahrungen verbunden, die uns noch sehr lange belasten und beeinträchtigen können:

Wir können sehr lange nicht die Wut auf unseren Vater vergessen, der uns mit 14 Jahren noch geschlagen hat; in uns steigen immer wieder Wut und Haß auf gegen den Chef, der uns vor allen Kollegen angeschrien und blamiert hat, auf den Lehrer, der uns mit ironischem Grinsen schlechte Zensuren gab, auf den Mann, die Frau, die uns abgewiesen, ausgelacht haben.

Bestrafung kann auch darin bestehen, daß bestimmte angenehme Konsequenzen, die man erwartet hat, nicht eintreten: Wir bekommen keinen Kuß, weil wir nicht brav genug waren; kein Geld, weil wir eine Arbeit nicht rechtzeitig abliefern.

> **Wir halten fest**
> Durch Bestrafung können unerwünschte und gefährliche Verhaltensweisen schnell unterbrochen und kurzfristig unterdrückt, aber nicht dauerhaft beseitigt werden. Durch Bestrafung wird kein angemessenes Verhalten gelernt. Meist lernt man nur, Strafen und Kontrollen geschickter zu umgehen.

Lernen durch Beobachtung

Einen großen Teil unserer Verhaltensweisen lernen wir dadurch, daß wir das Verhalten anderer wahrnehmen, beobachten und nachahmen. Durch solches Beobachtungs- oder Modellernen (das oft nicht bewußt geschieht) übernehmen wir teilweise neue, komplexe Verhaltensweisen. Früher gelernte Verhaltensweisen können durch Beobachtung wieder ausgelöscht werden.

– – Claudia mag oft nicht essen, wenn alles bereit ist und die Familie am Tisch sitzt. Die Mutter schimpft mit ihr: «Du brauchst gar nicht zu maulen, du bleibst so lange sitzen, bis du alles aufgegessen hast!» Wenn dann alle fertig sind und aufstehen und die Mutter das Geschirr spült, sitzt Claudia immer noch vor ihrem Teller, und die Mutter ruft zwischendurch: «Heul nicht, iß!» Wenn Claudia mit ihrer Puppe spielt, dann mag die Puppe auch nichts essen, und Claudia sagt dann zu ihr: «Stell dich nicht so an, du mußt das aufessen!» Aber die Puppe ißt nicht. Und wenn Claudia ihr Puppengeschirr abspült, droht sie: «Du blöde Heulsuse, iß jetzt endlich!» Claudia behandelt ihre Puppe beim Essen genauso, wie ihre Mutter sie selbst behandelt.

– – Herr Meyer konnte durch das Zucken seiner Wange seine herabgerutschte Brille wieder hochschieben. Seine Söhne begannen ebenfalls, ihre Brillen auf diese Weise hochzuschieben. Die Söhne übernahmen diese Angewohnheit von ihrem Vater, weil sie praktisch und mehrmals täglich zu beobachten war.

– – An der Kreuzung zeigt die Ampel «Rot». Ein Mann geht trotzdem über die Straße. Eine Gruppe von Kindern geht hinterher. Wenn ein Erwachsener ein Verbot übertritt, ahmen Kinder das schnell nach. Durch Modellernen können auch Einstellungen, Haltung, Erlebnisweisen übernommen werden.

– – Die Lehrerin sagt oft zu Kindern, die einen Fehler gemacht haben: «Wollen wir mal zusammen überlegen, was du nicht verstanden hast?» Im Förderunterricht kann Michael eine Aufgabe nicht lösen. Heiner sagt ihm: «Kann ich dir helfen? Wollen wir die Aufgabe zusammen machen?» Die Lehrerin ist ein Modell für freundliches, kooperatives Verhalten.

– – Michael hat aus Versehen mit seinem Ball ein Fenster eingeschmissen. Ängstlich geht er nach Hause. Dort empfängt ihn sein Vater wütend mit einer Tracht Prügel. «Das wird dich lehren, so unvorsichtig zu sein!» Am nächsten Tag spielt Michael mit anderen Kindern auf der Straße Fußball. Heiner stößt den Ball aus Versehen unter ein Auto. Der Ball wird ganz plattgedrückt. Michael ist ganz wütend; er schlägt auf Heiner ein: «Verdammt noch mal, kannst du nicht aufpassen?» Michael verhält sich in einer Situation, wo ihm jemand einen Schaden zufügt, in ähnlicher Form aggressiv wie sein Vater.

– – Irenes Mutter mag es nicht, wenn ihre Kinder sie nackt sehen. Sie schließt die Türe immer ab, wenn sie sich wäscht oder anzieht. Bei einer Klassenreise lachen die anderen Kinder über Irene, weil sie sich so anstellt und sich nicht vor den anderen waschen mag. Irene hat von ihrer Mutter das vorsichtige, gehemmte Verhalten gegenüber körperlicher Nacktheit übernommen.

Verhalten wird unter folgenden Bedingungen durch Modellernen übernommen:
- Der Beobachter hat eine gute gefühlsmäßige Beziehung zu dem Modell.
- Das Modell ist für den Beobachter wichtig (es verfügt zum Beispiel über Bekräftiger, an denen dem Beobachter liegt – Eltern, Lehrer, Freunde, Partner).
- Der Beobachter ist bei der Beobachtung emotional stark beteiligt.
- Das Modell wird für sein Verhalten bekräftigt.
- Der Beobachter wird für das Zeigen des beobachteten Verhaltens bekräftigt.

– – Michael geht zum erstenmal mit seiner Mutter zum Zahnarzt. Im Wartezimmer rutscht die Mutter unruhig auf ihrem Stuhl hin und her. Sie ist aufgeregt, mag nicht mit Michael sprechen und blättert nervös in den Zeitschriften. Michael geht mit ihr in das Behandlungszimmer. Die Mutter fragt: «Es tut doch nicht weh?» Sie beginnt zu jammern, als der Zahnarzt bohrt. Anschließend soll Michael behandelt werden. Er weigert sich jedoch, sich in den Behandlungsstuhl zu setzen, und beginnt zu weinen: «Ich will nicht, ich will nicht, das tut so weh!» Die Mutter muß ihn schließlich auf dem Arm nach Hause tragen und lange streicheln, um ihn zu beruhigen. Auch beim nächstenmal zeigt Michael starke Ängste beim Zahnarzt und weint so lange, bis die Mutter ihn wieder nach Hause bringt. Michael entwickelt eine Angst vor dem Zahnarzt, weil er das ängstliche Verhalten seiner Mutter beobachtet hat und weil er für sein eigenes ängstliches Verhalten durch die Zuwendung der Mutter bekräftigt wurde.

Auch Ängste und das Vermeiden schwieriger Situationen können durch Modellernen übernommen werden.
– – Michaels Mutter konnte nicht reklamieren: Wenn sie zuwenig Wechselgeld herausbekam oder wenn sich die Kassiererin verrechnet hatte, konnte sie sie nicht darauf aufmerksam machen. Sie konnte auch nicht zurückgehen und es beanstanden, wenn sie verdorbene Lebensmittel erhalten hatte. Sie schimpfte dann fürchterlich über den «Betrug» und schickte den Vater los. Als Michael allein lebte, verhielt er

sich genauso wie seine Mutter; er schaffte es ebenfalls nicht, etwas zu reklamieren. Seine Mutter vermied es auch, zu Behörden zu gehen oder Formulare auszufüllen, sie überließ das immer dem Vater. Michael zeigt selber genau das gleiche Vermeidungsverhalten. Wenn irgendwie möglich, schickt er jemand anders. Vermutlich hat er dieses Verhalten von seiner Mutter übernommen, weil er es so oft bei ihr beobachtet hat und weil er bemerkte, daß sie dafür bekräftigt wurde (der Vater nahm es ihr ab). Eigentlich ärgert sich Michael immer darüber, daß er kein angemesseneres Verhalten gelernt hat.

Unerwünschte Verhaltensweisen kann man dadurch ersetzen, daß man erwünschtere Verhaltensweisen an einem Modell beobachtet und übernimmt:
– – Michael hat dann einfach beobachtet, wie andere Leute in Läden etwas beanstandet haben, und ist mit seinem Freund zu Behörden gegangen, um zu sehen, wie man sich in einer solchen Situation verhält. Er hat dann auch versucht, sich in diesen Situationen so zu verhalten, wie er es beobachtet hatte. Inzwischen kann er Dinge – wenn auch noch mit Herzklopfen – beanstanden. Auch macht er selbst eine Steuererklärung. Und neulich sagte er zu mir: «Ich bin sehr viel zufriedener mit mir, weil ich die unangenehmen Situationen nicht mehr vermeide!»

> **Wir halten fest**
> Durch die Wahrnehmung, Beobachtung und Nachahmung von Verhaltensweisen anderer lernen wir neue und komplexe Verhaltensweisen. Für die meisten Menschen sind die Eltern – oder andere Bezugspersonen während der Kindheit – wichtige Beobachtungsmodelle.

Wir übernehmen von ihnen auch Einstellungen, Werthaltungen und gefühlsmäßige Reaktionen. Wichtige Bedingungen für die Wirksamkeit eines Modells sind: eine gute gefühlsmäßige Beziehung zwischen Modell und Beobachter, Prestige des Modells, Bekräftigung des Modells und des Beobachters für sein Verhalten.

Kommunizieren lernen und umlernen

Da fast alle Leiden aus zwischenmenschlicher Kommunikation entstehen, steht sie für die Veränderung von sozialen Verhaltensweisen im Mittelpunkt allen Bemühens.

Jedes soziale Verhalten will im anderen etwas bewirken, aber oft wird die «Botschaft» anders aufgefaßt als vom Sender beabsichtigt (Watzlawick 1964), die Aussage erreicht das Gegenteil dessen, was man erhofft hat, im Extremfall hält der Empfänger den Sender für «böse» oder «verrückt» (Watzlawick 1964). Das kann häufig passieren, wenn die beiden Individuen eine sehr verschiedene «Lerngeschichte» haben, was die bei der Botschaft verwendeten Reize anbelangt: Derselbe Reiz kann je nach individueller «Verstärkungsgeschichte» ein konditionierter positiver oder aber negativer Verstärker sein.

Beispiel

Freund A sagt etwa: «Ich habe Kopfweh» und erwartet Zärtlichkeit (wie er sie daraufhin von seinen Eltern erfahren hat). Freund B verzieht sich darauf hinter seine Akten, Fernkurse, Zeitungen oder Sportsendungen (weil das bei seiner Mutter immer geheißen hat: «Ich kann heute nicht die geringste Aufregung vertragen. Zieh dich am besten stillschweigend in dein Zimmer hinter die Schularbeiten zurück!») Beide haben das unreflektierte Gefühl, richtig gehandelt zu haben, grollen einander und wissen nicht, warum, weil sie üblicherweise nicht gelernt haben, produktiv über ihre Beziehung zu sprechen.

Kommunikationslernen ist soziales Diskriminationslernen (Unterscheidungslernen)

Wie wirken bestimmte Verhaltensweisen auf den anderen? Wie wirken verschiedene Verhaltensweisen des anderen auf den Partner zurück? Mit welchen neuen Verhaltensweisen kann er beim anderen positivere Reaktionen hervorrufen, die gleichzeitig für ihn selbst befriedigender sind, seine eigenen Bedürfnisse genügend berücksichtigen? Wie können soziales Wahrnehmen und soziales Handeln optimal aufeinander abgestimmt werden?

Eines der wichtigsten Prinzipien des Kommunikationslernens besteht darin, den Beziehungsaspekt von Aussagen bewußt zu machen und vor allem zu üben, ihn offen auszusprechen (Gespräch über die Beziehung: **Metakommunikation!**).

Zwei Dinge müssen dabei gelernt werden: Erstens Rückmeldung von anderen erbitten, um zu klären, wie eine mehrdeutige Botschaft aufzufassen sei; zweitens Umschreibung (Paraphrasierungen) von sozialen Wahrnehmungen («ich habe das Gefühl, du willst mir damit sagen...» bzw. «ich wollte damit zum Ausdruck bringen...») zu geben.

Je weniger ein Partner mit Worten ausspricht, um so mehr sagt er oft auf der Ebene des Ausdrucksverhaltens. Eine der wichtigsten Techniken zur Förderung eines klaren (eindeutigen) Kommunikationsprozesses ist es, die Beobachtungen über die aktuelle nonverbale Kommunikation auszusprechen.

Der Partner, der beispielsweise «gekränkt» dreinblickt und schweigt, wird gebeten, sein Gefühl mit Worten auszudrücken, und der Freund sagt ihm, wie er diesen Blick empfunden hat, was er für ihn bedeutet, was er ihm «gesagt» hat. Es findet also eine Rückübersetzung in Worte statt über das, was einen untergründig stört, beunruhigt, ärgert.

Aussagen sind oft mehrdeutig. Der Empfänger muß sie aber vereindeutigen, will er im Sinne des Senders darauf reagieren können.

Beispiel

Partner A fragt seinen Freund, warum er nie Bekannte/Freunde mitbringe. Er antwortet: «Ach, sprechen wir nicht davon.» Gedacht hat er sich aber, er möchte seinem Freund Arbeit ersparen. Dieser aber ist verstimmt und bildet sich ein, er würde sich seiner schämen.

Rückfragen und Rückmeldungen können verhängnisvolle Kulturreaktionen gegenseitiger Mißverständnisse vermeiden. Im Idealfall folgt auf eine Aussage die Bestätigung des Empfängers (die zugleich eine Frage sein kann), wie er die Botschaft aufgefaßt hat, woraufhin der Sender diese Interpretation als richtig bestätigt oder die Auffassung korrigiert.

Ein sehr differenziertes Modell zwischenmenschlicher Kommunikation hat der Hamburger Kommunikationspsychologe Friedemann Schulz von Thun entwickelt.

Bei der zwischenmenschlichen Kommunikation geht Schulz von Thun von vier Dimensionen einer Nachricht (Botschaft) aus:

1. Sachinhalt (oder: Worüber ich informiere)
2. Selbstoffenbarung (oder: Was ich von mir selbst kundgebe)
3. Beziehung (oder: Was ich von dir halte und wie wir zueinander stehen)
4. Appell (oder: Wozu ich dich veranlassen möchte).

Die vier Seiten einer Nachricht (Botschaft)

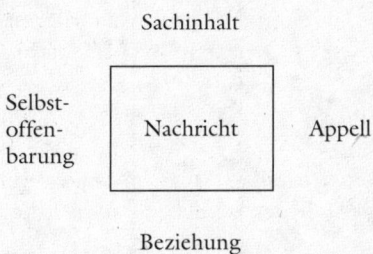

Daraus ergibt sich: Ein und dieselbe Nachricht enthält viele Botschaften gleichzeitig. Egal, ob der Sender dies will, er sendet immer gleichzeitig auf allen vier Seiten. Die Nachricht eines Beifahrers: «Du, da vorne ist grün!» kann unter kommunikationspsychologischer Lupe folgendes Botschaftsgeflecht ausdrücken:

«Botschaftsgeflecht» einer Nachricht

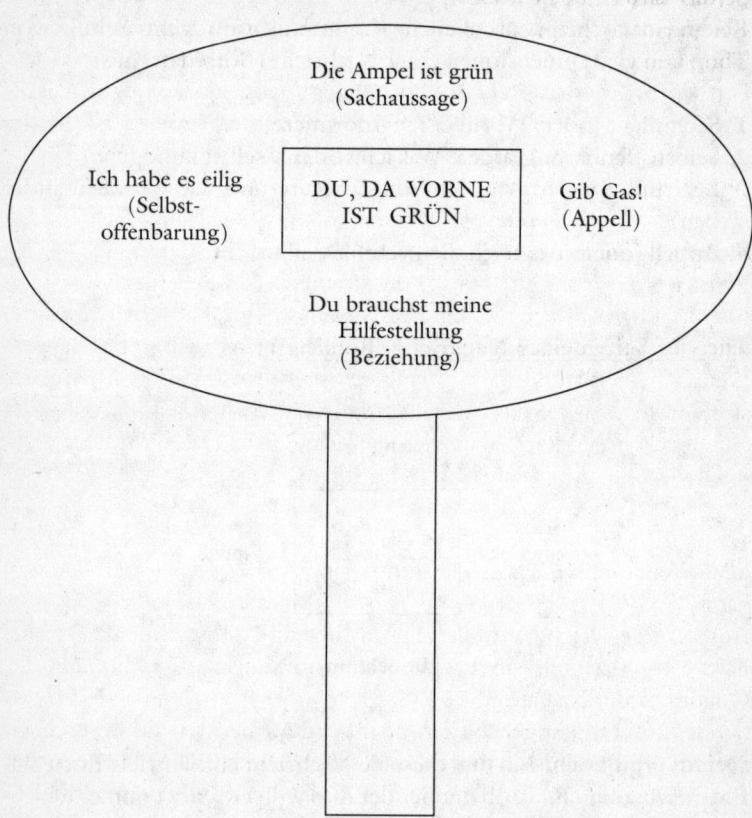

Weitere Probleme ergeben sich dadurch, daß gesendetes und empfangenes Botschaftsgeflecht erheblich voneinander abweichen können.

Beispiel

Ein Freundschaftspaar sitzt beim Mittagessen. Partner A fragt: «Was ist das Grüne in der Soße?» Worauf Partner B zur Antwort gibt: «Mein Gott, wenn es dir nicht schmeckt, kannst du ja woanders essen gehen!»

Partner B hätte natürlich auch auf die empfangene Nachricht reagieren können. Da seine Antwort auf den Beziehungsteil der Nachricht gerichtet war, wird das Mißverständnis sofort offenbar und damit auch prinzipiell reparabel. Anders wäre es gewesen, wenn Partner B – innerlich wütend und verletzt, aber dennoch bemüht, sachlich zu bleiben – knapp geantwortet hätte: «Das sind Kapern.» Weder für Partner A noch für Partner B noch für einen Außenstehenden wäre offenkundig, daß sich hier ein Mißverständnis ereignet hat. Vielleicht hätte Partner A nach einiger Zeit eine Verstimmung bei seinem Freund bemerkt und dann gefragt: «Ist irgendwas?» Erst dann bestünde die Chance, das Mißverständnis durch Metakommunikation aufzudecken. Vielfach aber bleiben solche verdeckten Mißverständnisse unaufgeklärt und stören künftig die Beziehung im Verborgenen.

Die Abb. 6 zeigt in Gegenüberstellung, welche Quadratur von Möglichkeiten jeweils die gesendete und empfangene Nachricht annehmen kann.

Aus dem Bisherigen wird deutlich: Mißverständnisse sind das Natürlichste von der Welt, sie ergeben sich fast zwangsläufig schon aus der Quadratur der Nachricht.

Sender und Empfänger sollten daher beim Aufdecken und Besprechen von Mißverständnissen nicht davon ausgehen, daß sich eine peinliche Panne ereignet hat, für die man den Nachweis der eigenen Schuldlosigkeit erbringen sollte. Wer «recht hat», ist weder eine entscheidbare noch eine wichtige Frage. Es stimmt eben beides: Der eine hat dieses gesagt, der andere jenes gehört.

Im Partnertraining wird ausführlich Gelegenheit gegeben, das Aufdecken von Störungen und Mißverständnissen in zwischenmenschlicher Kommunikation zu üben.

Die vier Seiten der gesendeten und der empfangenen Nachricht in einer Gegenüberstellung

Da ist was Grünes (Sachinhalt)

Ich weiß nicht, was es ist (Selbstoffenbarung)

Gesendete Nachricht

Sag mir, was es ist! (Appell)

Du wirst es wissen (Beziehung)

Da ist was Grünes (Sachinhalt)

Ich weiß nicht, was es ist (Selbstoffenbarung)

Empfangene Nachricht

Laß nächstes Mal das Grüne weg! (Appell)

Du bist ein mieser Koch (Beziehung)

Umgang mit Aggressionen

In einer gleichberechtigten Partnerschaft müssen immer wieder Dinge ausgehandelt werden. Dies setzt allerdings einen guten Streitstil voraus, den man, wie Charny 1969 und Bach/Wyden 1970 aufzeigen, lernen kann.

Zuvor aber einige Gedanken über die **Ursachen aggressiven Verhaltens bzw. die Entstehung von Aggressionen:**

Psychoanalyse und Ethnologie (Völkerkunde) neigen zu der Annahme, daß es einen angeborenen Aggressionstrieb gibt, der sich (aus weitgehend noch ungeklärten physiologischen Bedingungen) im Inneren des Organismus von Zeit zu Zeit immer wieder auflädt und zur Entladung drängt (Lorenz 1963; Elhardt 1969).

Die **Lernforschung** nimmt aufgrund ihrer Experimente eine Gegenposition ein. Sie hat nachgewiesen, daß die Häufigkeit von Verhaltensweisen, die als aggressiv bezeichnet werden, in erster Linie eine Funktion der direkten positiven Verstärkung ist, die der Aggressor für seine Handlungen erfährt, in zweiter Linie eine Funktion der Beobachtung erfolgreichen aggressiven Verhaltens in seiner sozialen Umgebung (Bandura und Walters 1963).

Eine mittlere Position bezieht die **Frustration-Aggression-Theorie** (Dollard, Doob, Miller, Mowrer und Sears): Sie nimmt an, daß jeder Aggression Versagungserlebnisse vorausgehen; daß außerdem Aggression die naturgegebene dominierende Reaktion auf Frustration sei, sofern nicht alternative Verhaltensweisen gelernt worden sind.
Keine dieser Forschungsrichtungen bezweifelt allerdings, daß Aggression ganz erheblich durch Lernvorgänge beeinflußt werden kann, und zwar in konstruktiver wie in destruktiver Richtung.

Eine der grundlegendsten Bedingungen für eine befriedigende Partnerschaft liegt in einer möglichst offenen Kommunikation, die auch die Mitteilung peinlicher und aggressiver Inhalte umfaßt.

Kommunikationslernen in bezug auf aggressive Regungen will dreierlei erreichen:

– Erstens müssen Ärgeräußerungen so erfolgen, daß der andere nicht verletzt ist und keine für den Partner unangenehmen Verhaltenskonsequenzen zieht.

– Zweitens müssen die Ärgeräußerungen in einem gewissen Maße vom inneren Druck entlasten und indirekte (meist langfristige) Ausdrucksformen überflüssig machen.

– Drittens soll der Ärger als Anstoß für ein problemlösendes Gespräch dienen, das die Paarbeziehung bzw. die gemeinsamen Befriedigungsmöglichkeiten verbessert.

Der bekannte amerikanische Paartherapeut George Bach unterscheidet beim Umgang mit aggressiven Impulsen innerhalb einer Paarbeziehung zwischen: Impakt, Aggression des I-Typs und Aggression des H-Typs.

«Impakt» meint den Wunsch, auf jemanden einzuwirken, Kontakt mit ihm herzustellen, sich persönlich zu zeigen und den anderen dazu zu bringen, sich zu stellen.

Während die «**Aggression des H-Typs**» eine feindselige Aggression ist, eine hilflose Reaktion auf Frustrationen infolge ungelöster Beziehungsprobleme, stellt die «**Aggression des I-Typs**» die leidenschaftliche Durchsetzung des Wunsches dar, die Partnerschaft zu verbessern. Durch wirksamen Impakt besteht die Möglichkeit, vom Partner zu erfahren, welche Bedeutung man für ihn hat.

In ihrem Buch «Streiten verbindet» betonen Bach und Wyden 15 Prinzipien, nach denen innerhalb einer Partnerschaft ein Streit fair ausgetragen werden kann:

(1) Wenn man einen Vorwurf macht, so soll er eindeutig und genau sein.

(2) Beklage dich nicht nur, sondern biete gleich eine vernünftige Möglichkeit zur Verhaltensänderung an. Das entschärft auch den Vorwurf.

(3) Lasse dir die wichtigsten Punkte vom Partner wörtlich wiederholen, damit du sicher bist, daß er dir zugehört hat oder damit du deinem Partner rückmeldest, daß du verstanden hast, was er möchte.

(4) Beschränke dich selbst auf die jeweilige Streitfrage. Sonst springst du ständig hin und her, ohne zu den wirklich wichtigen Problemen vorzustoßen.

(5) Vermeide Intoleranz und aalglattes Verhalten. Versuche, den eigenen Gefühlen gegenüber genauso offen zu sein wie denen deines Partners.

(6) Überlege dir immer eine Einigungsform. Vergiß nicht, daß eure verschiedenen Standpunkte zur selben Sache dennoch im gleichen Maße real sein können. Es gibt so gut wie keine objektive Realität zwischen Menschen.

(7) Laß keine Zwischenfragen zu, bis deine ursprünglichen Forderungen richtig verstanden sind und du darauf eine ganz klare Antwort erhalten hast.

(8) Glaube nicht, wissen zu können, was dein Partner denkt, bis du deine Vermutungen überprüft hast. Stelle auch keine Vermutungen darüber an, wie er reagieren wird, was er akzeptieren oder zurückweisen wird. «Hellseherei» ist nicht die «richtige» Methode.

(9) Unterstelle nichts, sondern frage! Korrigiere nie die Aussagen deines Partners über seine eigenen Empfindungen. Sage nie zu deinem Partner, daß er das eigentlich wissen, tun oder fühlen müßte.

(10) Versuche nie, deinem Partner einen Stempel aufzudrücken. Nenne ihn weder einen Feigling noch einen Neurotiker oder ein Kind. Falls du wirklich glaubst, daß dein Partner unverträglich ist oder ein grundlegender Bruch vorliegt und dir nun alles hoffnungslos erscheint, dann überlege, ob du immer noch mit ihm zusammen sein willst, wie du es wahrscheinlich ja noch bist. Gib keine weitreichenden abwertenden Urteile über die Gefühle deines Partners ab, insbesondere nicht darüber, ob sie echt oder wichtig sind.

(11) Sarkasmus als Streitform ist hinterhältig.

(12) Vergiß Vergangenes und bleib bei der «Hier-und-Jetzt-Situation». Alles, was einer von euch letztes Jahr, im letzten Monat oder gerade am Morgen tat, ist im Verhältnis zu dem, was er jetzt empfindet oder tut, unwichtig. Die Veränderungen, die du dir erbittest, können

sich ja auch höchstwahrscheinlich nicht mehr auf Vergangenes beziehen. Verletztsein, Vorwürfe, Ärger sollten als erstes geäußert werden, sonst könnte der Partner zu Recht annehmen, daß du sie sorgfältig als Waffen bereit gehalten hast.

(13) Überhäufe deinen Partner nicht mit Vorwürfen. Falls du es doch tust, muß er sich hoffnungslos fühlen und annehmen, daß du entweder ständig Vorwürfe angesammelt hast oder daß du nicht überlegt hast, worunter du leidest und was du ihm wirklich vorwerfen willst.

(14) Meditiere. Nimm dir Zeit, um deine echten Gedanken und Gefühle herauszubekommen, bevor du sprichst. Voreilige Reaktionen können oft die Sache nur verschlimmern oder sie bedeutender erscheinen lassen, als sie wirklich ist. Schließe ungestört deine Augen und denke in Ruhe nach.

(15) Vergiß nie, daß es in einem aufrichtigen Streitgespräch zwischen Intimpartnern nie nur einen Gewinner geben kann. Entweder gewinnen beide mehr Intimität, oder sie verlieren sie beide.

Das partnerzentrierte Gespräch

Die Form der Hilfe, die in einem offenen, klärenden Gespräch geleistet wird, beruht darauf, daß du es einem anderen Menschen ermöglichst, sich auszusprechen.

Du gibst ihm damit die Möglichkeit, seine Gefühle und Erlebnisse näher kennenzulernen und anzunehmen. An den Sachverhalten, die für den Gesprächspartner zum Problem geworden sind, kannst du durch ein solches Gespräch nichts ändern. Dennoch wird dein Partner durch eine offene Aussprache fähig werden, das Problem zu bewältigen. Er wird durch deine Einstellung des Akzeptierens (Rogers) eher in die Lage versetzt, sich als Person mit seinen individuellen Empfindungen anzunehmen und mit ihnen fertig zu werden.

Das hilfreiche Gespräch wird eine Beziehung der Verbundenheit und Nähe, des Vertrauens und der Zuneigung zwischen den Gesprächspartnern wachsen lassen. Insofern ist der «Helfer» nicht nur gebender, sondern auch empfangender Teil einer solchen Beziehung. Doch in dieser Form des Helfens wird das, was er aus dieser Begegnung für sich und seine Person mitnimmt, nicht auf Kosten des anderen gehen. Beide Partner erleben also gleichermaßen eine angenehme zwischenmenschliche Begegnung.

1. Prinzip der «Hilfe zur Selbsthilfe»

Die beste Hilfe für einen anderen Menschen ist es, ihn zu befähigen, sich selbst helfen zu können. Bei dieser Art von Hilfe stehen wir dem anderen bei und unterstützen ihn, wenn er versucht, sein Problem selbst zu lösen. Wir ermuntern ihn, alle seine Gefühle und Gedanken zu äußern, die er mit dem Problem verbindet. Diese werden ihm häufig nicht so klar und deutlich, wenn er sie nicht einem anderen anvertrauen kann und allein über das Problem nachdenken muß. Wir ermuntern ihn, selbständige Lösungsmöglichkeiten zu erwägen, bieten vielleicht selbst unsere Vorstellungen darüber an, überlassen aber dem Gesprächspartner die Entscheidung, welche Lösung für ihn und seine Situation die richtige ist. Wir drängen ihn auch nicht zu einer Entscheidung, sondern warten, bis für ihn der Zeitpunkt gekommen ist, sich selbst durch aktive Maßnahmen zu helfen. Wir vertrauen also darauf, daß der Gesprächspartner selbst spüren wird, wann für ihn die Zeit gekommen ist, Veränderungen vorzunehmen, und vermitteln ihm dieses Vertrauen in seine Fähigkeiten.

2. Fördernde und hemmende Reaktionen

Mit welchen konkreten Verhaltensweisen kannst du einem Gesprächspartner helfen, sein Problem zu klären und eventuell eine Lösung zu finden? Und durch welche Verhaltensweisen kann dein Gesprächspartner gehemmt werden, seine Gefühle und Gedanken auszudrücken, um sie in einen neuen Zusammenhang stellen zu können?

Fördernde Reaktionsweisen
sind alle, die dem Gesprächspartner vermitteln,
– daß seine Gedanken und Gefühle verstanden, akzeptiert und nichtwertend gehört und aufgenommen werden;

– daß man aktiv engagiert und beteiligt ist;
– daß man sich selbst offen mit seinen eigenen Gedanken und Gefühlen in das Gespräch einbringt.

Solche fördernden Reaktionsweisen sind zum Beispiel:

Aktives aufmerksames und akzeptierendes Zuhören. Gemeint ist kein passives Schweigen, sondern ein engagiertes Zuhören (siehe Stufe I des partnerzentrierten Gesprächs).

Paraphrasieren. Du wiederholst den Inhalt der Aussage deines Gesprächspartners noch einmal in deinen Worten, um sicherzugehen, daß du ihn auch richtig verstanden hast (siehe Stufe II des partnerzentrierten Gesprächs).

Verbalisierung der gefühlsmäßigen Erlebnisinhalte. Du teilst deinem Gesprächspartner mit, welche Gefühle du aus seiner Äußerung herausgehört hast. Du paraphrasierst also den gefühlsmäßigen Inhalt seiner Aussage und nicht die Darstellung äußerer Sachverhalte (siehe Stufe III des partnerzentrierten Gesprächs).

Wahrnehmungsprüfung. Du sagst deinem Gesprächspartner, wie du sein Verhalten hier und jetzt wahrnimmst, und fragst, ob deine darauf beruhenden Vermutungen zutreffen. Beispiel: «Ich habe den Eindruck, daß du jetzt aufgeregt bist, stimmt das?»

Informationssuche. Gemeint sind hier Fragen, die sich genau auf das beziehen, was dein Gesprächspartner geäußert hat. Fragen, die neue Themenbereiche anschneiden, würden den Gesprächspartner in seinem Gedankenfluß nur behindern.

Mitteilung der eigenen Gefühle. Du äußerst, wie du dich selbst dem besprochenen Problem gegenüber fühlst. Du machst damit transparent, wie du darüber denkst und fühlst. Der Versuch aber, den Gesprächspartner zu überzeugen, daß er diese Gedanken und Gefühle übernehmen sollte, wird ihn in seinem Gefühlsausdruck hemmen. Hilfreich kann auch die Mitteilung der eigenen Gefühle dem Gesprächspartner gegenüber sein (Feedback).

Hindernde Reaktionsweisen sind alle Reaktionsweisen, die
– dem Gesprächspartner seine Gefühle «nehmen», d. h. ihm vermitteln, daß er diese Gefühle gar nicht haben und äußern dürfte;

– dem Gesprächspartner Gefühle der Unterlegenheit und Bedeutungslosigkeit vermitteln;
– dem Gesprächspartner vermitteln, daß man ihm nicht zutraut, daß er mit Hilfe unserer partnerzentrierten Reaktion allein eine Lösung für seine Probleme finden wird.

Solche Reaktionsweisen sind zum Beispiel:
Wechsel des Themas ohne Erklärung. Damit vermittelst du deinem Gesprächspartner, daß du an seinen Äußerungen nicht interessiert bist.
Beenden des Blickkontaktes. Gemeint ist hier die optische Beschäftigung mit anderen Menschen oder Dingen, und nicht das Wegschauen, damit dein Gesprächspartner sich besser konzentrieren kann.
Interpretation. Wenn du deinen Gesprächspartner belehrst, welche Motive hinter seinem Handeln stecken («Das tust du, weil…»), dann spielst du dich zum «Guru» auf, der schon weiß, was mit dem anderen los ist.
Ratschläge und Überredung. Dein Gesprächspartner will zunächst verstanden werden und nicht mit Rezepten überschüttet werden. Alle Befehle und Aufforderungen («Sei doch mal…», «Tu doch mal…») bringen ihn dazu, seine Gefühle zu dem Problem nicht mehr zu äußern, und vermitteln ihm ein Gefühl der Unterlegenheit und des Versagens. Außerdem entmündigst du deinen Gesprächspartner mit diesen Verhaltensweisen und schwingst dich zu seinem Vormund auf. Hilfreich kann es aber sein, wenn du im Verlauf des Gesprächs äußerst, wie du selbst solch ein Problem einmal gelöst hast oder lösen würdest, und es dem Gesprächspartner überläßt, zu entscheiden, ob deine Lösungen für sein Problem nützlich sind.
Verneinung der Gefühle. Hemmend wirken sich Äußerungen aus wie beispielsweise: «Du hast gar keinen Grund, diese Gefühle zu haben!» –, «Du solltest anders fühlen und denken!» oder auch das gut gemeinte: «Du brauchst keine Angst zu haben!»
Dein Gesprächspartner wird das Gefühl erhalten, daß er keine Berechtigung zu seinen Gefühlen hat. Er wird seine Gefühle dann unterdrücken oder Scheingründe suchen, damit diese Gefühle eine «Berechti-

gung» erhalten. Er muß dann seine Zeit und Kraft dafür einsetzen, seine Gefühle zu rechtfertigen, anstatt diese Kraft für die Klärung und Lösung des Problems einzusetzen.

Emotionale Verpflichtungen. Äußerungen wie: «Wie kannst du nur so schlecht über... denken, wo er doch immer so nett zu dir war?» erzeugen beim Gesprächspartner Scham- und Minderwertigkeitsgefühle, und er wird vor dir nicht mehr offen äußern mögen, was er denkt und fühlt.

Die Benutzung der offenen Äußerungen als Kampfmittel. Wenn du die Informationen, die dir dein Gesprächspartner in einem offenen Gespräch anvertraut, später gegen ihn verwendest (z. B.: «Aber damals hast du mir doch gesagt...», «Wie kannst du jetzt nur...»), dann erschütterst du das Vertrauen deines Gesprächspartners, und er wird sich vor dir nicht mehr offen äußern können.

3. Übungen zur Unterscheidung von fördernden und hemmenden Reaktionen

Versuche bitte, zu den folgenden Äußerungen Antworten zu finden, die den Gesprächspartner fördern oder hemmen, um sich für die unterschiedlichen Reaktionsweisen zu sensibilisieren.

Beispiel

Ein Gruppenmitglied sagt zu den anderen in der Schwulengruppe: «Ich habe in dieser Gruppe oft das Gefühl, als ob eine Wand zwischen mir und den anderen Gruppenmitgliedern besteht.»

Fördernde Antworten

– – «Das ist mir auch schon aufgefallen, daß wir nie so richtig zueinander finden» (Mitteilung der eigenen Gefühle und Gedanken).

– – «Geht dir das bei mir auch so?» (Informationssuche).

– – «Wie du das sagst, klingt das so, als ob du darüber sehr traurig bist. Stimmt das?» (Wahrnehmungsüberprüfung).

– – «Du hast oft das Gefühl von Distanz zu den anderen Gruppenmitgliedern?» (Verbalisierung der gefühlsmäßigen Erlebnisinhalte).

Hindernde Antworten

– «Du bist wahrscheinlich introvertiert und gehemmt und nur deswegen hast du diese Gefühle» (Interpretation).
– «Sei doch mal etwas zugänglicher» (Ratschlag, Aufforderung).
– «Ich habe doch immer versucht, mit dir zu reden, und die anderen auch. So etwas kannst du nun wirklich nicht behaupten» (emotionale Verpflichtung).
– «Du widersprichst dir. Letztes Mal hast du gesagt, daß du zu Markus ein ganz gutes Verhältnis hast» (Kampfmittel).
– «Du brauchst diese Gefühle von Distanz wirklich nicht zu haben, weil wir doch alle so freundlich zueinander sind» (Verneinung des Gefühls).

Übung

(1) Freundespaar: Partner A zu seinem Freund: «Ich finde, wir sollten nicht zu der Party gehen. Wir kennen die Leute ja gar nicht.»
Gefühl des Partners A: _____

fördernde Äußerung: _____

_____

_____

blockierende Äußerung: _____

_____

_____

(2) Freund zu einem Bekannten: «Am Ersten sind wieder 1000,– DM fällig. Ich weiß gar nicht, wo ich die hernehmen soll.»
Gefühl des Freundes: _____

fördernde Antwort: _____

_____

_____

blockierende Antwort: _____

_____

_____

(3) Ein Arbeitskollege zum anderen: «Also mit dem will ich nichts mehr zu tun haben, der hat mich nach Strich und Faden belogen.»
Gefühl des Sprechers: _____

fördernde Äußerung: _____

_____

_____

blockierende Äußerung: _____

_____

_____

(4) Partner A zu Partner B: «Ich werde dich nie wieder um einen Gefallen bitten, denn ich habe es nicht nötig, immer wie ein Bettler anzukommen.»
Gefühl des Partners A: _____

fördernde Antwort: _____

_____

_____

blockierende Antwort: _____

_____

_____

(5) Freund zu einem Bekannten: «Gerade, wenn ich mich freue, mit ihm zusammen zu sein, dann geht wieder alles kaputt.»
Gefühl des Freundes: _____

fördernde Antwort: _____

_____

_____

blockierende Antwort: _____

_____

_____

(6) Freund zu einem Bekannten «über seine ‹Neuerwerbung›»:
«Heiner hat immer noch nicht angerufen. Meinst du, daß er noch an-
ruft?»
Gefühl des Freundes: _____

fördernde Antwort: _____

_____

_____

blockierende Antwort: _____

_____

_____

(7) Ein Gruppenmitglied zu einem anderen nach der Wahl des Vor-
stands: «Ich kann es nicht verstehen, daß Frank in den Sprecherrat
unserer Schwulengruppe ELISA gewählt wurde.»
Gefühl des Gruppenmitglieds: _____

fördernde Antwort: _____

_____

_____

blockierende Antwort: _____

_____

_____

4. Stufen des partnerzentrierten Gesprächs

Verständnisvolles Zuhören – Stufe I des partnerzentrierten Gesprächs

Auch ohne die Gefühle des Sprechers zu verbalisieren (in Worte zu fassen), können Gesprächspartner dem anderen Verständnis und die Bereitschaft zeigen, auf ihn einzugehen. Gesten wie Kopfnicken, Ansehen und bestätigende Laute wie «Hm», «Aha», «Ja», zeigen dem Gesprächspartner, daß du zuhörst und dich mit ihm und seinen Äußerungen beschäftigst. Auch eine ablehnende Reaktion kannst du durch diese Art Signale – also ohne Wort – mitteilen. Du schüttelst den Kopf, ziehst die Stirn kraus und hast ein «Aber» auf der Zunge.

Signale, die deine Bereitschaft ausdrücken, zuzuhören und zu verstehen	Signale, die ein Nichtverstehen oder Andersdenken anzeigen
Kopfnicken	Kopfschütteln
zugewandter freundlicher Blick	Blick abwenden
den Körper jemandem zuneigen	sich zurücksetzen, Arme verschränken
Äußerungen wie «Ja», «Hm», «Genau», «Aha», usw.	Äußerungen wie «Nein», «Aber», «Ach was», usw.

Du kannst also durch die Art deines Zuhörens das Gesprächsklima so beeinflussen, daß dein Gesprächspartner in dir jemanden findet, dem er sich anvertrauen kann. Ein solches Gespräch schafft ein Klima der Verbundenheit und des Vertrauens und erleichtert, sich auszusprechen.

Du kannst dabei deinem Gesprächspartner noch mehr helfen, wenn du ihn ab und zu zum weiteren Ausdruck seiner Gefühle und Gedanken aufforderst, zum Beispiel durch Sätze wie:

– – «Magst du mir mehr darüber erzählen?»

– – «Wollen wir an dem Punkt weitersprechen?»

– – «Wenn du mir das erzählst, verstehe ich noch nicht genau, was du dabei eigentlich gefühlt hast.»

– – «Ich möchte gern wissen, was in dir vorgegangen ist, als…»

– – «Das habe ich noch nicht vollständig verstanden. Kannst du mir noch mehr darüber erzählen, besonders, wie du dich gefühlt hast?»

– – «Schieß los!»

– – «Da bin ich neugierig.»

– – «Ich würde gerne mehr darüber hören.»

Paraphrasieren – Stufe II des partnerzentrierten Gesprächs

Zusätzlich zum akzeptierenden Zuhören und zur Aufforderung, Gefühle zu schildern, wird das Gespräch geführt, wenn du die Äußerungen des Gesprächspartners in deinen Worten noch mal wiederholst. Du prüfst dann, ob du ihn richtig verstanden hast, und der Gesprächspartner erhält die Möglichkeit, seine Gedanken und Gefühle noch deutlicher wahrzunehmen und auszudrücken.

Außerdem bemerkt er, wie aktiv und engagiert du seinen Schilderungen folgst. Diese Wiederholungen der Äußerungen des anderen werden «Paraphrasieren» genannt. Du sollst nicht die Äußerungen des anderen «nachplappern», sondern ihren Inhalt mit eigenen Worten wiederholen.

Verbalisierung emotionaler Erlebnisinhalte – Stufe III des partnerzentrierten Gesprächs

Anders als beim Paraphrasieren wiederholen wir hier nicht den ganzen Inhalt der Aussage des Gesprächspartners, sondern hauptsächlich die Gefühle, die hinter diesen Aussagen stehen.

Hat unser Gesprächspartner gesagt: «Ich bin sehr unglücklich darüber, daß…», oder: «Ich ärgere mich, daß…», dann hat er seine Gefühle schon direkt ausgedrückt und es genügt, daß wir akzeptierend zuhören. Wenn er aber seine Gefühle indirekt ausdrückt, dann helfen wir ihm, diese besser zu erkennen und wahrzunehmen, wenn wir seine indirekten Äußerungen in direkte übersetzen und ihm mitteilen.

Sagt er zum Beispiel mit wütender Stimme: «Daß Gerd nie pünktlich zur Verabredung kommt!» dann kannst du, ohne die genauen Umstände und Sachverhalte zu kennen, doch heraushören, daß der Sprecher empört ist, sich ärgert oder sich unfair behandelt fühlt. Wenn du ihm nun mitteilst, welches Gefühl du herausgehört hast, dann werden ihm seine eigenen Empfindungen noch deutlicher, und das hilft ihm weiterzudenken. Du könntest ihm beispielsweise sagen: «Du scheinst richtig empört zu sein, ist das so?» oder «Du ärgerst dich, daß er nicht zuverlässig ist, nicht wahr?» oder «Mir scheint, du fühlst dich von Gerd unfair behandelt, ja?»

Ein anderer Fall: Michael erzählt dir mit strahlendem Gesicht: «Endlich habe ich einen ‹festen Freund› gefunden!» Wenn du ihm dann sagst: «Du bist richtig glücklich darüber!» oder: «Das ist eine großartige Wendung in deinem Leben!», dann verstärkst du noch den gefühlsmäßigen Ausdruck des Jungverliebten und die Bewußtheit des Erlebens seiner Freude.

Aber manchmal kann das Übersetzen der indirekten Gefühlsäußerung, d. h. das Verbalisieren seiner Gefühle, auch Angst auslösen. Dies wird häufig dann der Fall sein, wenn wir Gefühle mit Worten ausdrücken, die der Gesprächspartner vielleicht besitzt, aber überhaupt nicht ausgesprochen hat, weder direkt noch indirekt.

Ein Bekannter, der mit seinem Freund im Moment schwere Beziehungsprobleme hat, sagt dir zum Beispiel: «Heute hat er mich vielleicht wieder gepiesackt!» – «Du empfindest die Beziehung zu deinem Freund als unbefriedigend?» wäre eine Verbalisierung von Gefühlen, die der Sprecher nicht geäußert hat, und vielleicht macht ihm dieser Gedanke solche Angst, daß er irgendwann das Gespräch abbrechen wird. Es mag zwar richtig sein, daß die Beziehung unbefriedigend ist, und du vermutest dies, weil du bestimmte Vorinformationen besitzt. Dennoch verbalisierst du Gedanken, die der Sprecher von sich aus noch nicht ausgesprochen hat. Die richtige Antwort wäre hier: «Du scheinst sauer zu sein, ja?» oder: «Das hat dich fertig gemacht?»

Das Verbalisieren von Gefühlen ist nur dann hilfreich, wenn die Atmosphäre entspannt und gelöst ist. Erst dann können die eigenen Gefühle angenommen werden. Denn Konfrontation mit den eigenen Gefühlen ist häufig mit Angst verbunden, und die verringert sich eben nur in einer entspannten, akzeptierenden Atmosphäre. Und noch eines ist zu beachten: Der Ton, in dem du die Gefühle des Partners verbalisierst, ist ebenso wichtig wie das, was du ihm mitteilst.

Du kannst zum Beispiel «Das hat dich ärgerlich gemacht» auf zwei verschiedene Weisen sagen: Einmal klingt im Tonfall mit: «Ja, ja, ich weiß schon, welches Gefühl du hast, und das sage ich dir jetzt.» Das sind dann Verbalisierungen, die wie aus der Pistole geschossen kommen und einen diagnostischen, beurteilenden Unterton haben. Du kannst aber auch im Tonfall mitschwingen lassen: «Ich weiß nicht genau, aber es scheint, daß du ärgerlich bist, habe ich da eigentlich recht oder irre ich mich?»

Diese Haltung vermitteln wir meistens, wenn wir die Stimme zum Schluß einer Verbalisierung etwas fragend anheben. Wir zeigen damit dem Gesprächspartner, daß wir offen dafür sind, zuzuhören, wenn er uns mitteilt, daß wir ihn falsch verstanden haben.

Das Konfliktgespräch

Generell können wir sagen, daß die meisten Menschen negative Erfahrungen mit Konflikten gemacht haben. Verschiedene Interessen wurden als etwas erlebt, was in einer guten Beziehung nicht vorkommen darf. Ähnlich wie eine Krankheit wird ein Konflikt als eine unglückliche Fügung des Schicksals behandelt.

Eine solche Einstellung zwischenmenschlichen Konflikten gegenüber führt zu einer Beziehung, in der die Partner nicht mehr offen zueinander sein können. Aus Angst vor Konflikten vermeiden Menschen, unterschiedliche Bedürfnisse zu haben; unterschiedliche Wünsche und Bedürfnisse werden als Bedrohung erlebt. Eine unterschiedliche Interessenslage wird mit dem Gefühl verknüpft:

«Wenn ich etwas anderes möchte oder etwas anderes gutheiße als mein Partner, dann ist das ein Anzeichen dafür, daß ich ihm nicht verbunden bin.»

1. Wie wirkt sich die Angst vor Konflikten in Beziehungen aus?

Angst vor Konflikten heißt auch Angst vor den eigenen Gefühlen des Ärgers oder der Unzufriedenheit.

Da, wo wir ständig darauf achten, nicht die Harmonie zu stören, werden wir uns zwangsläufig stark kontrollieren müssen. Wir müssen darauf achten, daß wir keine Verhaltensweisen zeigen, die den Partner ärgern oder ihm unangenehm sein könnten. Außerdem müssen wir darauf achten, uns ja nicht unseren Ärger oder unser Mißfallen an dem anderen anmerken zu lassen. Wir spielen dann eine Rolle, sind nicht mehr wir selbst, und die Beziehung wird unecht, fassadenhaft und distanziert.

Eine weitere Gefahr, die die Angst vor Konflikten nach sich zieht, ist, daß wir uns vorstellen, wie uns der Partner sehen oder haben möchte, ohne diese Vermutung zu überprüfen.

Beispiel
Stellen wir uns einen Dialog zwischen zwei solchen Partnern vor:
Thorsten: «Wollen wir heute ins Kino gehen?»
(Denkt: «Hoffentlich sagt er nein, ich habe heute wirklich noch viel zu arbeiten. Aber ich mag ihm das nicht sagen, weil ich ihm nicht den Sonntag verderben will!»)
Markus: «Ja, hast du Lust?»
(Denkt: «Hoffentlich sagt er nein. Ich möchte am liebsten einen ganz ruhigen Tag haben, mit Lesen und Schlafen. Aber wenn er will, kann ich ihn doch nicht alleinlassen.»)
Thorsten: «Ja, natürlich, freust du dich?»
(Denkt: «Verflucht, er scheint ja darauf einzugehen. Ich muß ihm wohl den Gefallen tun. Laß dir nur nichts anmerken!»)

Die weitere Gefahr, die die Angst vor Konflikten nach sich zieht, ist, daß die Kommunikation zweideutig wird. Wenn wir nicht wagen, unsere eigenen Interessen in die Beziehung einzubringen, werden wir Ärger und Frustration verspüren. Und wenn wir nicht wagen, diese Gefühle in Worten auszudrücken, dann werden sie in unseren nonverbalen Signalen oder in unserem Handeln sichtbar, und unsere Worte sagen etwas anderes als unser Verhalten.

So ist es auch unserem Freundespaar beim Nachhauseweg vom Kino ergangen:

Thorsten: «Wie fandest du den Film?»
(Denkt: «Jetzt schnell nach Hause und arbeiten.»)

Markus: «Ach, ich mag nicht gleich darüber reden, wenn ich aus dem Kino komme.»
(Denkt: «Nun laß mich doch endlich mit deinem blöden Film zufrieden.»)

Thorsten: «Wollen wir noch ein Bier trinken gehen?»
(Denkt: «Er hat anscheinend noch nicht genug. Scheint unzufrieden zu sein. Vielleicht heitert ihn das noch auf.»)

Markus: «Bitte, laß uns nach Hause gehen, und laß mich bitte zufrieden. Ich brauche jetzt mal Ruhe und kann nicht mit dir reden.»
(Denkt: «Jetzt platze ich aber gleich, wenn er jetzt noch Bier trinken will. Vielleicht war der Ton etwas hart, aber ich kann einfach nicht mehr.»)

Thorsten: Schweigt (und denkt: «Das hat man nun davon, wenn man extra für Markus den Nachmittag fürs Kino opfert. Ich hätte doch arbeiten sollen»).

Unsere beiden «Helden» gehen schweigend nach Hause, und die Situation ist für sie ziemlich unerträglich. Ein offenes Gespräch könnte alle Mißverständnisse ausräumen. Aber nun wird die vierte Schwierigkeit sichtbar. Menschen, die Angst vor Konflikten und vor den eigenen ärgerlichen Gefühlen haben, werden es nur schwer über sich bringen, in einem ganz ruhigen und gelassenen Ton Feedback zu geben.

«Als du vorhin mit mir ins Kino gehen wolltest, habe ich mich eigentlich geärgert» ist ein Satz, in dem der Sprecher von seinen Gefühlen des Ärgers spricht, sie also direkt ausdrückt. Wenn ein Mensch sich aber diese Gefühle nicht zugesteht, sich nicht erlaubt, ein «ärgerlicher Mensch» zu sein, dann wird er eine Begründung oder Rechtfertigung für seinen Ärger suchen und zum anklagenden Ausdruck seines Ärgers neigen. Wenn er sagt: «Du hast mir den ganzen Sonntag verdorben, weil du unbedingt ins Kino wolltest», dann nimmt er seinen Ärger als Eigenschaft des Partners wahr und hat außerdem das Gefühl, einen guten Grund und eine Rechtfertigung für seine Empfindungen zu haben.

Der indirekte Ausdruck von Ärger und besonders seine anklagende Form oder die «Du...»-Aussage sind ein schlechter Start für ein Konfliktgespräch.

Zur Verdeutlichung vergleiche die beiden unterschiedlichen **Anfänge eines Konfliktgesprächs** zwischen den beiden Kinogängern:

Anfang: direkter Ausdruck

Markus: «Als du vorhin mit mir ins Kino wolltest, habe ich mich eigentlich geärgert.»

Thorsten: «Du wolltest gar nicht ins Kino? Ist das so?»

Markus: «Ja genau. Ich hätte lieber gelesen oder geschlafen, aber ich wollte dich auch nicht enttäuschen.»

Thorsten: «Du wirst lachen, wenn ich dir sage, wie es mir erging. Ich bin eigentlich nur gegangen, weil ich dachte, daß du es wolltest. Ich hatte so viel zu arbeiten, daß ich auch lieber zu Hause geblieben wäre.»

Markus: «Da haben wir den ganzen Nachmittag also etwas getan, was wir beide nicht wollten, und jeder dachte, der andere wollte ins Kino gehen. Wir sind aber auch blöd!»

Thorsten: «Ja genau. Gut, daß wir jetzt darüber reden. Laß uns sehen, daß wir in Zukunft gleich ehrlich sagen, was wir wollen, ja?»

Anfang: indirekter Ausdruck

Markus: «Du hast mir den ganzen Sonntag verdorben, weil du unbedingt ins Kino wolltest.»

Thorsten: «Das wird ja immer schöner. Ich komme nie zu meiner Arbeit, weil du mich dauernd ablenkst. Mal willst du dies und mal willst du das – und dann bekomme ich noch die Schuld.» (Fühlt sich angegriffen und geht zum Gegenangriff über.)

Markus: «Natürlich hast du schuld. Du könntest ja auch mal Rücksicht auf mich nehmen und nicht nur an deine Interessen denken. Was ich will, ist dir ja vollkommen unwichtig.»

Thorsten:«Das hat man nun davon. Dauernd bemühe ich mich, dir deine Wünsche zu erfüllen. Und jetzt wirfst du mir vor, daß ich ein Egoist bin. Nein, dann habe ich wirklich keine Lust mehr. Von nun an werde ich gar keine Rücksicht mehr auf dich nehmen, wenn das der Dank ist!» (Geht wütend aus dem Raum.)

Natürlich sind diese beiden Gespräche extreme Gegensätze, aber vielleicht machen sie dir deutlicher, wie die Angst vor den eigenen Gefühlen und Interessen zum indirekten Ausdruck dieser Gefühle neigt und damit ein Gespräch zu einem unproduktiven Streit werden läßt.

Die Angst vor Konflikten führt also zur Verschleierung von gegensätzlichen Interessen und damit zur Distanz, zu ungeprüften Vorstellungen über das, was der andere von einem erwartet, und zu widersprüchlicher Kommunikation. Kommt es dann doch einmal zum Gespräch über den Konfliktpunkt, dann wird der eigene Ärger häufig indirekt ausgedrückt, es entsteht meist ein unproduktiver Streit mit Vorwürfen und Rechtfertigungen.

Eine angemessene Form der Konfliktbewältigung führt zu einer Bereicherung der Beziehung. Sie ermöglicht eine bessere Befriedigung der Interessen aller Beteiligten. Konflikte, die angemessen bewältigt werden, tragen zu einer aktiven Gestaltung der Beziehung bei.

2. Die partnerschaftliche Konfliktlösung

Aber was ist zu tun, wenn – anders als im «Kinogänger»-Beispiel – wirklich verschiedene Interessen auf beiden Seiten vorhanden sind? Auf jeden Fall wird es sich nachteilig auswirken, wenn sich ein Teil auf Kosten des anderen durchsetzt, wenn es also einen Gewinner und einen Verlierer gibt. Der Teil, der unterliegt, wird sich irgendwie später rächen und die Konfliktlösung sabotieren.

Partnerschaftliche Konfliktlösung bedeutet gemeinsames Erarbeiten und Einigen auf eine Lösung, die die Konfliktpartner zufriedenstellt.

Es empfiehlt sich dabei folgendes Vorgehen:

1. Anmeldung der Störung

Ein Partner oder beide äußern ihre Störung, und zwar indem sie ihre Gefühle direkt und ohne Vorwurf ausdrücken. Es soll dabei aufgefordert werden, gemeinsam über das Problem zu sprechen, und es soll deutlich gemacht werden, daß man für neue Lösungsmöglichkeiten offen ist.

2. Herausarbeiten der Hintergrundbedürfnisse

Beide Partner versuchen, ihre Bedürfnisse zu erforschen und zu klären. Beide Partner sollen dabei akzeptieren, daß sie verschiedene Interessen haben, und versuchen, die Meinung des Konfliktpartners zu verstehen und nachzuvollziehen. Dabei ist es eine Hilfe, partnerzentriert zu reagieren, damit dem Partner geholfen wird, alle seine Gefühle und Gedanken zu äußern. Eine gute Hilfe ist auch der Rollenwechsel. Dabei muß jeder zum Schluß der Gesprächsphase die Bedürfnisse des anderen in «Ich»-Form wiederholen. Das bewirkt, daß jeder Partner versucht, sich in den anderen hineinzuversetzen und den Konflikt einmal von dessen Sichtweise aus zu verstehen. Er soll nicht dessen Meinung übernehmen, sondern nur einmal mit dessen Augen sehen.

3. Umformulieren der Störung in Wünsche

Beide Konfliktpartner formulieren ihre Störungen oder ihren Ärger in konkrete Wünsche an den anderen um.

4. Brainstorming für mögliche Lösungen

Beide Partner sammeln Vorschläge für mögliche Lösungen. Diese Vorschläge sollen nicht diskutiert, sondern nur gesammelt werden. Dabei können auch unsinnige und sehr phantasievolle Vorschläge gemacht werden.

Beide Partner vermitteln in dieser Phase dem anderen, daß sie sich um eine Lösung bemühen. Außerdem wird die Atmosphäre durch Heiterkeit und Spaß entkrampft.

5. Einigung auf die beste Lösung

Beide Partner einigen sich auf eine Lösung, die sie beide akzeptieren können und die den Interessen beider Seiten optimal entspricht. Beide prüfen mögliche Einwände gegen die Lösung und suchen so lange, bis sie die Lösung gefunden haben, zu der beide unumschränkt ja sagen können.

2 Selbsterfahrungsprogramm

In diesem Teil findest du ein Programm von 10 Sitzungen, um dich selbst und andere in einer Gruppe zu erfahren.

Ziele des Gruppenprogramms sind
1. Dich als Schwuler in einer Gruppe von Schwulen zu erleben, dein Coming-out und deinen schwulen Lebenslauf zu reflektieren und mit dem Coming-out und schwulen Lebenslauf der anderen Gruppenteilnehmer zu vergleichen, sowie sich gemeinsam mit den Gruppenteilnehmern für den Schwulenalltag neue Perspektiven erarbeiten.
2. Aufbau und Ausbau der sozialen und kommunikativen Kompetenz (z. B. angemessen Gefühle ausdrücken, Feedback geben, Konflikte lösen, angstfreier werden, usw.).
3. Mit Verhalten experimentieren, die eigene Person realistischer wahrnehmen, die «eigenen blinden Flecken» verkleinern und neue Möglichkeiten des seelischen Wachstums und der seelischen Weiterentwicklung entdecken.
4. Den Aufbau einer selbstregulierenden Gruppe erleben und mittels der im Gruppenprogramm enthaltenen «Kommunikationsinstrumente» in die Lage versetzt werden, auch ohne die Anleitung durch einen Gruppentherapeuten therapeutische Gruppenprozesse zu machen.

Die Durchführung dieses Gruppenprogramms setzt voraus
1. eine Gruppe von 8–12 schwulen Teilnehmern;
2. die Teilnehmer müssen die Motivation haben, mit diesem Programm zu experimentieren;
3. das Kapitel «Theoretische Grundlegung» müssen alle Teilnehmer gelesen und als Grundlagenwissen sich angeeignet haben;

4. die Anweisungen zur Durchführung des Selbsterfahrungsprogramms sind zu beachten und die Kommunikationsregeln sollten sich die Teilnehmer zu eigen machen.

Allgemeine Hinweise zur Durchführung des Selbsterfahrungsprogramms

1. Selbsterfahrungsprogramm ohne Gruppentrainer/ therapeutischen Gruppenleiter

Das Selbsterfahrungsprogramm kann ohne therapeutischen Leiter durchgeführt werden. **Der Trainer wird durch das Programm** (Übungen, Anweisungen usw.) **ersetzt.**

Deswegen ist es wichtig, daß alle Teilnehmer des Programms vor den Sitzungen die verschiedenen Übungen und Kommentare gelesen haben und ein Konsens in der Gruppe über die Durchführung der verschiedenen Übungen besteht.

Vor jeder Sitzung wird vorher ein Sitzungsleiter gewählt. Dabei empfiehlt sich für jede Sitzung ein Wechsel, so daß möglichst jeder Gruppenteilnehmer mal die Rolle des Sitzungsleiters übernimmt.

Die **Aufgabe des Sitzungsleiters** besteht darin, alles Organisatorische zu regeln, auf die Einhaltung der angegebenen Zeiten für die Übungen zu achten, die Materialien für die jeweiligen Sitzungen, zum Beispiel Papier, Stifte, Nummernzettel usw. bereitzuhalten und darauf zu achten, daß jeder Gruppenteilnehmer die Anweisungen für die jeweiligen Sitzungen vorher genau durchgearbeitet hat.

Während der Sitzung liest der Sitzungsleiter die Anweisungen vor jeder Übung vor oder gibt sie frei wieder. Wenn die Anzahl der Sitzungsteilnehmer es möglich macht, nimmt der Sitzungsleiter selbst an den Übungen teil, falls dies nicht möglich ist, verbleibt er in der Rolle des Beobachters.

2. Funktion der Übungen und Spiele

Das Selbsterfahrungsprogramm besteht zum großen Teil aus Übungen und Spielen. In diesen Übungen und Spielen kannst du gewisse Erfahrungen im mitmenschlichen Bereich gleichsam «verdichtet» erleben.

Bei diesen Übungen ist es nicht so, daß der eine Teilnehmer «richtige» und ein anderer «falsche» Erfahrungen macht. Wenn du beispielsweise bei der Übung «Blickkontakt» bemerkst, daß du nicht länger als zehn Sekunden deinen Partner anschauen kannst oder daß dir die ganze Situation unangenehm ist, dann ist das für dich eine wichtige Erfahrung. Du solltest dich dann nicht ärgern, daß du das vermeintliche Gruppenziel nicht erreicht hast, sondern du solltest deine Erfahrungen wichtig nehmen und darüber nachdenken: «Wie kommt es, daß ich nicht länger schauen will?» – «Was empfinde ich dabei?» – «Will ich nicht oder fällt es mir schwer?» – «Ist es so, daß ich Angst habe, oder sitzt bei mir eine unerkannte Abneigung gegen den Spielpartner?» – «Kann ich zu der Erfahrung in dieser Übung Parallelen finden in Erfahrungen aus meinem Alltag?» usw.

3. Vertrauensbildende Maßnahmen

Jede Sitzung wird durch ein gemeinsames Entspannungstraining eröffnet. Das Ziel ist: Angst zu reduzieren, Geborgenheit in der Gruppe zu vermitteln und dadurch Mut zum Experimentieren zu machen. Aus den gleichen Gründen baut auch der Schwierigkeitsgrad der einzelnen Übungen aufeinander auf und werden einzelne «heikle» Übungen häufig zunächst paarweise, dann in Kleingruppen und schließlich in der Gesamtgruppe durchgeführt.

4. Die zeitliche Einteilung des Programms

Das Gruppenprogramm besteht aus 10 Sitzungen zu je drei Stunden. Ein wöchentliches dreistündiges Treffen dürfte für die meisten Gruppenmitglieder am bequemsten sein, so daß sich das Programm über etwa drei Monate hinzieht.

Ein solches Vorgehen hat außerdem den Vorteil, daß mit den neuen Erfahrungen in den Gruppensitzungen immer wieder im normalen Alltag zwischen den Gruppensitzungen experimentiert werden kann.

Anders als beim Selbstsicherheitstraining, das unabdinglich ein «wöchentlich verteiltes» Lernen voraussetzt, scheint allerdings bei der Selbsterfahrungsgruppe ein «massiertes» Lernen in einem Drei-Tage-Kurs (z. B. einem verlängerten Wochenende) noch günstiger zu sein, vorausgesetzt, die Gruppe arbeitet danach wöchentlich noch einige Zeit zusammen.

Für die zeitliche Einteilung des Selbsterfahrungsprogramms sollten letztlich die Bedürfnisse und die Motivation der Gruppenteilnehmer ausschlaggebend sein.

5. Einige praktische Hinweise

Die nachfolgenden Hinweise sollen als Anregung verstanden werden, um die Gruppenarbeit positiv verlaufen zu lassen:

Vortreffen

Die Teilnehmer sollten sich kurz vor Beginn der 1. Sitzung treffen, um alles Organisatorische zu besprechen, wie Wahl des Ortes, des Zeitpunktes, des Sitzungsleiters usw.

Vorbereitung der Teilnehmer auf die Sitzungen

Alle Teilnehmer sollten sich die «Theoretische Grundlegung» erarbeitet und die für die jeweiligen Sitzungen relevanten Kapitel, Hinweise und Kommentare zu den einzelnen Übungen gelesen haben. Es ist also unabdingbar, daß jeder Teilnehmer ein Exemplar des Buches besitzt.

Zuspätkommen

Um die Gruppenarbeit durch Verspätungen nicht zu behindern, empfiehlt es sich, daß die Gruppenteilnehmer einen gemeinsamen Beschluß fassen, um ein pünktliches Anfangen zu gewährleisten.

Trinken, Essen und Rauchen

Essen und Trinken ist während der Gruppensitzungen unangebracht. Beides hält ab, sich auf das Hier und Jetzt zu konzentrieren. Dasselbe gilt auch für das Rauchen. Sollte es Gruppenteilnehmer geben, die so starke Raucher sind, daß sie für drei Stunden das Rauchen nicht ganz aufgeben können, sollte nach einer festgelegten Zeitspanne eine Raucherpause eingelegt werden.

6. Das Kommunikationsinstrument «Blitzlicht»

Beim Blitzlicht nimmt jedes Gruppenmitglied reihum in fester Reihenfolge ganz kurz Stellung zu einer Frage. Meistens zu der Frage: «Wie fühle ich mich im Moment?» oder: «Wie interessiert bin ich im Moment am Gesprächsthema?»

Solch ein Blitzlicht dauert höchstens drei Minuten und dient lediglich dazu, Informationen von allen Gruppenmitgliedern einzuholen, um zu sehen, wo jedes Gruppenmitglied «steht», wie es sich fühlt und was es denkt.

7. Die Regeln für die Gruppendiskussion

Die nachfolgenden Kommunikationsregeln für das Gruppenarbeitsprogramm gehen zurück auf die Regeln der «themenzentrierten interaktionellen Methode» von Ruth Cohn. Es wird keinem Gruppenmitglied möglich sein, diese Kommunikationsregeln auf Anhieb zu befolgen. Denn diese Regeln befolgen und anwenden zu können gehört zum Lernziel des Gruppenprogramms.

Die Regeln lauten:

Sei dein eigener Chairman

Bestimme selbst, was du sagen willst. Sprich oder schweig, wann du es willst. Versuche, in dieser Stunde das zu geben und zu empfangen, was du selbst geben und erhalten willst. Sei dein eigener Chairman (Vorsitzender) – und richte dich nach deinen Bedürfnissen, im Hinblick auf das Thema und was immer für dich sonst wichtig sein mag. Ich als

Gruppenleiter werde es genauso halten (falls Gruppenleiter vorhanden sind).

Diese Regel soll dir zwei Dinge besonders deutlich machen:

1. Du hast die Verantwortung dafür, was du aus dieser Stunde für dich machst.

2. Du brauchst dich nicht zu fragen, ob das, was du willst, den anderen Gruppenmitgliedern gefällt oder nicht gefällt. Sag einfach, was du willst. Die anderen Gruppenmitglieder sind auch ihre eigenen Chairmen und werden es dir schon mitteilen, wenn sie etwas anderes wollen als du.

Störungen haben Vorrang

Unterbrich das Gespräch, wenn du nicht wirklich teilnehmen kannst, zum Beispiel, wenn du gelangweilt, ärgerlich oder aus einem anderen Grund unkonzentriert bist. Ein «Abwesender» verliert nicht nur die Möglichkeit der Selbsterfüllung in der Gruppe, sondern er bedeutet auch einen Verlust für die ganze Gruppe. Wenn eine solche Störung behoben ist, wird das unterbrochene Gespräch entweder wieder aufgenommen werden oder einem momentan wichtigeren Platz machen.

Wenn du willst, bitte um ein Blitzlicht

Wenn dir die Situation in der Gruppe nicht mehr transparent ist, dann äußere zunächst deine Störung und bitte dann die anderen Gruppenmitglieder, in Form eines Blitzlichts auch kurz ihre Gefühle im Moment zu schildern.

Es kann immer nur einer sprechen

Es darf nie mehr als einer sprechen. Wenn mehrere Personen auf einmal sprechen wollen, muß eine Lösung für diese Situation gefunden werden. «Seitengespräche» sind also zu unterlassen, oder der Inhalt ist als Störung in die Gruppendiskussion einzubringen.

Experimentiere mit dir

Frage dich, ob du dich auf deine Art verhältst, weil du es wirklich willst. Oder möchtest du dich eigentlich anders verhalten – tust es aber nicht, weil dir das Angst macht? Prüfe dich, ob dein Verhalten Annäherungs- oder Vermeidungsverhalten ist. Versuche, öfter neues Verhalten auszuprobieren, und riskiere das kleine aufgeregte körperliche Kribbeln dabei. Dieses Kribbeln ist ein guter Anzeiger dafür, daß du für dich ungewohntes und neues Verhalten ausprobierst.

Beachte deine Körpersignale

Um besser herauszubekommen, was du im Augenblick fühlst und willst, horche in deinen Körper hinein. Er kann dir oft mehr über deine Gefühle und Bedürfnisse erzählen als dein Kopf.

«Ich» statt «man» oder «wir»

Sprich nicht per «man» oder «wir», weil du dich hinter diesen Sätzen zu gut verstecken kannst und die Verantwortung nicht für das zu tragen brauchst, was du sagst. Zeige dich als Person und sprich per «ich». Außerdem sprichst du in «Man»- oder «Wir»-Sätzen für andere mit, von denen du gar nicht weißt, ob sie das wünschen.

Eigene Meinungen statt Fragen

Wenn du eine Frage stellst – sage, warum du sie stellst. Auch Fragen sind oft eine Methode, sich und seine eigene Meinung nicht zu zeigen. Außerdem können Fragen oft inquisitorisch wirken und den anderen in die Enge treiben. Äußerst du aber deine Meinung, hat der andere es viel leichter, dir zu widersprechen oder sich deiner Meinung anzuschließen.

Sprich direkt

Wenn du jemandem aus der Gruppe etwas mitteilen willst, sprich ihn direkt an und zeige ihm durch Blickkontakt, daß du ihn meinst. Sprich nicht über einen Dritten zu einem anderen und sprich nicht zur Gruppe, wenn du eigentlich einen bestimmten Menschen meinst.

Gib Feedback, wenn du das Bedürfnis hast

Löst das Verhalten eines Gruppenmitgliedes angenehme oder unangenehme Gefühle bei dir aus, teile es ihm sofort mit und nicht später einem Dritten.

Wenn du Feedback gibst, sprich nicht über das Verhalten des anderen, denn du kannst nicht wissen, ob du es objektiv und realistisch wahrgenommen hast. Sprich nicht in einer bewertenden und normativen Weise. Vermeide Interpretationen und Spekulationen über den anderen. Sprich einfach von den Gefühlen, die durch das Verhalten des anderen bei dir ausgelöst werden. Danach kannst du versuchen, das Verhalten des anderen so genau und konkret wie möglich zu beschreiben, damit er begreifen kann, welches Verhalten deine Gefühle ausgelöst hat. Laß dabei offen, wer der «Schuldige» an deinen Gefühlen ist. Du benötigst dabei keine objektiven Tatsachen oder Beweise – deine subjektiven Gefühle genügen, denn auf diese hast du ein unbedingtes Recht.

Versuche vor deinem Feedback die Einwilligung deines Gesprächspartners dafür einzuholen.

Wenn du Feedback erhältst, hör ruhig zu

Wenn du Feedback erhältst, versuche nicht gleich, dich zu verteidigen oder die Sache «klarzustellen». Denk daran, daß dir hier keine objektiven Tatsachen mitgeteilt werden können, sondern subjektive Gefühle und Wahrnehmungen deines Gegenübers. Freu dich zunächst, daß dein Gesprächspartner dir sein Problem erzählt, das er mit dir hat. Diese Haltung wird dir helfen, ruhig zuzuhören und zu prüfen, ob du auch richtig verstanden hast, was er meint. Versuche zunächst nur zu schweigen und zuzuhören, dann von deinen Gefühlen zu sprechen, die durch das Feedback ausgelöst worden sind, und erst dann gehe auf den Inhalt ein.

Als Hilfe zur Einübung der Regeln in den Sitzungen ist es günstig, die Regeln für alle sichtbar auf ein großes Stück Papier oder eine Tafel zu schreiben.

Die Gruppensitzungen

Kennenlernen 1. Sitzung
(175 * Min.)

Alle Übungen sind darauf angelegt, dich anzuregen, dich verhältnismäßig schnell als Person mit deinen Gefühlen und deiner Selbstwahrnehmung in die Gruppe einzubringen.

Eröffnet wird die Sitzung mit einem Entspannungstraining. Es dient dazu, Angst zu reduzieren und Vertrauen und Geborgenheit in der Gruppe entstehen zu lassen, und soll auch künftig in allen Gruppensitzungen beibehalten werden.

1. Entspannungsübung (10 Min.)
2. Anfangsblitzlicht (15 Min.)
3. Partnerinterview: Erwartungen, Befürchtungen (10 Min.)
4. «Ich bin mein Partner...» (20 Min.)
5. Selbstdarstellungstriaden (60 Min.)
6. Gruppendiskussion (45 Min.)
7. Schlußblitzlicht (15 Min.)

1. Entspannungsübung (10 Min.)

Der Sitzungsleiter macht bei der Übung mit, gibt aber die Anweisung:
Alle Gruppenmitglieder legen sich auf den Boden und verteilen sich dabei zu einem kreisförmigen Gebilde.

«Nachdem jeder seinen Platz gefunden hat, wollen wir ganz zur Ruhe kommen. Nun schließt jeder die Augen und versucht, sich völlig zu

---

* Ist aufzufassen als eine Anspielung auf den «Schandparagraphen»

entspannen. Genieße die völlige Ruhe und spüre, wie du innerlich ganz ruhig und entspannt wirst. – Ganz ruhig und entspannt!

Alles, was dich heute den Tag über beschäftigt hat, ist für dich nun nebensächlich, denn du liegst ganz ruhig und entspannt da. – Ganz ruhig und entspannt!

Nun achte auf die Durchblutung deiner Gliedmaßen. Du spürst die warme Durchblutung deiner Arme und Beine. – Deine Arme und Beine sind ganz warm durchströmt! – Arme und Beine sind ganz warm durchströmt.

Nun spürst du die warme Durchblutung deiner anderen Gliedmaßen. Das Gesäß, der Rumpf und alle anderen Gliedmaßen sind ganz warm durchströmt. – Gesäß, Rumpf und alle übrigen Gliedmaßen sind ganz warm durchströmt!

Nun wendest du dich deiner Atmung zu. Achte auf ein gleichmäßiges und beruhigendes Ein- und Ausatmen. Immer wieder ganz gleichmäßig und ruhig ein- und ausatmen. – Ganz gleichmäßig ein- und ausatmen!

Nun achte darauf, ob es noch irgendeinen Körperteil gibt, der noch nicht entspannt ist. Wenn du noch irgendeinen Körperteil spürst, der noch nicht ganz entspannt ist, dann wende dich nun diesem Körperteil zu und versuche, auch diesen ganz zu entspannen und zur Ruhe kommen zu lassen. – Ganz entspannen und zur Ruhe kommen lassen!

Du liegst nun völlig gelöst und entspannt da. Nun suche die Hand deines rechten und linken Nachbarn und greife nach ihr! Spüre, wie sich die Hand anfühlt! Achte darauf, ob du einen Unterschied feststellen kannst zwischen der Hand deines rechten und der deines linken Nachbarn. Konzentriere dich nun auf den Kraftzuwachs durch die Berührung der Hände deines Nachbarn. Du merkst ganz deutlich, wie die Kraft der Gruppe unaufhaltsam auf dich einströmt, merkst, wie du deine Kraft in die Gruppe einbringst und wie umgekehrt die Kraft der ganzen Gruppe dich kräftigt und stärkt!

Verharre noch einige Zeit bei diesem Erlebnis des Einbringens deiner ganzen Kraft und des Zurückströmens von Kräften durch sämtliche Gruppenmitglieder.

Und dann, wenn für dich der richtige Zeitpunkt gekommen ist, verabschiede dich von den Händen. Richte dich ganz langsam auf. Recke und strecke dich und reibe dir mit beiden Händen die Augen.

2. Anfangsblitzlicht (15 Min.)

Jedes Gruppenmitglied nimmt der Reihe nach kurz Stellung zu den Fragen «Wie fühle ich mich im Augenblick hier in der Gruppe?» und «Wie habe ich die Entspannungsübung erlebt?»
Entspannungsübung und Anfangsblitzlicht haben die Funktion, die Gruppe zusammenzuführen und deutlich den Anfang der Gruppensitzung zu markieren.

3. Partnerinterview: Erwartungen und Befürchtungen (10 Min.)

Jedes Gruppenmitglied holt sich beim Sitzungsleiter einen numerierten Zettel. Danach finden sich als Paare diejenigen zusammen, die die nachfolgenden ungeraden oder geraden Nummern haben, also zum Beispiel 1 und 3 oder 4 und 6. Diese «Zufallsauswahl» wird bei allen Partnerübungen beibehalten. Sie soll einerseits die Angst mindern, nicht gewählt zu werden bzw. nicht sofort einen Partner zu finden, und andererseits verhindern, daß zu häufig dieselben Partner eine Übung durchführen.
Die Partner begeben sich an irgendeine Stelle des Raumes, wo sie beide ungestört sprechen können. Aufgabe des Paares ist es, sich ihre Empfindungen mitzuteilen und sich gegenseitig zu erforschen, welche Erwartungen und welche Befürchtungen jeder im Hinblick auf das gesamte Gruppenprogramm besitzt.

In dieser Übung wird geübt, einem relativ fremden Menschen freimütig von seinen eigenen Erfahrungen und Befürchtungen zu erzählen. Die Erfahrung, nicht allein mit seinen Befürchtungen zu sein, erleichtert und hilft dir, diese Gefühle noch ganz zu erforschen.

4. «Ich bin mein Partner...» (20 Min.)

Die Gruppe setzt sich wieder kreisförmig zusammen, und jedes Gruppenmitglied soll der Gruppe kurz mitteilen, welche Erwartungen und Befürchtungen sein Gesprächspartner geäußert hat. Jeder beginnt dabei mit dem Satz: «Ich bin mein Gesprächspartner (z. B. Heiner), und meine Erwartungen sind..., und meine Befürchtungen sind...»

Hat ein Gruppenmitglied in der Rolle seines Gesprächspartners dessen Erwartungen und Befürchtungen mitgeteilt, dann kann jener noch kurz Stellung nehmen, ob er sich richtig interpretiert fühlt, und kann noch kurz was hinzufügen, wenn er möchte.

5. Selbstdarstellungstriaden (60 Min.)

Die Gruppenmitglieder teilen sich in drei gleich große Gruppen auf.
Gruppe I: Energieverteilung. In Form eines Kuchens zeichnet jedes Gruppenmitglied 5 Min. auf einem Stück Papier auf, wie es seine Energie für Menschen, Dinge oder Tätigkeiten aufwendet.
Anschließend erläutern die Mitglieder der Triadengruppe 15 Min. ihre Zeichnungen und tauschen sich gegenseitig aus. Dabei sollten sie besonders auf die Diskussionsregel 7 achten: «Ich» statt «man» oder «wir».

In der gleichen Weise geht die Gruppe II mit ihrem «Liebesverteilungskuchen» vor, mit der Frage «Wie habe ich meine Liebe auf Personen, Tätigkeiten und Dinge verteilt?», und die Gruppe III mit ihrem «Angstverteilungskuchen»: «Die Angst, die ich in meinem Leben habe, verteilt sich folgendermaßen...»

Dann werden wieder neue Triaden gebildet, bis jeder Gruppenteilnehmer alle drei Verteilungskuchen gezeichnet und in der jeweiligen Triadengruppe vorgestellt hat.

In dieser Übung lernst du, dich anderen zu öffnen und ihnen mitzuteilen, wie du dich selbst siehst. So können die anderen dich und du sie noch besser kennenlernen. Durch den Wechsel der Teilnehmer lernst du außerdem alle Gruppenmitglieder im Laufe der Sitzung kennen.

6. Gruppendiskussion (45 Min.)

Die Gruppe diskutiert frei und ohne Diskussionsleiter über das Thema «Wie habe ich mich bis jetzt in dieser Gruppe gefühlt, und welche Erfahrungen hab ich in dieser Gruppe gemacht?» Achte besonders auf die Regeln:

1. Sei dein eigener Chairman.
2. Störungen haben Vorrang.
3. «Ich» statt «man» oder «wir».

In dieser Diskussionsrunde hast du die Möglichkeit, die Erfahrungen, die du an diesem Abend gemacht hast, mit den Erfahrungen der anderen Mitglieder zu vergleichen, und du kannst deiner Freude und deinem Ärger Luft machen.

7. Schlußblitzlicht (15 Min.)

Jedes Gruppenmitglied nimmt nacheinander Stellung zu der Frage «Was war für mich an diesem Abend besonders wichtig, und wie fühle ich mich jetzt im Augenblick.»

Coming-out 2. Sitzung
(175 Min.)

Die heutige Sitzung ist ausschließlich deinem Coming-out als Schwuler und dem deiner schwulen Gruppenmitglieder gewidmet. Es geht dabei nicht um euren bisherigen schwulen Lebenslauf, denn der ist das Thema der 5. Sitzung, sondern um den Prozeß, den jeder Schwule durchmacht, wenn er lernt, trotz der täglich erlebten negativen Suggestionen in einer schwulenfeindlichen Gesellschaft sich als Schwuler so anzunehmen und zu respektieren, wie er ist. Das Thema ist also der Entwicklungsprozeß, sein Schwulsein zu akzeptieren und als etwas Positives und Wertvolles schätzen zu lernen und in einer feindlichen Umwelt sich zunehmend zu behaupten.

Hinsichtlich der Übungen bilden die «Phantasiereise» und die «Gruppendiskussion» den Schwerpunkt dieser Sitzung.

1. Entspannungsübung (10 Min.)
2. Anfangsblitzlicht (15 Min.)
3. Partnergespräch (30 Min.)
4. Phantasietriaden (60 Min.)
5. Gruppendiskussion (45 Min.)
6. Abschlußblitzlicht (15 Min.)

1. Entspannungsübung (10 Min.)

Wie immer (siehe Anweisung S. 81 f).

2. Anfangsblitzlicht (15 Min.)

«Wie fühle ich mich im Augenblick?»

3. Partnergespräch (30 Min.)

Jeder von euch hat sich in einer bestimmten Weise mit seinem Schwulsein auseinandergesetzt und kennt den langen, mühsamen Prozeß, sein Schwulsein vor sich selbst zu verleugnen und nicht einzugestehen, bis zur innerlichen Bejahung. Kennt einen Wechsel von Phasen, wie die Angst vor dem Bekanntwerden und Entdecktwerden und anderer Phasen des fast zwanghaften Dranges, sein Schwulsein geradezu aufdringlich provozierend zur Schau stellen zu müssen, bis hin zu den reifen Phasen des selbstbewußten, selbstverständlichen Sich-Behauptens als Schwuler in einer schwulen- und sexualfeindlichen Umwelt. Und vielleicht hat der eine oder andere von euch auch noch nicht ganz sein Coming-out geleistet, sondern steckt noch in einer bestimmten Phase oder in einer der verschiedenen Zwischenstufen der Coming-out-Phasen.

In der folgenden Übung könnt ihr euch gemeinsam mit einem Partner über euer Coming-out austauschen. Wie in der 1. Sitzung finden sich die Partner durch Zufallsauswahl, und jedes Paar sucht sich einen Platz in einer Ecke des Raumes. Ein Partner teilt kurz sein Coming-out mit, während der andere partnerzentriert zuhört. Danach erfolgt Rollenwechsel.

4. Phantasietriaden (60 Min.)

Um ein schwieriges Problem zu lösen, hat sich als eine bewährte Methode herausgestellt, eine Phantasiereise anzutreten. Wir greifen dabei auf unsere Fähigkeit zum «divergenten» Denken zurück, d. h. der Motivation, nach mehreren Lösungen zu suchen, auf unsere Phantasie, Kreativität, Originalität, Einfallsfülle und geistige Wendigkeit.

Für die nun folgende Phantasiereise teilen sich die Gruppenteilnehmer in drei etwa gleich große Gruppen auf und bilden Phantasietriaden zu folgenden Themen:

– Coming-out auf dem Lande
– Coming-out in einem Land, wo Schwulsein mit dem Tode bestraft wird
– Coming-out in einem Land, wo Schwule keine Minderheit darstellen.

Wichtiger als gleiche Gruppengröße ist dabei, daß du in der Phantasietriade mitmachst, die dich vom Thema her spontan am meisten anspricht.

In der Gruppe ist deine Phantasie und Kreativität gefragt. Auch besonders ausgefallene Ideen und humorvolle Lösungen sind erwünscht. Nach etwa 40 Min. kehrt ihr dann wieder in die Großgruppe zurück und tauscht euch für 15–20 Min. aus, was in den Phantasietriaden an besonders originellen Ideen entwickelt wurde.

5. Gruppendiskussion (45 Min.)

Alle Gruppenteilnehmer geben für ca. 5 Min. einen kurzen Erlebnisbericht ihres eigenen Coming-outs. Jeder von euch hat nun Gelegenheit, sein eigenes Coming-out bzw. wichtige Stationen seines Coming-outs in der Großgruppe darzustellen, und erfährt von jedem Gruppenteilnehmer, wie er sein Coming-out erlebt hat.

Vorgehen

Ihr setzt euch kreisförmig in der Großgruppe zusammen. Mit dem Erlebnisbericht beginnt derjenige Gruppenteilnehmer, der den Ball, der sich in der Mitte des Kreises befindet, holt. Ist dieser mit seinem Bericht fertig, dann wirft er einem anderen Gruppenteilnehmer den Ball zu. Will dieser noch nicht sprechen, so gibt dieser den Ball zuerst noch seinem Sitznachbarn weiter.

Der jeweilige Gruppenteilnehmer soll während seines Erlebnisberichtes weder kritisiert noch korrigiert werden. Erlaubt ist lediglich, eventuell notwendige Fragen zum besseren Verstehen zu stellen.

6. Abschlußblitzlicht (15 Min.)

Jedes Gruppenmitglied nimmt nacheinander Stellung zu der Frage «Was war für mich in dieser Sitzung besonders wichtig, und wie fühle ich mich im Augenblick?»

3. Sitzung Nonverbale Kommunikation I

(175 Min.)

In der heutigen Sitzung hast du Gelegenheit, deinen Erlebnis- und Gefühlsbereich näher kennenzulernen und im Kontakt mit anderen deine Körpersprache und nonverbale Ausdrucksformen zu schulen.
Du sollst sensibel werden für das, was im zwischenmenschlichen Kontakt über die Worte hinaus ausgedrückt wird. Zur Vorbereitung ist es sinnvoll, daß du dir das Kapitel «Ausdrucksformen der Körpersprache» zu Hause noch einmal ansiehst.

1. Entspannungsübung (10 Min.)
2. Anfangsblitzlicht (15 Min.)
3. Kommunikation mit den Händen (30 Min.)
4. Gefühlsfragebogen (30 Min.)
5. «Sklavenhandel» (30 Min.)

6. Wortlose Übung zur Liebe (30 Min.)
7. Abschlußblitzlicht (30 Min.)

1. Entspannungsübung (10 Min.)

Wie immer (siehe Anweisung S. 81 f).

2. Anfangsblitzlicht (15 Min.)

«Wie fühle ich mich im Augenblick, und was erwarte ich von dieser Sitzung?»

3. Kommunikation mit den Händen (30 Min.)

Die Gruppe teilt sich in Dreier- oder Vierergruppen auf und setzt sich in diesen Gruppen kreisförmig zusammen. Der Sitzungsleiter gibt folgende Anweisungen:
1. Bitte schließt jetzt die Augen, konzentriert euch ganz auf euch selbst und versucht, während der ganzen Übung nicht mehr zu sprechen und die Augen geschlossen zu halten. (ca. 2 Min.)
2. Versuche jetzt, dir die linke und rechte Hand deines Nachbarn vorzustellen, und versuche dann, die Hände zu erreichen. Versuche, mit deiner linken Hand die rechte Hand deines linken Nachbarn zu erkunden und mit deiner rechten Hand die linke Hand deines rechten Nachbarn. Wie fühlen sich diese Hände an? (ca. 2 Min.)
3. Ich möchte jetzt, daß ihr mit euren Händen das Gefühl von Neugier ausdrückt. (ca. 2 Min.)
4. Gefühle von Unsicherheit (2 Min.)
5. Gefühl von Angst (2 Min.)
6. Gefühl von Ärger (2 Min.)
7. Gefühl von Freude (2 Min.)
8. Gefühl von Zärtlichkeit (2 Min.)
9. Gefühl von Trauer (2 Min.)
10. Verabschiede dich jetzt von den Händen rechts und links. Stell dir vor, daß sich diese Hände nie wieder treffen werden.
11. Öffnet dann die Augen und sprecht miteinander über die Gefühle und Erlebnisse, die ihr während der Übung hattet.

In dieser Übung kannst du lernen, Gefühle miteinander ohne Worte auszudrücken, und du kannst prüfen, wie gut dir das gelingt. Du spürst die Auswirkung deines Gefühlsausdrucks mit den Händen auf die Partner, kannst eventuell Hemmungen vor Berührungen abbauen und hinterher deine Erfahrungen mit denen der anderen Gruppenteilnehmer vergleichen.

4. Gefühlsfragebogen (30 Min.)

A (5 Min.) Jedes Gruppenmitglied füllt den nachfolgenden Gefühlsfragebogen aus. Dieser Bogen ist kein «Meßinstrument», sondern dient als Anregung zur darauffolgenden Diskussion.

	eher ja	eher nein
1. Es fällt mir schwer, meine Gefühle anderen Menschen zu zeigen.	○	○
2. Ich erlebe oft und intensiv meine Gefühlsregungen.	○	○
3. Ich spreche oft mit anderen Menschen über meine emotionalen Erlebnisse.	○	○
4. Ob ich meine Gefühle zeige oder nicht, hängt von den Gesprächspartnern ab.	○	○

5. Es fällt mir leichter, meine Gefühle zu zeigen, wenn der Gesprächspartner _____

6. Nenne zwei Gefühle, bei denen es dir besonders schwerfällt, sie zu zeigen:

a) _____

b) _____

7. Kennzeichne es so, wie es für dich zutrifft:

Im Umgang mit anderen Menschen habe ich folgende Gefühle:

a) häufiger als ich es mir wünsche.(+)

b) seltener als ich es mir wünsche. (−)

Zärtlichkeit	Langeweile	Wunsch nach Nähe
Wohlwollen	Erstaunen	Wunsch nach Distanz
Dankbarkeit	Engagement	Verbundenheit

Angst	Verwirrung	Heiterkeit
Ablehnung	Sehnsucht	Bedrückung
Mitgefühl	Skepsis	Unwohlsein
Hoffnung	Selbstbewußtsein	Teilnahmslosigkeit
Betroffenheit	Gelassenheit	

B: Die Gruppe teilt sich per Zufallsauswahl (Nummer ziehen) in Paare auf. In diesen Paaren sollen sich die Teilnehmer gegenseitig ihren Gefühlsfragebogen erklären, wobei sie sich gegenseitig akzeptierend zuhören sollen, um damit dem Partner zu helfen, seine Gedanken und Gefühle zu klären, die das Ausfüllen des Fragebogens in ihm ausgelöst hat.
Bei dieser Übung helfen sich die Partner gegenseitig, sich noch klarer über ihren Umgang mit ihren Gefühlen zu werden. Außerdem wird Gelegenheit geboten, das akzeptierende Zuhören (Stufe I des partnerzentrierten Gesprächs) zu üben.

5. «Sklaven»-Handel (30 Min.)

Bei dieser Übung hast du Gelegenheit, dein Verhältnis zur Macht zu erkunden, indem du aufgefordert bist, einmal in die Rolle des «Herrn» zu schlüpfen, der Befehle erteilen kann, und das andere Mal die Rolle des «Sklaven», Dieners, Befehlsempfängers einzunehmen.
Per Zufallsauswahl (Nummer ziehen) finden sich die Gruppenteilnehmer zu Dreiergruppen zusammen. Abwechselnd übernimmt jeder Gruppenteilnehmer für ca. 5 Min. die Rolle des «Herrn», die des «Sklaven» und die des «Zuschauers».
Der «Herr» kann dabei dem «Sklaven» alles befehlen, was ihm vernünftig erscheint, beispielsweise sich etwas besorgen oder tragen lassen oder eine sonstige kleine Dienstleistung, z. B. Schuhe putzen. Das Erteilen der Befehle soll wortlos, nur durch Gesten und Mimik erfolgen. Der «Sklave» führt den Befehl willig und gehorsam aus, und der Zuschauer registriert interessiert, aufmerksam und kommentarlos den Vorgang. Nachdem jeder Teilnehmer alle drei Rollen ausgeführt hat, tauschen sich die Teilnehmer ca. 15 Min. lang über ihre Empfindungen aus, die sie während der Übung hatten.

6. Wortlose Übungen zur Liebe (30 Min.)

Die Gruppenteilnehmer bilden per Zufallsauswahl Paare und teilen dem Partner ausschließlich mit den Ausdrucksmöglichkeiten der Körpersprache drei der folgenden Items mit:
– Ich brauche dich (1)
– Ich werde dich glücklich machen (2)
– Du bist mir angenehm (3)
– Du machst dieses oder jenes falsch (4)
– Du verlangst zuviel (5)
– Du verlangst zuwenig (6).

Der Empfänger der Botschaften notiert kurz, was er verstanden hat. Danach erfolgt Rollentausch. Anschließend tauschen die Partner sich darüber aus, wie sie sich in der jeweiligen Rolle gefühlt haben und inwieweit gesendete und empfangene Botschaft übereinstimmten.

7. Abschlußgespräch (30 Min.)

Die Gruppenteilnehmer tauschen sich diesmal bei der Abschlußrunde etwas ausführlicher darüber aus, was bei den einzelnen Übungen für sie wichtig war und wie sie sich jetzt fühlen.

4. Sitzung Projektionen und Tiernamen-Soziogramm

(185 Min.)

Schwerpunkt der heutigen Sitzung sind zum einen die Phantasien und Vorurteile, die ich mir über andere Menschen mache, und zum anderen die Klärung der Fragen «Wie stehe ich zu einzelnen Mitgliedern?» und «Welche Sympathie oder Antipathie habe ich zu den einzelnen Gruppenmitgliedern?»
Die Gedanken, Phantasien und Projektionen, die ich zu einzelnen

Gruppenmitgliedern habe, sollen in verdichteter Form durch einen Tiernamen belegt werden.

1. Entspannungsübung (10 Min.)
2. Anfangsblitzlicht (15 Min.)
3. Gruppenphantasien: «Vorurteile» (45 Min.)
4. Tiernamen-Soziogramm (100 Min.)
5. Abschlußblitzlicht (15 Min.)

1. Entspannungsübung (10 Min.)

Wie immer (siehe Anweisung S. 81 f).

2. Anfangsblitzlicht (15 Min.)

«Wie fühle ich mich im Augenblick, und was erwarte ich von dieser Sitzung?»

3. Gruppenphantasie: «Vorurteile» (45 Min.)

Bei dieser Übung geht es darum, «hinter» dem Rücken eines anderen Vermutungen anzustellen und durch «Zuschreibungen» innerhalb eines Gruppenprozesses «Gerüchte» entstehen zu lassen.
Es geht also um die Durchführung von Handlungen, die die Ursachen des Entstehens von Vorurteilen sind und die tagtäglich im zwischenmenschlichen Miteinander «passieren». Der Unterschied zum Alltag besteht in dieser Übung lediglich darin, daß anschließend sowohl für «Opfer» wie für «Täter» Raum und Zeit zur Stellungnahme und Reflexion geboten werden.

A: Aktionsphase (15 Min.)

Die Gruppenmitglieder heften sich gegenseitig ein noch unbeschriebenes Plakat auf den Rücken. Auf Anweisung des Sitzungsleiters stellen sie dann Mutmaßungen an über Lieblingsfarbe, bevorzugten Urlaubsort, bevorzugtes Fortbewegungsmittel und bevorzugte politische Partei der einzelnen Gruppenmitglieder und schreiben ihre Vermutungen auf den Rücken des betreffenen Gruppenmitgliedes. Dabei kann es auch zu Gruppenprozessen wie der «Meinungsfavorisierung» kommen, d. h., der Mutmaßung eines Gruppenmitglieds folgen zahlreiche andere, sei es nun aus Bequemlichkeit, fehlender Phantasie, großer Suggestionsbereitschaft, geringem Selbstvertrauen oder auch aus vielen anderen, ähnlich gelagerten Gründen.

B: Reflexionsphase (25–30 Min.)

Die Gruppenmitglieder setzen sich kreisförmig zusammen, und jeder betrachtet, was bei ihm auf dem Plakat stand, horcht in sich hinein, was es bei ihm auslöst, oder wenn ihm danach ist, tauscht er sich auch kurz mit seinem Nachbarn darüber aus.

Anschließend erfolgt ein Austausch darüber in der Großgruppe.
Jeder Gruppenteilnehmer nimmt nacheinander dazu Stellung, inwieweit die einzelnen Mutmaßungen auf ihn zutreffen. Zum anderen soll auf die folgenden Fragen geantwortet werden:
(1) «Wie hast du dich während der Aktionsphase gefühlt?»
Beispielsweise könnte es dir peinlich gewesen sein, wenn Gruppenteilnehmer nicht gleich was auf dein Plakat geschrieben haben, oder für einen anderen war es gelegentlich eine Hilfe, sich der Mutmaßung anderer Teilnehmer anzuschließen, usw.
(2) «Was lösen die Mutmaßungen der anderen bei dir aus?» «Bist du überrascht, erfreut, erleichtert, verärgert, beleidigt?, usw.»

4. Tiernamen-Soziogramm (100 Min.)

Bei dieser Übung sollen durch Phantasien und Projektionsgedanken die einzelnen Gruppenmitglieder zeigen, wie sie zueinander stehen. Die Übung hat folgende Phasen:

1. Phase: Partnersuche nach Sympathie (10 Min.). Anders als bei den bisherigen Sitzungen soll diesmal die Partnerwahl nicht durch Zufallsauswahl erfolgen, sondern der Sitzungsleiter fordert die Gruppenmitglieder auf, sich für die Übung den Partner zu wählen, der einem am sympathischsten ist. Auch ist es erlaubt, einen Partner abzulehnen.

Der Sitzungsleiter beobachtet genau das gruppendynamische Geschehen bei der Partnerwahl und macht sich zu folgenden Fragen Notizen:
– Gibt es Gruppenmitglieder, die von mehreren Partnern gewünscht werden?
– Gibt es Gruppenmitglieder, die sich gegenseitig wählen?
– Gibt es Gruppenmitglieder, die sich mehr passiv und abwartend verhalten, statt aktiv sich einen Partner auszuwählen?
– Gibt es Gruppenmitglieder, die nur schwer einen Partner finden?
– Gibt es Gruppenmitglieder, die von einem oder gar von mehreren Teilnehmern als Partner abgelehnt werden?

Nach vollzogener Partnerwahl fordert der Sitzungsleiter die Gruppenmitglieder zu einem kurzen Blitzlicht über die Gefühle während der Partnerwahl auf.

2. Phase: Sich paarweise mit einem Tiernamen belegen, z. B. «Löwe», «Bär», «Reineke Fuchs», «Giraffe», «Affe» usw. (15 Min.) Die Partner geben sich gegenseitig einen Tiernamen und sprechen darüber, wie sie auf den Namen kamen, und jeder gibt dem anderen Rückmeldung, ob und warum ihm der Name gefällt oder mißfällt.

3. Phase: Namengebung in der Teilgruppe (20 Min.). Die Gesamtgruppe teilt sich per Zufallsauswahl in zwei gleich große Gruppen auf (Gruppe 1: gerade Zahlen; Gruppe 2: ungerade Zahlen).
Jedes Mitglied innerhalb der Untergruppen findet für drei Gruppenmitglieder einen (passenden!) Tiernamen. Während der Prozedur der Namengebung soll das betreffende Gruppenmitglied sich weder zustimmend noch ablehnend dazu äußern. Est wenn die Prozedur der Namengebung abgeschlossen ist, tauschen sich die Gruppenmitglieder kurz über ihre Gefühle aus.

4. Phase: Namengebung in der Gesamtgruppe (25 Min.). Die gleiche Prozedur der Tiernamengebung, nur daß diesmal in der Gesamtgruppe jedes Gruppenmitglied fünf Gruppenmitglieder mit einem Tiernamen belegt. Auch hier darf erst nach Abschluß der Prozedur der Namengebung Rückmeldung über die ausgelösten Gefühle gegeben werden.

5. Phase: Reflexion in der Gesamtgruppe (30 Min.). Die Mitglieder tauschen sich gegenseitig über die Gefühle aus, die die Tiernamen bei ihnen ausgelöst haben, und können auch Fragen stellen, was der Namengeber sich dabei dachte oder wie er zu einem bestimmten Namen kam.

5. Abschlußblitzlicht (15 Min.)

«Wie fühle ich mich im Augenblick, und was habe ich heute über mich erfahren?»

5. Sitzung Schwuler Lebenslauf

(175 Min.)

Anders als in der Coming-out-Sitzung, in der es mehr um die Probleme der Selbstfindung und -behauptung als Schwuler in einer schwulenfeindlichen Umwelt ging, ist das Thema der heutigen Sitzung deine Beziehung zu Mitschwulen, deine Erlebnisse und Erfahrungen in der schwulen Welt, dein bisheriger schwuler Lebenslauf und dein gegenwärtiger Lebensstil als Schwuler.

1. Entspannungsübung (10 Min.)
2. Anfangsblitzlicht (15 Min.)
3. Partnergespräch (20 Min.)
4. Meine Biographie als Schwuler (Gesamtgruppe) (90 Min.)
5. Gruppenphantasie (25 Min.)
6. Abschlußblitzlicht (15 Min.)

1. Entspannungsübung (10 Min.)

Wie immer (siehe Anweisung S. 81 f).

2. Anfangsblitzlicht (15 Min.)

«Wie fühle ich mich im Augenblick, und was erwarte ich von dieser Sitzung?»

3. Partnergespräch (20 Min.)

Die Gruppenteilnehmer finden sich per Zufallsauswahl paarweise zusammen. Die Partner sollen sich über die angenehmen und unangenehmen Erfahrungen ihres Schwulenlebens austauschen. Während einer der Partner mit dem Erzählen beginnt, hört der andere partnerzentriert zu. Danach erfolgt Rollenwechsel.

4. Meine Biographie als Schwuler (Erlebnisbericht in der Großgruppe) (90 Min.)

Die Gruppenteilnehmer nehmen kreisförmig Platz, so daß jeder den anderen gut sehen kann. Jeder Gruppenteilnehmer hat nun Gelegenheit, vor der Gesamtgruppe für ca. 5 Min. aus seinem schwulen Leben zu berichten. Wer sich den Ball holt, der sich in der Mitte des Kreises befindet, kann beginnen. Während seines Erlebnisberichtes soll er von den anderen Gruppenteilnehmern nicht unterbrochen werden. Anschließend tauschen sich die übrigen Gruppenteilnehmer mit ihm gemeinsam über das Gehörte aus. Jeder Gruppenteilnehmer entscheidet selbst den Zeitpunkt, wann er mit seinem Erlebnisbericht beginnt, indem er sich den Ball holt oder sich zuwerfen läßt.

5. Gruppenphantasien (25 Min.)

Jedes Gruppenmitglied kann in Form von Brainstorming seine Sicht einer idealen schwulen Partnerschaft darstellen und sagen, wie für ihn der ideale schwule Freund sein müßte.
Die entwickelten Phantasien sollen nicht von den anderen Gruppenteilnehmern kritisiert oder bewertet werden, sondern alle Statements gleichberechtigt nebeneinander gestellt und gesammelt wer-

den. Ziel der Übung ist es, eine Vielzahl von verschiedenen Idealvorstellungen zu erfahren, toleranter gegenüber unterschiedlichen Idealvorstellungen zu werden und nicht der Versuchung zu unterliegen,
sein eigenes Partner- und Beziehungskonzept als ein notwendiges
Ideal für die anderen Gruppenteilnehmer zu sehen.

6. Abschlußblitzlicht (15 Min.)

«Wie fühle ich mich im Augenblick, und was war heute für mich besonders wichtig?»

6. Sitzung Nonverbale Kommunikation II

(175 Min.)

Die nonverbalen Übungen dieser Sitzung bauen recht effektiv soziale
Angst noch weiter ab, indem du lernst, Dinge zu tun, die für dich
normalerweise ungewöhnlich sind und vor denen die meisten Menschen Angst haben.
Da diese Übungen in körperlicher Entspannung erlebt werden, wird
die soziale Angst «gegenkonditioniert». Außerdem sensibilisierst du
dich durch diese Übungen für dein eigenes nonverbales Verhalten und
für das der anderen Gruppenmitglieder; Vertrauen und Zusammenhalt in der Gruppe wachsen.

1. Entspannungsübung (10 Min.)
2. Anfangsblitzlicht (15 Min.)
3. Spiegeln (25 Min.)
4. Vertrauenskreis (25 Min.)
5. Umarmungsübung (30 Min.)
6. Blinder Spaziergang (30 Min.)
7. Abschlußgespräch (40 Min.)

1. Entspannungsübung (10 Min.)

Wie immer (siehe Anweisung S. 81 f).

2. Anfangsblitzlicht (15 Min.)

«Wie fühle ich mich im Augenblick, und was erwarte ich von dieser Sitzung?»

3. Spiegeln (25 Min.)

Die Gruppe teilt sich per Zufallsauswahl in Paare auf und verteilt sich über den Raum. Die Paare haben die Aufgabe, gegenseitig die Bewegung, Körperhaltung und Mimik des anderen nachzuahmen und zu «spiegeln». Und zwar nach folgendem Schema:
1. A bewegt sich frei, und B spiegelt ihn (ca. 4 Min.)
2. B bewegt sich frei, und A spiegelt ihn (ca. 4 Min.)
3. Beide stehen voreinander und versuchen, sich gegenseitig zu spiegeln. Die Paare sollen dabei nicht bewegungslos stehenbleiben, sondern versuchen, einen harmonischen Gleichklang der Bewegungen zu erreichen, ohne daß ein Partner führt (ca. 3 Min.)
Danach sprechen die Partner über ihre Erfahrungen bei dieser Übung.

Durch diese Übung kannst du Hemmungen abbauen, dich vor anderen ausdrucksvoll zu bewegen. Du sensibilisierst dich für die Bewegungen des Partners und bekommst durch die Spiegelung Feedback über deine Bewegungen. Außerdem machst du die Erfahrung, wie schwierig es ist, partnerschaftlich zu einer gleichen Bewegung zu gelangen, ohne daß ein Partner führt.

4. Vertrauenskreis (25 Min.)

Die Gruppenmitglieder bilden einen engen Kreis, und ein Gruppenmitglied steht in dessen Mitte. Dieses Gruppenmitglied schließt die Augen, läßt sich nach hinten fallen, wobei es den ganzen Körper steif hält, und wird von der Gruppe langsam aufgefangen und behutsam nach vorne gependelt usw. Das Gruppenmitglied schwingt also in einer Pendelbewegung in der Mitte der Gruppe hin und her. Beendet wird die Übung, indem der Teilnehmer in der Mitte die Augen öffnet. Jedes Gruppenmitglied kommt einmal in die Mitte und wird von der Gruppe hin- und hergependelt.

Die Gruppe soll versuchen, während der Übung nicht zu sprechen und so behutsam, zart und fürsorglich zu sein, wie es geht.

Diese Übung fördert das Vertrauen des einzelnen in der Gruppe. Die anfängliche Angst, nicht aufgefangen zu werden, wird immer geringer, je öfter du erfährst, von den anderen immer wieder aufgefangen und weitergependelt zu werden. Du kannst dann das Gefühl, passiv von der Gruppe bewegt zu werden und dich ihr ganz anzuvertrauen, genießen, wirst immer mutiger, und der Winkel deiner Pendelbewegungen kann immer größer gestaltet werden.

5. Umarmungsübung (30 Min.)

Die Gruppenmitglieder verteilen sich im Raum und gehen, ohne sich ein festes Ziel zu setzen, langsam und ganz entspannt umher. Dann sagt der Sitzungsleiter «jetzt». Daraufhin umarmen sich die Gruppenmitglieder, die sich gegenüberstehen, besonders herzlich. Nach einiger Zeit ruft der Sitzungsleiter «langsam zum Ende kommen». Die Paare verabschieden sich, und alle Gruppenteilnehmer setzen den Spaziergang fort, bis der Sitzungsleiter erneut «jetzt» ruft. Insgesamt fordert der Sitzungsleiter zu mindestens 5–6 Umarmungen auf.

Anschließend tauschen sich die Gruppenmitglieder in Form eines Blitzlichtes kurz über ihre Empfindungen aus, die sie während der Übung hatten.

6. Blinder Spaziergang (30 Min.)

Die Gruppe teilt sich (per Zufallsauswahl) in Paare auf. Die Partner einigen sich darauf, wer als erster der Führer und wer der Gefährte sein soll. Die Aufgabe des Führers ist es, seinem Partner, der während der ganzen Übung die Augen geschlossen hält, die Umwelt erfahrbar zu machen. Der Führer faßt den Partner an den Handgelenken und läßt ihn Dinge ertasten. Er versucht, dem «Blinden» möglichst interessante Eindrücke zu vermitteln und ein behutsamer «Blindenführer» zu sein, damit der «Blinde» sich sicher fühlen kann. Dieser versucht, sich seinem Führer ganz anzuvertrauen und auf keinen Fall die Augen zu öffnen. Bei dieser Übung soll auch nicht gesprochen werden. Nach 15 Min. tauschen sich die Partner über ihre Erfahrungen kurz aus, und die Rollen werden für die nächsten 15 Min. gewechselt.

7. Schlußgespräch (40 Min.)

Die Gruppe setzt sich zusammen und spricht über die verschiedenen Erfahrungen, die die Teilnehmer in dieser Übung gemacht haben. Was war mir in der heutigen Sitzung besonders wichtig? Was machte mir angst, und was war überraschend schön für mich? Welche Parallelen sehe ich zu meinen Erfahrungen in meinem Alltag? Die Gruppe kann diese 40 Min. so ausfüllen, wie sie es für richtig hält. Die Gruppenteilnehmer sollten aber an die Diskussionsregeln denken.

Feedback 7. Sitzung

(175 Min.)

In dieser Sitzung erhältst du direkt Informationen darüber, wie die anderen Gruppenmitglieder dich wahrnehmen und welche Gefühle dein Verhalten bei ihnen hervorgerufen hat bzw. hervorruft. Du selbst kannst also Informationen über den Bereich deiner «blinden Flecken» erhalten, und zwar in einem Ausmaß, wie es im normalen Alltag kaum möglich ist.

Anders als im Alltag, wo du diese Informationen nur in Auseinandersetzungen erhältst, bekommst du hier Feedback in entspannter Atmosphäre und in hilfreicher Art, so daß du diese Informationen produktiv für dich verwerten kannst.

Zur Feedback-Situation mache dir folgendes klar:
(1) Du kannst nur Feedback erhalten über das Verhalten, das du vor

anderen in dieser Gruppe gezeigt hast, und nicht über Verhaltensweisen, die du vielleicht woanders zeigst.

(2) Wenn dir ein anderer Mensch Feedback gibt, dann hat das nur zum Teil was mit dir zu tun, zum anderen Teil hat es zu tun mit den Gefühlen, Erfahrungen und Einstellungen des Feedback-Gebers.

1. Entspannungsübung (10 Min.)
2. Anfangsblitzlicht (15 Min.)
3. Nonverbales Feedback (15 Min.)
4. Heißer Sitz (120 Min.)
5. Schlußblitzlicht (15 Min.)

1. Entspannungsübung (10 Min.)

Wie immer (siehe Anweisung S. 81 f).

2. Anfangsblitzlicht (15 Min.)

«Wie fühle ich mich im Augenblick, und was erwarte ich von der heutigen Sitzung?»

3. Nonverbales Feedback (15 Min.)

Die Gruppe teilt sich (per Zufallsauswahl) in Paare auf, wobei der eine Partner die Rolle des «Aktiven», der andere die des «Passiven» einnimmt.
A: (5 Min.) Der Passive: Der Partner stellt sich so hin, daß der aktive Partner seinen Rücken «klopfen» kann. Er krümmt dafür den Rücken so, daß Kopf und Arme nach vorn unten hängen. Die Knie sind dabei nicht durchgedrückt, sondern der Körper ist folgendermaßen angewinkelt:

Der Aktive: Dieser Partner hat die Aufgabe, den Rücken des passiven Partners zu entspannen, indem er ganz leicht mit allen Fingern den Rücken des Partners «betrommelt». So, als ob du Klavier spielst, läßt du die Finger auf dem Rücken tanzen und variierst die Stärke so, wie es deinem Partner lieb ist. Bei der Übung soll nicht gesprochen werden, und der Partner soll durch Stöhnen, Grunzen und andere Laute mitteilen, wie angenehm oder unangenehm ihm die Massage ist – ob er lieber «etwas höher» betrommelt würde oder ob die Stärke oder die Art des Klopfens verändert werden soll.

B: (5 Min.) Die Rollen werden getauscht, und der vorher aktive Partner wird massiert.

C: (5 Min.) Die Partner sollen sich über die Erfahrungen bei der Übung unterhalten.

Bei dieser Übung erlebst du, welche Gefühle du bekommst, wenn dein Partner deine Wünsche nicht richtig entschlüsselt und deswegen deine Wünsche auch nicht befriedigen kann. Als aktiver Partner erfährst du, wie schwierig es ist, auf die Wünsche zu reagieren, die nicht eindeutig geäußert werden. Es ist eine sehr häufige Situation im Alltag, daß Sozialpartner, die ihre Wünsche nicht ganz eindeutig formulieren, sich dann ärgern, wenn diese nicht erfüllt werden.

4. Heißer Sitz (120 Min.)

Die Gruppenmitglieder sitzen im Kreis. In ihrer Mitte steht ein leerer Stuhl. Ein Gruppenmitglied setzt sich auf diesen «heißen Sitz» und bittet nacheinander vier Gruppenmitglieder um Feedback. Er soll die Gruppenmitglieder auswählen, von denen ihm im Augenblick das Feedback am wichtigsten ist.

Die Gruppenmitglieder fangen ihr Feedback mit der stereotypen Einleitung an «Mir gefällt an dir…» und «Mir mißfällt an dir…» Beide Aspekte sollen in dem Feedback enthalten sein, und es sollte alle Gefühle und Gedanken einschließen, die ein Gruppenmitglied dem Mitglied auf dem heißen Sitz gegenüber hat. Oft klären sich diese Gefühle erst beim Aussprechen, und der Feedback-Geber wird sich dabei seiner Gefühle bewußter.

Ist auf diese Weise viermal Feedback gegeben worden, berichtet das Gruppenmitglied in der Mitte von seinen augenblicklichen Gefühlen und entscheidet, ob es von den restlichen Gruppenmitgliedern noch Zusätze oder Ausführungen zu den verschiedenen Rückmeldungen erhalten will. Auch die Mitglieder im Außenkreis können von sich aus jetzt noch Zusätze machen, müssen das Gruppenmitglied aber zunächst fragen, ob es dieses Feedback hören will. Für den «heißen Sitz» hat jedes Gruppenmitglied – je nach Gruppengröße – ca. 10–15 Min. Zeit.

Regeln

Diese Regeln sind für das Gelingen der Übung sehr wichtig. Sie sind unbedingt einzuhalten.

(1) Das Gruppenmitglied in der Mitte darf auf das Feedback nicht inhaltlich antworten. Es soll den Feedback-Geber nur anschauen und zuhören. Am Schluß des Feedbacks soll das Gruppenmitglied zum Feedback-Geber einzig und allein sagen: «Ich danke dir und will darüber nachdenken und prüfen, was davon für mich wichtig ist.»

(2) Nach dem gesamten Feedback darf das Gruppenmitglied auf dem heißen Stuhl nur von seinen momentanen Gefühlen sprechen (Betroffenheit, Freude, Erleichterung, Verwunderung, Nachdenklichkeit usw.). Es darf nicht inhaltlich Stellung nehmen. Der Gruppenteilnehmer soll das Feedback erst einmal «sacken» lassen und in sich aufnehmen. Das Nachdenken und Verarbeiten des Feedbacks wird durch eine inhaltliche Diskussion nur behindert.

(3) Es sollte akzeptiert werden, wenn ein Gruppenmitglied im Moment kein Feedback geben kann, besonders wenn es vorher auf dem heißen Sitz war. Dieser Gruppenteilnehmer kann dann als vierter Feedback geben oder es zu einem späteren Zeitpunkt nachholen.

5. Abschlußblitzlicht (15 Min.)

«Wie fühle ich mich im Augenblick, und was habe ich heute erfahren?»

Umgang mit Konflikten 8. Sitzung

(175 Min.)

Die Gruppenmitglieder sollen heute lernen und praktisch einüben, wie sie mit Problemen und Konflikten sinnvoll und effektiv umgehen. Vielleicht ist dir das Verhalten eines anderen Gruppenmitglieds zum Problem geworden, und du hattest noch nicht die Möglichleit, dieses Problem mit dem Betreffenden zu besprechen. Oder dir ist durch das Feedback der letzten Sitzung oder durch eine andere Erfahrung ein persönlicher Konflikt deutlicher geworden, den du gerne lösen möchtest. Oder du hast ein Problem mit einem Partner außerhalb der schwulen Selbsterfahrungsgruppe, mit dem du allein nicht zurechtkommst und bei dem du dir von den Gruppenmitgliedern Hilfe versprichst.

Die verschiedenen Methoden und Instrumente, Probleme und Konflikte zu lösen, die du heute kennenlernst, sollen dir dabei eine Hilfe sein.

Für diese Sitzung ist es unerläßlich, daß jeder Gruppenteilnehmer sich vor der Sitzung noch einmal mit dem Kommunikationsmodell Schulz von Thuns im Abschnitt «Kommunikationslernen ist soziales Diskriminationslernen» und den Kapiteln «Umgang mit Aggressionen», «Das partnerzentrierte Gespräch» und «Das Konfliktgespräch» auseinandergesetzt hat.

1. Entspannungsübung (10 Min.)
2. Anfangsblitzlicht (15 Min.)
3. Gesprächsebenenanalyse (45 Min.)
4. Aggressionsübung (30 Min.)
5. Das partnerzentrierte Gespräch (60 Min.)
6. Abschlußblitzlicht (15 Min.)

1. Entspannungsübung (10 Min.)

Wie immer (siehe Anweisung S. 81 f).

2. Anfangsblitzlicht (15 Min.)

«Wie fühle ich mich im Augenblick, und was erwarte ich von dieser Sitzung?»

3. Gesprächsebenenanalyse (45 Min.)

Bei dieser Übung geht es darum, die vier Seiten einer Botschaft zu reflektieren, die nach dem Kommunikationsmodell Schulz von Thuns eine Botschaft erhält.

Zwei Gruppenmitglieder sollen anhand des Kommunikationsmodells Schulz von Thuns (siehe Abbildung) zusammen mit der Gruppe einen Kommunikationskonflikt lösen, den bei ihnen eine Botschaft oder der Empfang einer Botschaft durch Mißverstehen auslöste.

Die vier Seiten einer Botschaft

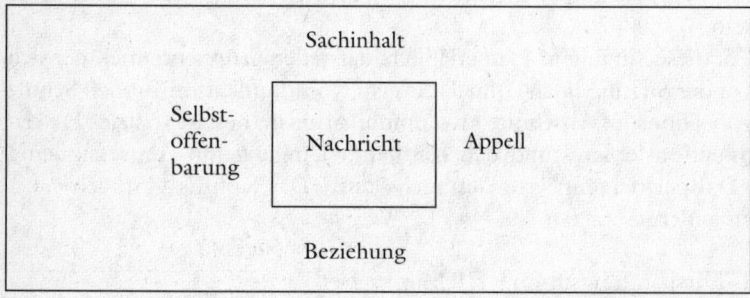

Der Kommunikationskonflikt kann sich beispielsweise auf die letzte Sitzung bei der Übung «Heißer Sitz» beziehen oder auch auf ein Problem mit einer Botschaft aus jüngster Vergangenheit mit einer Person außerhalb der Gruppe.

Für die Gesprächsanalyse soll gemeinsam mit den Gruppenteilnehmern untersucht werden, auf welcher Ebene sich das Mißverständnis ereignet hat.

Das nachfolgende **Raster «typischer Kommunikationsfallen»** soll bei der Aufdeckung des Mißverständnisses behilflich sein:

Fehler bei der Selbstoffenbarung durch

(a) Imponiergehabe, statt dem wahren Selbst nur die «Schokoladenseite» zu zeigen

(b) «Zurschaustellung der eigenen Unzulänglichkeit»

Feindselige statt konstruktiver Sachlichkeit

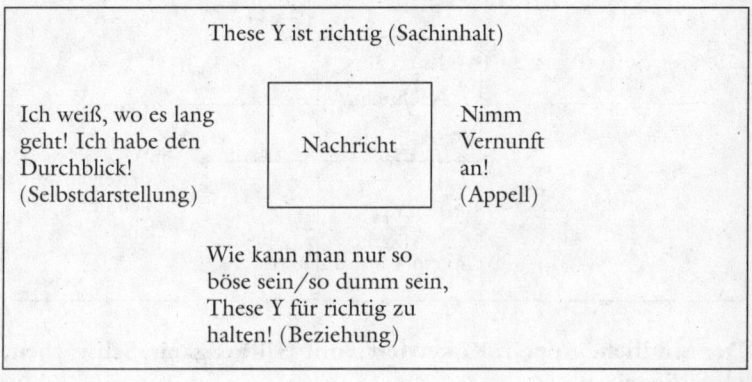

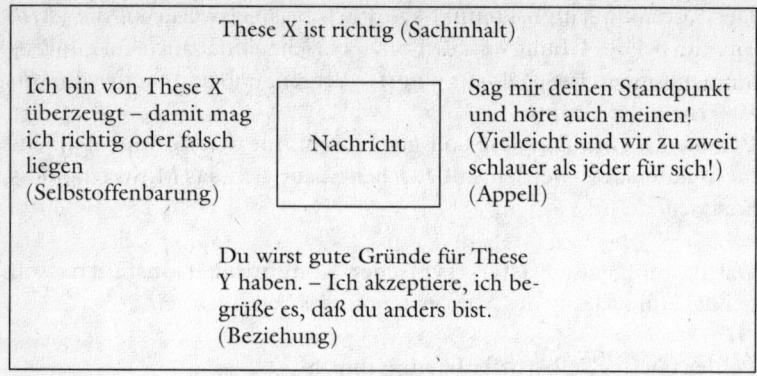

Das Problem der Beziehungsseite (beim Feedback!)
Während sich die Sachbotschaft mehr an den Verstand (Kopf) wendet, geht die Beziehungsbotschaft gleichsam direkt ins «Herz».

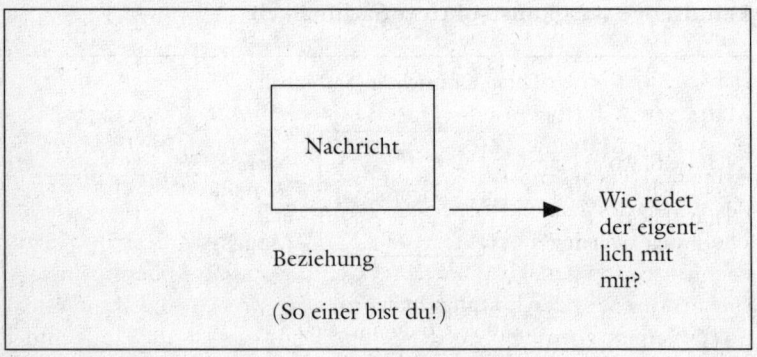

Der kindliche Appell: Kokettieren mit Hilflosigkeit, Schwächen, Unfähigkeiten
«Ich kann das nicht!» «Ohne dich wäre ich aufgeschmissen!»

Vorgehen
Der Gruppenteilnehmer sagt die Botschaft, die die negativen Gefühle bei ihm ausgelöst hat. Vier weitere Gruppenteilnehmer versuchen,

die vier Gesprächsebenen darzustellen. Der Rest der Gruppe gruppiert sich kreisförmig um die Akteure und nimmt die Position der aufmerksamen Beobachter ein bzw. kann notfalls auch als Berater fungieren.

Wenn der Gruppenteilnehmer sein Problem gelöst hat, hilft die Gruppe in der gleichen Weise dem zweiten Gruppenteilnehmer. Sollte die Zeit es erlauben, können auch mehr als zwei Gruppenteilnehmer in der beschriebenen Weise einen Kommunikationskonflikt lösen.

4. Aggressionsübung (30 Min.)

Es gibt mehrere Möglichkeiten, Zorn und Aggressivität körperlich zum Ausdruck zu bringen. Dazu gehören zum Beispiel das In-die-Luft-Schlagen, das Auswringen eines nassen Handtuchs und das Schattenboxen. Die wirkungsvollste Methode besteht wohl darin, daß man auf eine Couch oder ein Kissen einschlägt.

Dies soll in dieser Übung geschehen. Die Gruppenmitglieder verteilen sich im Raum, wo auf Stühlen mehrere Matratzen aufgelegt sind oder sich drei bis vier Couches befinden. Die Teilnehmer knien sich vor die Matratzen (Couches) und schlagen mit Beteiligung des ganzen Körpers auf die Matratzen (Couches) ein. Während beim Boxhieb nur die Arme und Rückenmuskeln beteiligt sind, werden hier die Schläge mit der Wucht des ganzen Körpers ausgeführt.

Die Arme werden hoch über den Kopf hinausgestreckt und dann nach rückwärts geneigt. Der Körper wird ebenfalls bogenförmig zurückgenommen, der Unterkiefer wird vorgestreckt, und das Gesicht nimmt einen zornigen Ausdruck an. Dann lassen die Teilnehmer beide Arme auf die Matratzen niedersausen. Beim Hinuntergehen sind die Knie gebeugt, so daß die Bewegung aus dem ganzen Körper heraus erfolgt. Das Gefühl des Zorns läßt sich noch dadurch steigern, daß die Hiebe mit Knurrlauten, Schreien und Schimpfwörtern begleitet werden.

Die Aktion soll so lange fortgesetzt werden, bis die Gruppenteilnehmer völlig erschöpft sind. Nach der Übung setzen die Teilnehmer sich zusammen und tauschen sich über ihre Erlebnisse aus.

5. Das partnerzentrierte Gespräch (60 Min.)

Die Gruppe teilt sich in Triaden auf. Das Gruppenmitglied, welches als erstes in den Triaden ein Problem hat, von dem es sprechen mag, übernimmt die Rolle des «Klienten», das zweite Triadenmitglied übernimmt die Rolle des «Beraters» und das dritte Triadenmitglied die Rolle des «Beobachters».

Klient: Dieses Gruppenmitglied soll von irgendeinem Problem sprechen, das ihm wichtig ist. Das kann ein großes oder ein ganz kleines Problem sein. Es ist nicht wichtig, daß das Problem vor dem Gespräch deutlich sichtbar ist. Der Klient soll einfach drauflosreden, der Berater wird ihm schon helfen, das Problem klarer zu sehen. Der Klient soll sich ganz auf sich und sein Problem konzentrieren und versuchen zu vergessen, was wohl der Berater oder der Beobachter denken.

Berater: Der Berater soll sich nur auf den Klienten und dessen Gefühle konzentrieren und seine eigenen Gedanken und Stellungnahmen vergessen. Er soll versuchen, nur die verschiedenen Stufen des partnerzentrierten Gesprächs zu realisieren.

Stufe 1: Akzeptierendes Zuhören und Ermunterung zum weiteren Gefühlsausdruck

Stufe 2: Verbalisierung der vorangegangenen Äußerungen (Paraphrase)

Stufe 3: Verbalisierung der Gefühle, die in den Äußerungen stecken.

Beobachter: Der Beobachter hält sich ganz zurück und beobachtet stumm den Gesprächsverlauf. In der Feedback-Phase teilt er dem Klienten und dem Berater mit, wie er den Gesprächsverlauf wahrgenommen hat.

Nach 10 Min. partnerzentrierten Gesprächs wird das Gespräch abgebrochen, die nächsten 10 Min. wird mit Hilfe des Feedbacks vom Beobachter über den Gesprächsverlauf gesprochen. Besonders der Berater sollte um Feedback bitten, inwieweit sich der Klient verstanden gefühlt hat und inwieweit er partnerzentriert reagiert oder doch hemmende Reaktionen gezeigt hat.

Im ganzen sollen die Rollen dreimal gewechselt werden, so daß jedes Triadenmitglied einmal Berater, einmal Klient und einmal Beobachter ist.

6. Abschlußblitzlicht (15 Min.)

«Wie fühle ich mich im Augenblick, und was habe ich heute erfahren?»

Verhältnis zum Körper 9. Sitzung

(195 Min.)

In dieser Sitzung wird die Gelegenheit geboten, sich stärker mit dem Verhältnis zum eigenen Körper auseinanderzusetzen, Hemmungen abzubauen, sich vor den anderen Gruppenteilnehmern nackt zu zeigen, und außerdem wird jedes Gruppenmitglied von den anderen auf der Berührungsebene mit Zuneigung und Akzeptierung überhäuft. Erfahrungsgemäß haben die meisten Teilnehmer vor dieser Sitzung Angst. Doch nach der Nacktsitzung stellt sich heraus, daß alle sehr glücklich und zufrieden sind und das Gefühl hatten, hier eigentlich das bekommen zu haben, was jeder immer wieder sucht, nämlich Zuneigung und Liebe von Männern in einer Art, die wirklich tief in den Körper eindringt.

1. Entspannungsübung (10 Min.)
2. Anfangsblitzlicht (10 Min.)
3. Bild «Mein Körper» (15 Min.)
4. Partnergespräch «Mein Verhältnis
   zu meinem Körper» (30 Min.)
5. Nacktsitzung (100 Min.)
6. Fallenlassen (20 Min.)
7. Abschlußblitzlicht (10 Min.)

1. Entspannungsübung (10 Min.)

Wie immer (siehe Anweisung S. 81 f).

2. Anfangsblitzlicht (10 Min.)

«Wie fühle ich mich im Moment, und was erwarte ich von der heutigen Sitzung?»

3. Bild «Mein Körper» (15 Min.)

Jeder Teilnehmer nimmt ein Blatt Papier, einen Stift und malt mit geschlossenen Augen seinen eigenen Körper. Bei dieser Übung ist es wichtig, die Augen geschlossen zu halten. Es macht nichts, wenn dann die Beine nicht mehr zum Rumpf passen oder die Arme in der Luft hängen.

4. Partnergespräch «Mein Verhältnis zu meinem Körper» (30 Min.)

Die Gruppenteilnehmer finden sich per Zufallsauswahl zu Paaren zusammen und verteilen sich über den Raum. Für zweimal 15 Min. wird ein Partnergespräch mit dem Thema: «Mein Verhältnis zu meinem Körper» geführt. Das Bild kann dabei eine Hilfe sein, um in das Gespräch hineinzukommen.

5. Nacktsitzung (100 Min.)

Alle Teilnehmer ziehen sich aus und setzten sich im Kreis nieder. Jetzt ist jeder einmal dran, geht in die Mitte des Kreises und erzählt zuerst, wie er sich dort fühlt. Blockaden und Spannungen im Körper werden hier in der Mitte des Kreises häufig stärker empfunden. Danach spricht der Teilnehmer in der Mitte darüber, was er an seinem Körper mag und was er nicht mag.
Er soll dabei möglichst immer die Körperteile berühren, über die er spricht.

Ist er fertig, dann schließt er die Augen, es ertönt klassische Musik, und die anderen Gruppenteilnehmer stellen sich um ihn herum und legen ihre Hände liebevoll auf den ganzen Körper. Dabei stellen sich alle vor, daß sie liebevolle und heilende Energie aus ihren Händen in den Körper des Teilnehmers in der Mitte hineinleiten. Nach einiger Zeit des stillen Liegens der Hände beginnt dann die ganze Gruppe, die Hauptperson zu streicheln und zu liebkosen. Nach einigen Min. hört die Musik auf, die Gruppe bildet wieder den Kreis, die Hauptperson öffnet die Augen, setzt sich ebenfalls hin und erzählt, wie sie sich fühlt. Die meisten erleben in dieser kurzen Zeit eine sehr starke Entspannung. Oft entsteht ein Gefühl, als ob man im Meer schwimmt oder in Wolken schwebt, alles wird ganz weich und fließend.

Auf diese Weise wird so lange vorgegangen, bis jeder Gruppenteilnehmer einmal in der Mitte gewesen ist und sich in der Energie der anderen baden durfte.

6. Fallenlassen (20 Min.)

Wenn die Gruppe noch nicht zu erschöpft ist, ist die folgende Übung ein schöner Abschluß der Sitzung. Alle stellen sich eng aneinander im Kreis auf, ein Gruppenteilnehmer stellt sich in die Mitte, schließt die Augen und läßt sich nach hinten in die Arme der im Kreis stehenden Gruppenmitglieder fallen. Diese fangen ihn auf und werfen ihn behutsam zur anderen Seite des Kreises. Auf diese Weise wird derjenige in der Mitte hin und her geschwenkt, kann dabei ganz passiv werden und immer mehr Vertrauen aufbauen, von den anderen aufgefangen zu werden. Seine Füße sollen dabei immer auf derselben Stelle bleiben. Es hilft, wenn man dabei in der Kreuzgegend fest und gerade bleibt, hier also nicht vollkommen passiv einknickt. Jedes Gruppenmitglied sollte für ca. zwei Min. dran sein.

7. Abschlußblitzlicht (10 Min.)

«Wie fühle ich mich im Augenblick, und was hat mir die heutige Sitzung gebracht?»

10. Sitzung Unser Tod

(175 Min.)

Diese Sitzung ist die letzte Sitzung des strukturierten Gruppenprogramms unserer schwulen Selbsterfahrungsgruppe. Alles hat einen Anfang, und alles hat ein Ende – und so stirbt auch diese Gruppe zunächst.

Vom Klima bietet sich also an, sich mit Sterben, Tod, Loslassen zu beschäftigen. Ein wichtiges Thema – das für viele Menschen angstbesetzt ist, mit dem man sich möglichst wenig beschäftigt. Und es ist gut, sich mit alldem auseinanderzusetzen, was im eigenen Innern bei einem vorgeht, auch wenn es zunächst angst macht.

Die innere Abwehr wird gemildert durch die Möglichkeit, den Tod in einer ruhigen Weise und hilfreichen Atmosphäre «anzuschauen» und ihn gelassen in einer gelösten Gruppensituation «zu betrachten».

Diese Phantasiereise über den eigenen Tod kann dir helfen, dir über dein jetziges Leben viel klarer und bewußter zu werden.

1. Entspannungsübung (10 Min.)
2. Anfangsblitzlicht (10 Min.)
3. Partnergespräch: «Was würde ich machen, wenn ich in einem halben Jahr sterben würde?» (40 Min.)
4. Todesphantasien (90 Min.)
5. Abschlußgespräch (25 Min.)

1. Entspannungsübung (10 Min.)

Wie immer (siehe Anweisung S. 81 f).

2. Anfangsblitzlicht (10 Min.)

«Wie fühle ich mich im Moment, und was erwarte ich von der heutigen Sitzung?»

3. Partnergespräch (40 Min.)

Die Teilnehmer finden sich per Zufallsauswahl zu Paaren zusammen und sprechen über das vorgegebene Thema. Jeder hat 20 Min. Zeit, seinem Partner zu erzählen: «Wie würde ich das nächste halbe Jahr leben? Was würde ich tun?»

4. Todesphantasie (90 Min.)

Die Teilnehmer stellen sich so im Raum auf, daß sie in ihrer Nähe genug Platz haben, um sich später hinzulegen. Sie schließen die Augen und versuchen, sich im Stehen ganz zu entspannen.

1. Phase

Nun lassen die Teilnehmer Bilder und Phantasien zum Thema «Wie sterbe ich?» kommen. Wird es ein Unfall sein, eine Krankheit, ein gewaltsamer Tod? Einfach die Bilder und Phantasien so zulassen, wie sie kommen.

Für diese Phase brauchen die Teilnehmer verschieden lange Zeiten. Einige «sterben» sehr schnell und gehen dann in die zweite Phase hinein, andere erleben einen Kampf oder ein Sich-Aufbäumen und stehen eine lange Zeit, bis sie in die zweite Phase hineingehen.

2. Phase

Wenn man das Gefühl hat, nun wirklich zu sterben, legt man sich hin und läßt Bilder und Phantasien kommen zum Thema «Wie sieht meine Beerdigung aus?» Jeder Gruppenteilnehmer bleibt so lange in der betreffenden Phase, wie es für ihn notwendig ist.

3. Phase

Nach der «Beerdigung» läßt man Bilder und Phantasien kommen zum Thema «Was kommt danach?»

Ist man mit allen drei Phasen durch, bleibt man so lange liegen, bis alle Teilnehmer ihren Traum beendet haben. Meist dauert dieser nicht mehr als 20 bis 30 Min. Danach nimmt jeder Papier und Stifte und skizziert die ihm wichtigsten Erlebnisse aus seiner Todesphantasie.

Danach setzen sich die Teilnehmer in einen Kreis, jeder zeigt sein Bild und erzählt den anderen, was er erlebt hat.

5. Abschlußgespräch (25 Min.)

«Was hat mir die Selbsterfahrungsgruppe gebracht?» «Welche Erfahrungen sind mir besonders wichtig für meinen weiteren künftigen Schwulenalltag?»

3 Partnertraining

In diesem Teil findest du ein Programm von zehn Sitzungen, das du gemeinsam mit deinem Partner durchführen kannst.
Dem eigentlichen Trainingsprogramm vorangestellt sind wichtige Hinweise, die du unbedingt gelesen haben solltest, bevor du dich entschließt, die Trainingssitzungen durchzuführen.

Allgemeine Hinweise zur Durchführung des Partnerprogramms

1. Einleitung

Dieses Partnerprogramm soll dir die Möglichkeit bieten, all das auszuprobieren und einzuüben, was du im vorangegangenen Kapitel «Theoretische Grundlagen» gelesen und dir an Grundlagenwissen angeeignet hast.

Die **wichtigsten Ziele des Partner-Trainingsprogramms** sind:
(1) Einüben der sozialen Fähigkeiten, die soziales Lernen verbessern, wie zum Beispiel angemessen Gefühle ausdrücken, Feedback geben, Konflikte partnerschaftlich lösen, angstfreier werden usw.
Diese sozialen Fertigkeiten sind nicht nur wichtig für eine Verbesserung der Beziehung zu deinem Partner, mit dem du gemeinsam dieses Programm durchführst, sondern es wird dir auch deine Beziehungen zu anderen Sozialpartnern (schwulen wie nichtschwulen Bekannten und Freunden) bewußter und offener gestalten helfen.
(2) Neue Erfahrungen mit der eigenen Person und mit dem eigenen Verhalten zu machen. Das Programm bietet die Möglichkeit, deut-

licher zu erkennen, wie du dich deinem Partner gegenüber verhältst, die eigene Person realistischer wahrnehmen zu lernen und Möglichkeiten zu weiterer Entwicklung und weiterem Wachstum der Persönlichkeit zu entdecken.

(3) Der Aufbau eines Kommunikationssystems in der Partnerschaft, das es erlaubt, Störfaktoren und Probleme in der Beziehung immer wieder wahrzunehmen und einer Änderung zugänglich zu machen, so daß beide Partner sich ihrer Bedürfnisse in der Beziehung bewußter werden und lernen, sie besser zu befriedigen.

Das Resultat des Programms wird sein, daß einige Probleme, die bisher unerkannt oder verborgen waren, den Partnern bewußter werden. Dies ist sicherlich kein angenehmes Erlebnis. Die Chance besteht jedoch, daß diese bewußt gewordenen Probleme behandelt und bearbeitet werden können. Damit wird die Wahrscheinlichkeit vermindert, daß sie unerkannt unter der Oberfläche wirken und eines Tages scheinbar schicksalhaft hervortreten in einer Trennung, die unerklärlich erscheint, oder als psychisches Leid, dessen Herkunft rätselhaft bleibt.

2. Die notwendige Einstellung für die Durchführung des Programms

Dieses Programm wird nur dann Erfolg haben können, wenn beide Partner bemüht sind, ihr eigenes Verhalten zu überprüfen und eventuell zu ändern. Notwendig ist das Vertrauen, daß die eigenen offenen Äußerungen nicht später gegen einen selbst verwandt werden. Beide Partner sollten den Willen haben, den anderen zu verstehen und ihm bei seinen Problemen zu helfen.

Bevor du dich zur Durchführung des Programms entschließt, beantworte bitte folgende Fragen, die dir helfen sollen, dir über deine Motivation klarer zu werden.

	Ja	Nein
(1) Ich möchte ernsthaft versuchen, meine Gefühle zu meinem Partner besser zu verstehen.		
(2) Ich möchte ernsthaft versuchen, die Gefühle meines Partners mir gegenüber noch besser zu verstehen.		
(3) Ich möchte meinen Partner näher und intensiver kennenlernen.		
(4) Ich will versuchen, mich meinem Partner auch in den Gebieten zu öffnen, in denen es mir bisher nicht möglich war.		
(5) Ich möchte meinem Partner helfen, damit er seine Probleme besser lösen kann.		
(6) Ich will Konflikte, die im Augenblick vielleicht unterschwellig in unserer Partnerschaft vorhanden sind, deutlicher sehen und ansprechen lernen.		
(7) Ich will lernen, die auftretenden Konflikte in unserer Partnerschaft auf partnerschaftliche Weise zu lösen, so daß es keinen Gewinner und Verlierer gibt.		
(8) Ich bin bereit, mit meinem Verhalten zu experimentieren und mich dabei kleinen Unsicherheiten auszusetzen.		

3. Funktion der Übungen und praktische Hinweise zur Durchführung

Die zehn Sitzungen dauern jeweils etwa drei Stunden.
Am günstigsten ist es, diese Sitzungen in wöchentlichen Abständen durchzuführen. Es ist aber auch möglich, daß ein Paar an einem verlängerten Wochenende oder im Urlaub dieses Programm hintereinander durcharbeitet.

Die einzelnen Sitzungen werden strukturiert durch verschiedene Übungen und Spiele. Der «Sinn und Zweck» dieser Übungen ist nicht immer vorher zu erkennen, und auch langes Nachdenken und Sprechen über die Übungen ändert nichts daran, daß jede Durchführung einer Übung ein Risiko in sich trägt, da du nie genau voraussagen kannst, was für dich dabei herauskommt.

Sinnvoll sind aber alle Übungen nur, wenn nach der Durchführung die gemachten Erfahrungen besprochen und reflektiert werden. Auch wenn sich beide Partner in einer Übung nicht wohl gefühlt haben oder nichts Neues in ihr gelernt haben, dann ist diese Erfahrung wichtig, und es sollte darüber gesprochen werden: «Wie kommt es, daß ich mich bei dieser Aufgabe so oder so verhalten habe?», «Ist es Zufall – oder sehe ich Parallelen zu meinem sonstigen Verhalten?»

Diese Übungen sind experimentelle und künstliche Situationen, in denen du auf besonders deutliche Weise Erfahrungen machen kannst. Die Übungen selbst sind zeitlich sehr strukturiert, und es empfiehlt sich, die angegebenen Zeiten einzuhalten.

Wichtig zur Kontrolle der Kommunikation ist das Tonband. Bei bestimmten Übungen solltest du und dein Partner euer Gespräch auf Tonband aufnehmen. Auf diese Weise erhaltet ihr ein objektives Feedback über euer Kommunikationsverhalten.

4. Die Kommunikationsregeln

Für die Gespräche während der Sitzungen solltest du versuchen, dich an folgende Regeln zu halten. Versuche, diese Regeln zunächst zu übernehmen und einzuüben. Diese Regeln wirst du kaum gleich zu Anfang beherrschen können – denn das ist im Grunde erst ein Lernziel dieses Programms. Mache mit ihnen Erfahrungen und stelle selbst fest, wie nützlich es ist, diese Kommunikationsregeln auch in deinem Alltag zu übernehmen.

Äußere deine Interessen

Sei dir bewußt, daß ihr beide verschiedene Menschen seid, die zum Teil gleiche und zum Teil unterschiedliche Interessen haben. Akzeptiere diese Verschiedenheit und mache weder dir noch deinem Partner Vorwürfe, wenn sich eure Interessen unterscheiden. Äußere frei deine

Interessen, aber erwarte nicht, daß dein Partner sie stets so erfüllen sollte, wie du es dir vorstellst. Vertraue hingegen darauf, daß ihr gemeinsam Lösungen für eure Konflikte finden werdet, die deinen wie seinen Interessen gerecht werden.

Experimentiere mit dir

Versuche öfter, neues Verhalten auszuprobieren, und prüfe dich, welches Verhalten du aus Angst nicht vor deinem Partner zeigen magst. Überlege, ob diese Angst aus «alten» Erfahrungen mit deinen Eltern oder früheren Partnern resultiert, und versuche immer wieder zu testen, ob deine Angst realistisch ist. Riskiere dabei das kleine aufgeregte Kribbeln, das ein gutes Anzeichen dafür ist, daß du neues Verhalten ausprobierst, welches du sonst aus Angst vermieden hast!

Störungen haben Vorrang

Falls du dich in einem Gespräch ängstlich, verärgert, peinlich berührt, verletzt oder traurig fühlst, dann unterbrich die inhaltliche Diskussion und teile deinem Partner zunächst mit, wie du dich fühlst. Auf diese Weise vermeidest du, deine Gefühle auf der inhaltlichen Ebene indirekt auszudrücken, und du kannst überlegen, wie diese Gefühle entstanden sind und wie du sie beheben kannst. Ist die Störung behoben, dann wird das Gespräch wieder aufgenommen.

Bitte bei defensiver Kommunikation um eine Pause

Wenn du den Eindruck hast, daß einer von euch beiden sich in Verteidigungshaltung befindet oder aggressiv anklagt, dann bitte um eine kleine Gesprächspause zur Beruhigung.

Eigene Meinung statt Fragen

Wenn du eine Frage stellst – sage, warum du sie stellst. Fragen sind oft eine Methode, sich und seine eigene Meinung nicht zu zeigen. Außerdem können Fragen oft inquisitorisch wirken und deinen Partner in die Enge treiben. Äußerst du aber deine Meinung, hat dein Partner es viel leichter, dir zu widersprechen oder sich deiner Meinung anzuschließen.

«Ich» statt «man» oder «wir»

Sprich nicht per «man» oder «wir», weil du dich hinter diesen Sätzen gut verstecken kannst und die Verantwortung nicht für das zu tragen brauchst, was du sagst. Zeige dich als Person und sprich per «ich». Außerdem sprichst du in «Man-» oder «Wir»-Sätzen für deinen Partner mit, und du weißt gar nicht, ob der das wünscht.

Keine Vorwürfe

Vermeide, deinen Partner anzuklagen, ihm Vorwürfe zu machen oder auf andere Weise ein schlechtes Gewissen zu erzeugen. Wenn du anders denkst als er, dann lasse ihm seine Meinung und sage dazu, was du meinst. Wenn du ärgerlich bist, dann sprich von deinem Ärger direkt und drücke ihn nicht indirekt als Anklage aus. Wenn du dir von deinem Partner eine Änderung wünschst, dann drücke das als Wunsch und nicht als Vorwurf aus.

Keine «alten Hüte»

Wenn du ärgerlich auf deinen Partner bist oder dir von ihm eine Veränderung wünschst, dann bleibe in der Gegenwart oder äußere deinen Wunsch für die Zukunft. Wenn du «alte Hüte» ausgräbst, verhinderst du, daß ihr beide am Thema bleibt und eine Lösung für die Zukunft suchen könnt.

Dein Partner wird dir dann nämlich bald zeigen, daß du unrecht hast und er sich damals ganz anders verhalten hat, und bald sprecht ihr nur noch über das «Damals» und vermeidet damit, eine Änderung für die Zukunft zu besprechen.

Versuche, partnerzentriert zu reagieren, bevor du deine eigene Meinung sagst

Wenn du den Eindruck hast, daß das Gespräch aufgeregt und schnell wird und ihr beide nicht mehr ganz versteht, was der andere meint – dann versuche zunächst zu wiederholen, was dein Partner gesagt hat, und teile erst dann deine Meinung mit. Auf diese Weise mußt du dich mehr konzentrieren, bewußter zuhören und kannst immer wieder prüfen, ob du deinen Partner auch richtig verstanden hast.

Gib Feedback, wenn du das Bedürfnis hast

Löst das Verhalten deines Partners angenehme oder unangenehme Gefühle bei dir aus, teile es ihm sofort mit und nicht später einem Dritten.

Wenn du Feedback gibst, sprich nicht in einer bewertenden und normativen Weise. Vermeide Interpretationen und Spekulationen über den anderen. Sprich nicht in «Du bist...»- oder in «Du fühlst...»-Form, wobei im Tonfall mitschwingt: «...und das weiß ich genau!» Sprich zunächst einfach von den Gefühlen, die durch das Verhalten deines Partners bei dir ausgelöst werden. Danach kannst du versuchen, das Verhalten des anderen so genau und konkret wie möglich zu beschreiben, damit er begreifen kann, welches Verhalten deine Gefühle bei dir ausgelöst haben. Laß dabei offen, wer der «Schuldige» an deinen Gefühlen ist. Du benötigst dabei keine objektiven Tatsachen oder Beweise – deine subjektiven Gefühle genügen, denn auf diese hast du ein unbedingtes Recht.

Versuche, vor deinem Feedback die Einwilligung deines Partners einzuholen. Das Feedback wird nur dann hilfreich sein, wenn er die Bereitschaft hat, dir zuzuhören.

Wenn du Feedback erhältst, höre richtig zu

Wenn du Feedback erhältst, versuche nicht gleich, dich zu verteidigen oder die Sache «klarzustellen». Denk daran, daß dir dein Partner keine objektiven Tatsachen mitteilen kann, sondern seine subjektiven Gefühle und Wahrnehmungen. Freue dich zunächst, daß dein Partner dir sein Problem erzählt, das er mit dir hat. Diese Haltung wird dir helfen, ruhig zuzuhören und zu prüfen, ob du auch richtig verstanden hast, was er meint. Teile ihm zunächst mit, welches Gefühl sein Feedback in dir ausgelöst hat, dann erst gehe auf den Inhalt ein.

Die Sitzungen *

1. Sitzung Einführung

(170 Min.)

In dieser Sitzung kannst du dich über die Erwartungen und Befürchtungen unterhalten, die du mit dem Partnerprogramm verbindest, außerdem anhand der Kommunikationsregeln prüfen, wie es mit der Kommunikation in deiner Partnerbeziehung bestellt ist. Weiterhin kannst du das Paraphrasieren üben, das von der 2. Sitzung an jedesmal im Einleitungsgespräch praktiziert wird. Ebenso lernst du den Fragebogen zum Abschlußgespräch kennen, dessen Form für alle Sitzungen gleich bleiben wird.

In dieser Einführungssitzung erhältst du einen ersten Eindruck von den möglichen Erfahrungen, die du im Partnerprogramm machen kannst, und du lernst einige «Instrumente» des Programms kennen.

1. Präambel für das Programm (10 Min.)
2. Erwartungen und Befürchtungen (10 Min.)
3. Partnerdiskussion (30 Min.)
4. Wie sprechen wir miteinander? (40 Min.)
5. Selbst-Feedback (10 Min.)
6. Kontrollierter Dialog (40 Min.)
7. Abschlußgespräch (30 Min.)

---

* Die Sitzungen des Partnertrainings sind weitgehendst angelehnt am Partnertrainingsprogramm von Schwäbisch/Siems: «Anleitung zum sozialen Lernen».

1. Präambel für das Programm (10 Min.)

Beide Partner lesen zunächst für sich die «Präambel» durch und denken über sie nach (ca. 5 Min.).
Ziel dieser Übung ist, sich mit Hilfe des Textes noch einmal die Haltung und Einstellung ins Gedächtnis zu rufen, die für das Gelingen des Programms wichtig ist.

Präambel für das Programm

Ich möchte mit dir dieses Partnertraining durchführen. Ich weiß, daß ich dabei auch in Situationen kommen werde, die in mir Widerstand und Angst auslösen können. Ich werde in einem solchen Fall mit dir darüber sprechen. Dies wird mir oft Schwierigkeiten bereiten, und ich wünsche mir von dir, daß du Geduld und Verständnis für mich und meine Probleme aufbringst und mir Gelegenheit gibst, über meine Unsicherheit und Angst zu sprechen. Ich selbst will mich dir gegenüber ebenso verhalten, falls du die Situation als schwierig erlebst.
In diesem Programm werden wir beide neue Erfahrungen machen, und ich freue mich darauf, daß wir mehr voneinander erfahren werden. Und zur gleichen Zeit weiß ich, daß es nicht immer ganz leicht sein wird, mehr von mir und von dir zu erfahren. Wenn du an mir etwas feststellst, was dich freut oder ärgert oder andere Gefühle in dir auslöst, teile mir dies bitte mit – vielleicht wird uns dann manchmal ein Problem bewußt, das wir vorher nicht wahrgenommen haben. Gerade in solchen Situationen hilft es mir, wenn du mir zu verstehen gibst, daß du bereit bist, mit mir gemeinsam zu überlegen, wie wir ein solches Problem lösen können. Diese Mitteilung wird mir helfen, mich und dich besser kennenzulernen. Bedenke jedoch, daß es mir schwerfällt, von dir zu hören, daß ich mich falsch verhalte oder Fehler mache. Viel mehr interessiert bin ich daran, zu hören, welche Bedeutung mein Verhalten für dich hat und welche Gefühle ich mit diesem Verhalten in dir auslöse. Denke daran, daß wir durch dieses Training in einen längeren Lernprozeß eintreten, und versuche bitte nicht, mich zu überfordern. Lobe mich bitte auch für kleine Fortschritte und erkenne es an, wenn ich an mir

selbst Schwächen erkenne und sie dir gegenüber eingestehe. Dasselbe will ich bei dir tun.

2. Erwartungen und Befürchtungen (10 Min.)

Beide Partner schreiben jeder für sich im folgenden Schema ihre Erwartungen und Befürchtungen auf, die sie mit der Durchführung des Programms verbinden. Das sollte nur stichwortartig geschehen – unter Punkt 3 wird Gelegenheit sein, diese Stichworte weiter auszuführen und zu erklären.

Ich erwarte von der Durchführung dieses Programms…

für mich:

für meinen Partner:

für unsere Beziehung:

Ich befürchte, daß bei der Durchführung dieses Programms…

ich selbst:

mein Partner:

unsere Beziehung:

3. Partnerdiskussion (30 Min., Tonband)

Die Partner teilen sich ihre aufgezeichneten Erwartungen und Befürchtungen mit und sprechen über alles, was ihnen im Zusammenhang damit wichtig ist. Denke dabei an die Regel «Störungen haben Vorrang» – sprich so, wie du es normalerweise tust, und versuche nicht, besonders «vorbildlich» zu kommunizieren. Das Gespräch wird auf Tonband aufgezeichnet. Laß dich dadurch nicht stören!

4. Wie sprechen wir miteinander? (40 Min.)

Die Partner hören gemeinsam das Tonband vollständig ab. Dabei soll jeder nur für sich mit Hilfe des folgenden Schemas eine Strichliste führen. Zähle, wie häufig du die folgenden Reaktionen zeigst. Es geht bei dieser Diagnostik deiner Kommunikation nicht darum, zu zeigen, wie «gut» oder «schlecht» du kommunizierst, noch darum, «besser» zu sein als dein Partner. Kommunikation ist immer eine zweiseitige Angelegenheit, und das Verhalten eines Partners hängt auch immer ab von dem Verhalten des anderen. Du kannst bei dieser Übung nur einmal deutlicher sehen, wie du kommunizierst. Eine Verbesserung der Kommunikation ist ja erst das Lernziel dieses Programms.

Wie häufig habe ich realisiert:

1. «Man»

---

2. «Wir», obwohl nicht geprüft worden ist, ob der Partner genauso denkt

---

3. Fragen, die nicht der Informationssuche dienen, sondern ein indirekter Ausdruck eines Gefühls sind

---

4. Vorwürfe und Anklagen

---

5. «Alte Hüte»: alte Streitpunkte oder Fehler des Partners neu «aufwärmen» und als Kampfmittel verwenden

---

6. «Du bist» (Gemeint ist hier, daß du versuchst, deinem Partner einzureden, er sei so, wie du ihn siehst. Du sperrst dich dagegen, seine Sichtweise zu verstehen, und beharrst darauf, daß dein Bild von ihm «wahr» ist.)

---

7. Wie oft warst du im Gespräch ärgerlich, unkonzentriert, in Verteidigungshaltung oder erregt, daß du am Gespräch eigentlich nicht mehr angemessen hast teilnehmen können – und hast keine Störung

oder nicht den Wunsch nach einer kurzen Gesprächspause geäußert?

8. Wie häufig hast du den Partner mißverstanden?

Wenn ihr das Tonband abgehört habt, zählt bitte eure Striche für jede Kategorie zusammen und überdenkt: 1. Wie repräsentativ war dieses Gespräch für unsere normale Kommunikation? 2. Wie kommuniziere ich sonst in «schwierigen Situationen»?

5. Selbst-Feedback (10 Min.)

Jeder Partner hat 5 Min. Zeit, um sich selbst laut Feedback für seine Kommunikation zu geben. Er soll klären, was ihm an seinem eigenen Kommunikationsverhalten gefällt und mißfällt und was ihn an seinem Gesprächsverhalten überrascht hat. Er soll auch Parallelen oder Unterschiede zu seiner sonstigen Kommunikation ziehen. Der andere Partner soll nur zuhören und auch nach dem Selbst-Feedback des anderen möglichst keine Zusätze machen.

Für viele Partner ist es zunächst schwer, keinen Kommentar zu dem Selbst-Feedback des anderen zu geben. Dies ist aber wichtig, damit das Abhören eines Tonbandes nicht mit gegenseitigen Vorwürfen über «Fehlverhalten» endet. Durch solche Vorwürfe erschwerst du deinem Partner eher eine Veränderung und ein Lernen. Er wird sich verteidigen und sich vor neuen Erkenntnissen verschließen. Auch wenn ein Partner zu Beginn solcher Gespräche nicht soviel über sein Kommunikationsverhalten gesehen hat wie vielleicht du selbst, wird er es mit der Zeit und zunehmender Übung lernen, sein Verhalten bewußter wahrzunehmen. Hierzu ist jedoch das Vertrauen nötig, daß seine «Fehler», die er sich selbst und seinem Partner eingesteht, nicht zu seinem Nachteil verwendet werden. Dies wäre zum Beispiel der Fall, wenn der andere Partner ihm dies in einem Streit zum Vorwurf machen würde: «Du hast ja selbst gesagt, daß du nicht richtig zuhörst!»

6. Kontrollierter Dialog (40 Min., Tonband)

In dieser Übung soll geübt werden, vor dem Aussprechen jedes eigenen Gedankens den vorangegangenen Satz des Partners zu paraphrasieren. Wer es kann, kann auch statt der Paraphrase (Stufe 2 des partnerzentrierten Gesprächs) den gefühlsmäßigen Inhalt des vorangegangenen Satzes des Partners verbalisieren (Stufe 3 des partnerzentrierten Gesprächs), das wird aber erst Lernziel der 4. Sitzung.

Anders aber als beim partnerzentrierten Gespräch, bei dem sich ein Partner für einige Zeit ganz auf den anderen einstellt, kann beim kontrollierten Dialog das Gespräch hin- und herpendeln und ein normales «Zwiegespräch» sein – nur daß die vorangegangene Äußerung des Partners noch einmal in eigenen Worten wiederholt wird, bevor man selbst Stellung nimmt.

Ablauf

Der jeweilige Zuhörer soll, bevor er auf den Gesprächsbeitrag des Partners antwortet oder seine eigene Meinung darstellt, in seinen Worten versuchen zu wiederholen, was sein Partner gesagt hat. Er versichert sich gleichzeitig, ob er ihn richtig und vollständig verstanden hat, und gibt dem Sprecher die Möglichkeit, zu ergänzen oder richtigzustellen. Erst wenn der Sprecher glaubt, richtig verstanden worden zu sein, kann der Zuhörer nun seinerseits seine Ansicht oder Meinung zu dem Gesprächsthema vorbringen. Auch sein Beitrag wird wiederholt von seinem Partner, bevor dieser antwortet. Das Gespräch verläuft also abwechselnd und ist ständig durchsetzt mit Wiederholungen der Beiträge des anderen. Um diese Regel einhalten zu können, ist es wichtig, daß die einzelnen Gesprächsbeiträge nicht allzulang werden, da der Zuhörer überlange Äußerungen nicht entsprechend wiederholen kann. Ein schnellerer Wechsel zwischen Sprecher- und Zuhörerrolle erhöht die Aufmerksamkeit bei beiden Partnern, und auf diese Weise wird vermieden, daß ein Partner in eine passive Rolle gedrängt wird, die es ihm unmöglich macht, seinen Standpunkt darzustellen.

Beispiel

Partner A: «Also, wenn ich das alles lese, dann glaube ich, daß wir beide zunächst einmal einige Zeit brauchen werden, um uns in den Ablauf einfinden zu können.»

Partner B: «Du meinst also, daß wir uns erst mal an das Programm gewöhnen müssen? (Tonfall offen-fragend!)

(Partner A: ‹Ja› oder ‹Hm›.)

Ich bin genau derselben Meinung. Besonders sehe ich die Gefahr, daß mir alles viel zu langsam geht und ich das Gefühl bekomme, das Ganze geht nicht voran.»

Partner A: «Habe ich dich richtig verstanden, daß du die Gefahr siehst, daß du zu ungeduldig bist und zu leicht enttäuscht wirst?

(Partner B: ‹Ja›)

Ich könnte mir vorstellen, daß dabei aber hilft, wenn wir uns von vornherein sagen, daß wir sehr viel Geduld haben müssen.»

Partner B: «Du meinst, daß wir uns nicht zuviel vornehmen sollten?

(Partner A: ‹Nein, ich glaube, wir müssen damit rechnen, daß wir viel Zeit brauchen werden.›)

Ich…» usw. usw.

Dieses Gespräch wird dir vielleicht fremd und unwirklich erscheinen. In der Tat ist es ungewöhnlich, so mit jemandem zu sprechen. Doch ist es unbedingt erforderlich, daß du dich zu Beginn des Programms an die Regeln hältst, jeden Gesprächsbeitrag zu wiederholen (rückzumelden). Nur so kannst du die Erfahrung machen, die nötig ist, um später deine individuelle Art des «verstehenden Sprechens» zu finden. Vielleicht wird es später nur noch nötig sein, längere Gesprächsphasen hin und wieder zu wiederholen oder nur noch bei mißverständlichen Gedanken zu prüfen, ob du richtig verstanden hast. Diese Regel ist eine Vorbedingung für die richtige Durchführung der Einleitungsgespräche der nächsten Sitzungen. Auch für das partnerzentrierte Gespräch ist diese Übung eine wichtige Vorübung.

Da dieser kontrollierte Dialog den meisten Menschen zunächst sehr schwerfällt, sollst du ihn in dieser Übung nur für kurze Zeitabschnitte üben, und zwar zweimal – damit du durch das Feedback vom Tonband gleich einen Lernerfolg feststellen kannst:

1. Kontrollierter Dialog I (ca. 7 Min., Tonband)
2. Abhören des Tonbandes I (ca. 7 Min., Tonband)
3. Selbst-Feedback (ca. 6 Min.)
4. Kontrollierter Dialog II (7 Min., Tonband)
5. Abhören des Tonbandes II (7 Min.)
6. Selbst-Feedback und Selbstbekräftigung
   von Verbesserungen (6 Min.)

7. Abschlußgespräch (30 Min.)

Beide Partner füllen jeder für sich den Abschlußfragebogen aus. Anschließend teilen die Partner sich gegenseitig ihre Antworten und ihre markierten Werte mit. Außerdem kannst du prüfen, ob deine Vermutungen über die Werte des Partners zutreffend sind.

Abschlußfragebogen

1. Was hat mir in der heutigen Sitzung am besten gefallen? _____

2. Was hat mir in der heutigen Sitzung wenig gefallen? _____

3. Was habe ich in der heutigen Sitzung gelernt? _____

	stimmt genau					stimmt überhaupt nicht	
4. Ich habe mich sehr wohl gefühlt.	1	2	3	4	5	6	7
5. Ich habe sehr viel Neues über mich erfahren.	1	2	3	4	5	6	7
6. Ich habe sehr viel Neues über dich erfahren.	1	2	3	4	5	6	7

7. Ich bin vollkommen zufrieden mit meiner Aktivität in
   dieser Sitzung.   1 2 3 4 5 6 7

Kreis = meine Werte; Kreuz = deine Werte, wie ich sie vermute.

2. Sitzung Selbstdarstellung

(180 Min.)

In dieser Sitzung erhältst du Gelegenheit, dich selbst und deinen Partner besser kennenzulernen. Vielleicht bist du selbst in deiner Partnerschaft so offen, daß es kaum Bereiche gibt, über die du nicht gemeinsam mit deinem Partner sprichst. In Partnerbeziehungen kommt es aber häufig vor, daß die Partner gewisse Teile ihrer Person voreinander verbergen und über bestimmte Erfahrungen und Einstellungen nicht sprechen mögen, weil sie nicht wissen, wie der Partner das aufnehmen würde.

Wenn die Partner sich gegenseitig für das offene Äußern eigener Empfindungen öfter bestraft haben, dann wird es Geduld erfordern, in der Beziehung die gegenseitige größere Offenheit zu erreichen, und beide Partner müssen besonders verständnisvoll aufeinander eingehen.

Beruht die Angst, frei von sich zu erzählen, aber auf früheren Erfahrungen mit anderen Menschen (z. B. Eltern, Lehrern, Freunden, früheren Partnern usw.) und nicht auf Erfahrungen in dieser Beziehung, dann werden die Partner überraschend positive Erfahrungen machen, wenn sie ihre Befürchtungen Schritt für Schritt abbauen und «neues Verhalten» wagen. Du kannst erfahren, wie angenehm es ist, einen anderen Menschen in seiner Besonderheit (Gleichartigkeit wie auch Verschiedenheit) zu erleben und kennenzulernen.

Außerdem wirst du in der heutigen Sitzung vertraut mit einer Entspannungstechnik, mit deren Hilfe du die Wirkung der Regel kennenlernen kannst «Wenn die Kommunikation destruktiv wird, bitte um eine kleine Gesprächpause zur Beruhigung.» Du erfährst, wie eine Kommunikation sich verändert, wenn sich beide Partner entspannen.

1. Einleitungsgespräch (40 Min.)
2. Versenkungsübung (20 Min.)
3. Entspannter Dialog (30 Min.)
4. Selbstdarstellung – Bild (30 Min.)
5. Selbstdarstellung – Fragebogen (30 Min.)
6. Abschlußgespräch (30 Min.)

1. Einleitungsgespräch (40 Min., Tonband)

In diesem Einleitungsgespräch sollen sich die Partner gegenseitig mitteilen, wie sie sich im Augenblick fühlen, was sie am Tag oder in der vergangenen Woche gefreut und geärgert hat, und darstellen, auf welche Weise diese Erlebnisse die jetzige Stimmung beeinflussen. Die Partner sollen also keinen Erlebnisbericht geben, sondern stets den Bezug zu der jetzigen Situation und zu ihrer jetzigen Motivation zur Sitzung herstellen.

Dieses Einleitungsgespräch soll in der Form des kontrollierten Dialoges durchgeführt werden, wie es in der 1. Sitzung geübt worden ist. Halte dich unbedingt an die Regeln! Lernziele dieses Einleitungsgesprächs, das auch in den nächsten Sitzungen immer zu Anfang steht, sind also:

1. Aussprechen von Gefühlen, die die Durchführung der Sitzung verhindern könnten, wenn sie nicht transparent gemacht werden.
2. Einübung des kontrollierten Dialogs.

Kontrollierter Dialog (15 Min.) Beide Partner sprechen in der Form des kontrollierten Dialogs über ihre Gefühle und Erlebnisse in der letzten Zeit. Dieses Gespräch wird auf Tonband aufgenommen.

Fragebogen (5 Min.) zum Einleitungsgespräch. Beide Partner füllen jeder für sich den Fragebogen aus und lesen sich darauf ihre Werte vor, ohne darüber zu diskutieren. Das soll erst nach dem Abhören des Tonbandes geschehen.

Abhören des Tonbandes (15 Min.) Beide Partner hören das Tonband ab. Du kannst das ganze Gespräch noch einmal anhören oder aber dir die wichtigsten Abschnitte heraussuchen, die du dann eingehender besprechen kannst.

Selbst-Feedback (5 Min.) Beide Partner äußern ihre Wahrnehmung über ihr eigenes Kommunikationsverhalten und sollen sich für eigene Verbesserungen auch selbst loben. Der Partner hört zunächst nur zu.

Fragebogen zum Einleitungsgespräch

	stimmt genau					stimmt überhaupt nicht

1. Ich habe mich bei diesem Gespräch sehr unwohl gefühlt.　1　2　3　4　5　6　7

2. Ich habe das Gefühl, daß ich immer vollkommen verstanden habe, was du gesagt hast.　1　2　3　4　5　6　7

3. Ich habe mich von dir immer sehr verstanden und akzeptiert gefühlt.　1　2　3　4　5　6　7

4. Mir sind deine Gedanken sehr viel klarer geworden, wenn ich sie noch einmal mit meinen Worten wiederholt habe.　1　2　3　4　5　6　7

5. Mir sind meine Gedanken sehr viel klarer geworden, wenn du sie noch einmal mit deinen Worten wiederholt hast.　1　2　3　4　5　6　7

6. Ich habe den Eindruck, daß ich oft so reagiert habe, daß ich dich im Ausdruck deiner Gedanken und Gefühle gestoppt habe.　1　2　3　4　5　6　7

2. Versenkungsübung (20 Min.)

In dieser Übung lernst du eine Technik kennen, mit der du in einen tief entspannten Zustand gelangen kannst. Diese Entspannungs- oder Versenkungsübung soll dir helfen, dich auf die Situation zu konzentrieren und deine Wahrnehmungs- und Erlebnisfähigkeit im darauf folgenden Gespräch zu vertiefen. Diese Versenkungsübung ähnelt gewissen Meditationstechniken, die ohne Konzentration auf den Körper eine tiefe Muskelentspannung hervorrufen – aber probiere es einmal aus und laß dich nicht durch die Einfachheit der Durchführung täuschen.

Anweisung

Stelle vor der Übung einen Wecker oder eine Eieruhr auf 25 Minuten ein und nimm dir fest vor, nach 20 Minuten aus der Versenkung wieder zu «erwachen». Sag dir innerlich: «Jetzt ist es 20 Uhr und ich will um 20 Uhr 20 wieder erwachen.» Vielleicht klappt das gleich beim erstenmal, wenn nicht – dann wird deine Eieruhr ja nach 25 Minuten klingeln. Diese Übung darf nicht durch Telefon, Besuch usw. gestört werden.

1. Setze dich bequem auf einen Stuhl, so daß dein Rücken so angelehnt werden kann, daß er gerade ist und Ober- und Unterschenkel einen rechten Winkel bilden, ohne daß die Füße in der Luft über dem Fußboden baumeln.

2. Schließe die Augen, vergegenwärtige dir noch einmal die Zeit und versuche, ganz ruhig zu werden und an nichts zu denken (ca. 1–2 Min.).

3. Sage dir darauf innerlich immer wieder nacheinander die Wörter «Ich bin, Ich bin, Ich bin…» Du sollst dabei weder Lippen noch Kehlkopfmuskeln bewegen, sondern die Wörter «Ich bin» nur immer wieder denken. Dabei sollst du nicht an den Sinn von «Ich bin» denken, sondern diese Worte als sinnlose Silben auffassen, die du einfach immer wiederholst. Dies soll die ganzen 20 Minuten lang geschehen. Die Einstellung für die Versenkung: «Alles, was während der Versenkung geschieht, geschieht eben. Ich will mich nicht krampfhaft konzentrieren, sondern ich lasse mit mir geschehen. Ob mein Körper sich entspannt, ob mein Atem schnell geht oder ob ich durch störende Gedanken abgelenkt werde, ist nicht wichtig – alles, was jetzt geschieht, ist gut so, wie es geschieht.»

Während der Versenkung wirst du wahrscheinlich bemerken, daß du nicht mehr die Wörter «Ich bin» wiederholst, sondern anderen Gedanken oder optischen Erscheinungen nachhängst. Wenn du dies bemerkst, nimm kurz Notiz von diesen Gedanken und Bildern und beginne wieder, dir die Worte «Ich bin» zu sagen. Ablenkende Gedanken und Bilder sind also keine Störungen, sondern sie werden «angenommen». Allmählich werden aber wieder die Worte «Ich bin» vorgezogen. Versuche nicht, dich gegen diese Gedanken und Bilder zu wehren – und wenn sie für dich noch so «unsinnig» oder «dumm» sind. Je tiefer du entspannt bist, desto mehr Material wird dir auch in den Sinn kommen, das dir sonst nicht bewußt wird. Du solltest aber die Gedanken nicht untersuchen oder analysieren, meist sind sie sowieso verschlüsselt, so daß sie nicht ganz zu verstehen sind. Diese Gedanken sind für dich auch nicht wichtig, wir können sie als parallele Prozesse auffassen, die die Entkrampfung und das Lösen von Spannungen in den Muskeln begleiten und mit alten Erfahrungen zusammenhängen, die dir Angst oder andere unangenehme Gefühle gemacht haben.

3. Entspannter Dialog (30 Min., Tonband)

Beide Partner sprechen 20 Minuten lang über ihre Erfahrungen in der Versenkungsübung und danach über das Thema «Wie offen bin ich in unserer Beziehung». Das Gespräch wird auf Tonband aufgenommen. Versuche, die körperliche Entspannung, in die du durch die Versenkungsübung gelangt bist, während des Gesprächs zu erhalten, und achte immer wieder auf die Spannung deiner Muskeln.

In den restlichen 10 Minuten hören die Partner ausschnittweise das Tonband ab, unter dem Aspekt: «Was ist an unserer Kommunikation anders, wenn wir entspannt sind?»

Diese Erfahrung soll zu einer Reflexion führen über die Regel: «Wenn die Kommunikation destruktiv wird, bitte um eine kleine Gesprächspause zur Beruhigung», und über die Möglichkeit, diese Regel in eurem gemeinsamen Alltag anzuwenden.

4. Selbstdarstellung – Bild (30 Min.)

Für 10 Minuten malt jeder Partner ein Bild, für das er sich eines der folgenden Themen aussucht. Dieses Bild sollte spontan und ohne allzu viele Überlegungen angefangen werden. Viele Gedanken kommen erst, wenn du schon beim Zeichnen bist. Das Bild soll natürlich auch kein Kunstwerk werden, sondern dir eine Hilfe sein, bestimmte Dinge noch klarer zu sehen. Die Themen:

1. Eine Situation aus meiner Kindheitsfamilie
2. Meine Lebenslinie
3. Ich: Gestern – heute – morgen.

Nach 10 Minuten zeigen die Partner sich ihre Bilder, erklären sich gegenseitig die Bedeutungen und versuchen, sich gegenseitig klarzumachen, was sie in dem Bild ausdrücken. Während dieses zwanzigminütigen Partnergesprächs beachte besonders die Regel: «Wenn du eine Frage stellst, dann sag, warum du sie stellst.» Gerade bei der Selbstdarstellung der Partner können Fragen inquisitorisch wirken und den anderen in die Ecke drängen.

5. Selbstdarstellung – Fragebogen (30 Min.)

Beide Partner füllen für sich den folgenden Fragebogen zur Selbstdarstellung aus. Halte dich nicht allzulange bei den einzelnen Fragen auf, der Fragebogen ist kein Meßinstrument, sondern nur eine Anregung zur nachfolgenden Diskussion.

Beide Partner lesen sich gegenseitig ihre Antworten vor und stellen Fragen zu den verschiedenen Punkten. Im Gespräch hast du die Möglichkeit, mehr von deinem Partner zu erfahren und von dir aus selbst Gedanken einzubringen, zu deren Äußerung du vorher noch nicht gekommen warst. Denke aber auch hier an die Regel: «Wenn du eine Frage stellst, dann sag, warum du sie stellst.»

Fragebogen zur Selbstdarstellung

1 = stimmt genau; 2 = stimmt zum Teil; 3 = stimmt weniger;
4 = stimmt überhaupt nicht.

1. Ich akzeptiere meine Schwächen nicht.   1 2 3 4
2. Ich habe keine Angst davor, Fehler zu begehen.   1 2 3 4
3. Ich beurteile mich nicht danach, wieviel ich
   leiste.   1 2 3 4
4. Ich halte nichts davon, anderen zu sagen, was ich
   fühle.   1 2 3 4
5. Ich kann so leben, wie ich möchte.   1 2 3 4
6. Kinder sollten einsehen, daß sie nicht dieselben
   Rechte und Privilegien besitzen wie Erwachsene.   1 2 3 4
7. Ich kann mich bei anderen durchsetzen.   1 2 3 4
8. Es macht mir nichts aus, nicht das zu tun, was andere von mir erwarten.   1 2 3 4
9. Ich habe mich von moralischen Grundsätzen gelöst, die mir früher beigebracht wurden.   1 2 3 4
10. Ich kann mich darauf verlassen, daß ich eine Situa-
    tion richtig einschätze.   1 2 3 4
11. Ich habe Angst, daß ich mich unangemessen ver-
    halten könnte.   1 2 3 4
12. Ich fühle mich durch meine Pflichten und
    Verpflichtungen anderen gegenüber gebun-
    den.   1 2 3 4
13. Ich brauche nicht immer nach den Regeln und
    Maßstäben der Gesellschaft zu leben.   1 2 3 4
14. Ich brauche gute Gründe, um meine Gefühle zu
    rechtfertigen.   1 2 3 4
15. Ich halte es oft für notwendig, meine früheren
    Handlungen zu verteidigen.   1 2 3 4
16. Ich mag jeden, den ich kenne.   1 2 3 4
17. Ich habe Angst, auf diejenigen böse zu sein, die ich
    gern habe.   1 2 3 4
18. Es ist eine grundlegende Pflicht für mich, meine
    eigenen Bedürfnisse zu kennen.   1 2 3 4
19. Ich muß Kummer um jeden Preis vermeiden.   1 2 3 4

20. Ich nehme Kritik nicht gerne an, weil ich nicht
glaube, daß sie mir hilft, mich als Mensch zu entwickeln.   1 2 3 4

6. Abschlußgespräch (30 Min.)

Wie in der ersten Sitzung füllen beide Partner den Abschlußfragebogen aus, teilen sich danach die Werte mit und sprechen über ihre Erfahrungen in der heutigen Sitzung.

Abschlußfragebogen

1. Was hat mir in der heutigen Sitzung am besten gefallen? _____

_____

2. Was hat mir in der heutigen Sitzung wenig gefallen? _____

_____

3. Was habe ich in der heutigen Sitzung gelernt? _____

_____

	stimmt genau						stimmt überhaupt nicht
4. Ich habe mich sehr wohl ge-fühlt.	1	2	3	4	5	6	7
5. Ich habe sehr viel Neues über mich erfahren.	1	2	3	4	5	6	7
6. Ich habe sehr viel Neues über dich erfahren.	1	2	3	4	5	6	7
7. Ich bin vollkommen zufrie-den mit meiner Aktivität in dieser Sitzung.	1	2	3	4	5	6	7

Kreis = meine Werte; Kreuz = deine Werte, wie ich sie vermute.

3. Sitzung Vorstellungen von Partnerschaft

(180 Min.)

In dieser Sitzung kannst du über Besonderheiten deiner gemeinsamen Beziehung nachdenken. Viele Verhaltensweisen werden in Partnerschaften gewohnheitsmäßig und ritualisiert ausgeführt – man hat sich daran gewöhnt, und beide Partner haben sich aufeinander eingespielt. Das ist gut so, weil Beziehungen kaum möglich sind, wenn nicht eine bestimmte Wahrscheinlichkeit besteht, die Reaktionen des Partners auf das eigene Verhalten vorherzusagen. Auf der anderen Seite können diese Gewohnheiten beide Partner einengen und blind machen für andere und neue Beziehungsformen, die möglich sind. Da viele Verhaltensgewohnheiten in Partnerschaften durch die Normen der Gesellschaft entstehen, durch die Erfahrung in der eigenen Kindheitsfamilie und durch die Modelle in Massenmedien, geht es hier auch darum, zu überlegen, ob deine Partnerschaft auch deinen eigenen Bedürfnissen entspricht oder ob sie zum großen Teil «fremdbestimmt» ist.

Vielleicht wirst du in dieser Sitzung merken, daß es sehr selten ist, daß zwei Menschen dieselbe Vorstellung von einer Beziehung haben – die reale Beziehung wird unterschiedlich gesehen, und beide Partner haben verschiedene Vorstellungen von ihrer «Idealbeziehung». Es ist wichtig, diese Verschiedenartigkeit der Bedürfnisse zweier Menschen zu sehen und zu akzeptieren, dann kann eine Partnerschaft auch so gestaltet werden, daß beide Partner ihre Bedürfnisse in ihr befriedigen können. Auch unser Konfliktmodell geht ja davon aus, daß es normal ist, wenn zwei Menschen verschiedene Interessen haben – daß es aber möglich ist, Lösungen zu finden, die beiden Interessenlagen gerecht werden.

1. Einleitungsgespräch (40 Min.)
2. Erfundene Partnerschaften (40 Min.)
3. Diagnostik der Partnerschaft (40 Min.)
4. Übereinstimmung – Verschiedenheit (30 Min.)
5. Abschlußgespräch (30 Min.)

1. Einleitungsgespräch (40 Min., Tonband)

In diesem Gespräch sollst du, wie in der 2. Sitzung beschreiben, den kontrollierten Dialog üben und Störungen bearbeiten, die die Durchführung der Sitzung behindern können. Schaue dir vor dem Gespräch noch einmal die Regeln für den kontrollierten Dialog an und vergegenwärtige dir die Erfahrung mit dieser Gesprächsform in der letzten Sitzung, damit du deinen Lernfortschritt beurteilen kannst.

Inhaltlich solltest du zunächst darüber sprechen, wie es dir und deinem Partner geht. Versuche herauszubekommen, was ihn beschäftigt hat in der letzten Zeit oder am heutigen Tag. Weiterhin kannst du über die letzte Sitzung sprechen, welche Erinnerung du daran hast oder was du von der heutigen Sitzung erwartest oder befürchtest.

Zeitplan für das Einleitungsgespräch

Kontrollierter Dialog (15 Min., Tonband)
Ausfüllen des Fragebogens zum Einleitungsgespräch und gegenseitiges Vorlesen der Werte ohne Diskussion (5 Min.)
Abhören der Tonbandaufzeichnung (15 Min.)
Selbst-Feedback und Diskussion (5 Min.)

Fragebogen zum Einleitungsgespräch

	stimmt genau						stimmt überhaupt nicht
1. Ich habe mich bei diesem Gespräch sehr unwohl gefühlt.	1	2	3	4	5	6	7
2. Ich habe das Gefühl, daß ich immer vollkommen verstanden habe, was du gesagt hast.	1	2	3	4	5	6	7
3. Ich habe mich von dir immer sehr verstanden und akzeptiert gefühlt.	1	2	3	4	5	6	7
4. Mir sind deine Gedanken sehr viel klarer geworden, wenn ich sie noch einmal mit meinen Worten wiederholt habe.	1	2	3	4	5	6	7

5. Mir sind meine Gedanken
sehr viel klarer geworden,
wenn du sie noch einmal mit
deinen Worten wiederholt
hast.   1 2 3 4 5 6 7

6. Ich habe den Eindruck, daß
ich oft so reagiert habe, daß
ich dich im Ausdruck deiner
Gedanken und Gefühle ge-
stoppt habe.   1 2 3 4 5 6 7

2. Erfundene Partnerschaften (40 Min.)

In dieser Übung sollst du für 30 Minuten deiner Phantasie freien Lauf
lassen. Wende den Blick ab von deiner eigenen Partnerschaft und male
dir viele verschiedene Formen möglicher Partnerschaften aus. Wie
beim Schreiben eines Theaterstücks sollst du dir über Einstellungen,
Verhaltensweisen und Probleme verschiedener von dir erfundener
Partnerbeziehungen Gedanken machen. Wahrscheinlich wirst du und
dein Partner verschiedene Vorstellungen von möglichen Partnerschaften in diese Übung einbringen. Versuche jedoch, auch sehr ausgefallene Ideen als Anregung zu berücksichtigen.

Male dir gemeinsam mit deinem Partner nach den angegebenen Regeln folgende Partnerschaften aus:

1. eine «romantische» Partnerschaft (5 Min.),
2. eine «verrückte» Partnerschaft (5 Min.),
3. eine «autoritäre» Partnerschaft (5 Min.),
4. eine «einseitige» Partnerschaft,
5. eine «offene» Partnerschaft.

Ablauf

Abwechselnd machen die Partner Aussagen über Verhalten, Einstellungen oder über Persönlichkeit der fiktiven Partner. Dabei ist es nicht
wichtig, daß die aufeinanderfolgenden Aussagen immer zum gleichen
Thema sind oder sich vielleicht widersprechen. Jede Äußerung soll
ohne Diskussion akzeptiert werden, und die verschiedenen Äußerun-

gen werden diskussionslos nebeneinandergestellt. Wenn deine Vorschläge ins Stocken geraten, dann überleg dir folgende Fragen:
- Wie sieht es mit den gemeinsamen Bekannten der fiktiven Partner aus?
- Wie ist ihr Verhältnis zur Sexualität?
- Welche gemeinsamen Aktivitäten unternehmen sie am Abend?
- Betrügt einer von ihnen den anderen?
- Wie erfolgreich sind sie im Beruf?
- Welche Befriedigung ziehen beide aus der Partnerschaft?
- Worunter leiden sie besonders?

Beispiel
(Wie könnte eine «geschlossene» Partnerschaft aussehen?)
A: «Sie wohnen bestimmt in einer Neubausiedlung, verheimlichen, daß sie schwul sind, und kennen kaum ihre Nachbarn.»
B: «Sie gehen sowieso selten weg, haben nur sehr wenige schwule Bekannte und überhaupt keine gemeinsamen ‹Hetero›-Bekannten.»
A: «Außerdem ist es bei ihnen ziemlich langweilig. Sie beschäftigen sich immer nur mit sich selbst und sind mit ihren Meinungen ziemlich starr geworden.»
B: «Ich glaube eher, daß das für sie sehr schön ist, weil sie sich so intensiv kennen, daß sie gar keine anderen Bekannten mehr brauchen. Auch gibt es bei ihnen keine Eifersuchtsprobleme.»
A: «Ich glaube aber, daß er oft neidisch ist, wenn seine Arbeitskollegen von ihren Beziehungen erzählen.»
B: «Im Bett verstehen sie sich aber gut, beide haben sich ganz aufeinander eingestellt.»
A: «Sie werden wahrscheinlich ein gemeinsames Hobby haben, das sie jedes Wochenende gemeinsam ausüben und das ihnen eigentlich aus dem Hals hängt.»
In diesem Beispiel wird angedeutet, daß A und B die «geschlossene» Beziehung verschieden wahrnehmen und auch andere Gefühle mit ihr verbinden. Wichtig ist, daß die Partner sich bei diesem Spiel nicht allzulange mit einem Punkt aufhalten, sondern viele Bereiche dieser Beziehung ansprechen. Es soll keine Diskussion darüber geben, wer mit seinen Aussagen die geschlossene Partnerschaft besser trifft oder

wer recht hat, sondern es sollen die Aussagen einfach nebeneinandergestellt und gesammelt werden.

Nach dieser Beschäftigung mit «erfundenen Partnerschaften» sollen sich die Partner 10 Minuten unterhalten über das Thema: «Was habe ich über mich und über dich erfahren während dieser Spiele?» Achte dabei auf die Diskussionsregeln!

3. Diagnostik der Partnerschaft (40 Min.)

Beide Partner füllen jeder für sich den folgenden Diagnosebogen der Partnerschaft aus, wobei du die normalen Idealbilder von Partnerschaft mit deinem eigenen Idealbild und mit deiner realen Partnerschaft vergleichst.

Diagnosebogen der Partnerschaft

In einer Idealpartnerschaft, wie viele Menschen sie sehen...	Ich nehme unsere Partnerschaft in dieser Beziehung folgendermaßen wahr:	Ich wünschte mir, daß es in unserer Partnerschaft folgendermaßen wäre:
1. herrscht «Harmonie», d. h. die Partner verstehen sich meist oder immer. Verschiedenartigkeiten zwischen ihnen werden übergangen oder im Handumdrehen gelöst.		
2. kommen beide Partner gleichzeitig zum Orgasmus.		
3. lieben sich die Partner immer und zu jedem Zeitpunkt.		

Diagnosebogen der Partnerschaft

In einer Idealpartnerschaft, wie viele Menschen sie sehen…	Ich nehme unsere Partnerschaft in dieser Beziehung folgendermaßen wahr:	Ich wünschte mir, daß es in unserer Partnerschaft folgendermaßen wäre:
4. geben die Partner ihre eigene Persönlichkeit auf und gehen ganz in der Partnerschaft auf.		
5. könnte keiner der Partner ohne den anderen glücklich sein.		
6. treten Konflikte und Streitigkeiten selten oder nie auf.		
7. verstehen sich beide Partner in der Sexualität, ohne darüber sprechen zu müssen.		
8. gehen die Partner nur gemeinsam zu Parties oder Geselligkeiten.		
9. haben die Partner nur gemeinsame Bekannte.		
10. haben die Partner nur gemeinsame Interessen und Hobbies.		
11. sind beide Partner füreinander die wichtigsten Sozialpartner.		

Diagnosebogen der Partnerschaft

In einer Idealpartnerschaft, wie viele Menschen sie sehen…	Ich nehme unsere Partnerschaft in dieser Beziehung folgendermaßen wahr:	Ich wünschte mir, daß es in unserer Partnerschaft folgendermaßen wäre:
12. werden Probleme in der Partnerschaft nie gemeinsam mit Bekannten besprochen, weil fremde Menschen das nichts angeht.		
13. «gehört» ein Partner dem anderen.		
14. sind verschiedene Interessen eine Bedrohung für die Partnerschaft.		
15. lesen sich beide Partner gegenseitig die Wünsche von den Augen ab.		
16. zeigen die Partner ihre Liebe dadurch, daß sie eifersüchtig sind.		
17. finden sich beide Partner annähernd gleich erotisch anziehend.		
18. hat ein Partner Gewissensbisse, wenn er etwas tut, was der andere nicht so gern sieht.		

(20 Min.) Beide Partner lesen sich gegenseitig vor, was sie aufgeschrieben haben, und sprechen danach über die verschiedenen oder gleichen Wahrnehmungen ihrer Beziehung und über ihre Wunschvorstellungen. Bei diesem Gespräch sollt ihr nicht versuchen, über die verschiedenen Wünsche (falls sie verschieden sind) zu diskutieren, den anderen für seine Verschiedenheit zu bestrafen oder ihm diese auszureden. Selbstverständlich muß auch über die verschiedenen Vorstellungen der «Idealbeziehung» gesprochen werden, und es müssen Lösungen gefunden werden, mit denen sich beide Partner einverstanden fühlen können. Das ist aber nicht in 20 Minuten möglich und muß Punkt für Punkt (siehe Kapitel «Konfliktgespräch») geschehen – und das wird in einer offenen Partnerschaft zu einer Aufgabe für jeden Tag dieser Beziehung. Ihr könnt in dieser Sitzung unmöglich lernen, alle eure Verschiedenheiten, die sich in euren Wünschen für die Beziehung offenbaren, zu klären. Jetzt sollt ihr erst einmal die Information aufnehmen, wie ihr beide euch die Beziehung wünscht und wie ihr sie wahrnehmt. Die Diskussion sollte daher partnerzentriert sein und dazu genutzt werden, zu verstehen, was der andere eigentlich meint und sich wünscht.

4. Übereinstimmungen – Verschiedenheiten (30 Min.)

In dieser Übung kannst du noch einmal ganz konkret prüfen, in welchen Bereichen ihr übereinstimmt und in welchen Bereichen der Partnerschaft ihr unterschiedliche Einstellungen oder Gefühle habt. Vielleicht werdet ihr beide zunächst auch verschiedene Wahrnehmungen über euren «Bereich der Übereinstimmung» und über euren «Bereich der Verschiedenheiten» haben, und es ist wichtig, daß ihr euch diese Sichtweisen deutlich macht, so daß jeder von euch erfährt, welche Dinge ihr verschieden und welche ihr übereinstimmend seht und beurteilt.

(10 Min.) Beide Partner füllen jeder für sich den Fragebogen zur Übereinstimmung und zur Verschiedenheit aus. Dabei sollt ihr so konkret wie möglich sein.

Fragebogen zur Übereinstimmung und zur Verschiedenheit

Ich glaube, daß wir beide in folgenden Dingen übereinstimmen (Alles, was dir einfällt)	Ich glaube, daß wir beide in den folgenden Dingen verschieden denken (Alles, was dir einfällt)

(20 Min.) Beide Partner lesen sich gegenseitig vor, was sie aufgeschrieben haben, und prüfen, ob ihre Vermutungen über die Verschiedenheit oder Übereinstimmung zutreffend sind. Vielleicht denkst du bei einigen Dingen, daß ihr beide verschieden denkt, obwohl das nicht der Fall ist, und ebenso könntest du vermuten, daß ihr in anderen Bereichen übereinstimmt, obwohl ihr in Wirklichkeit verschieden denkt.

5. Abschlußgespräch (30 Min.)

Beide Partner füllen wieder den Abschlußfragebogen aus, lesen sich gegenseitig ihre Werte vor und sprechen über die Erfahrungen in dieser Sitzung.

Abschlußfragebogen

1. Was hat mir in der heutigen Sitzung am besten gefallen? _____

_____

2. Was hat mir in der heutigen Sitzung wenig gefallen? _____

_____

3. Was habe ich in der heutigen Sitzung gelernt? _____

_____

	stimmt genau					stimmt überhaupt nicht	
4. Ich habe mich sehr wohl gefühlt.	1	2	3	4	5	6	7
5. Ich habe sehr viel Neues über mich erfahren.	1	2	3	4	5	6	7
6. Ich habe sehr viel Neues über dich erfahren.	1	2	3	4	5	6	7
7. Ich bin vollkommen zufrieden mit meiner Aktivität in dieser Sitzung.	1	2	3	4	5	6	7

Kreis = meine Werte; Kreuz = deine Werte, wie ich sie vermute.

Das partnerzentrierte Gespräch 4. Sitzung

(190 Min.)

In dieser Sitzung können beide Partner das partnerzentrierte Gespräch intensiv üben. Es ist deswegen notwendig, daß sich beide noch einmal mit dem Kapitel «Das partnerzentrierte Gespräch» beschäftigen. Im Unterschied zum kontrollierten Dialog lernst du, nicht nur die Aussagen deines Partners in deinen Worten zu wiederholen, sondern besondern den gefühlsmäßigen Inhalt und die Erlebnisinhalte der Aussagen deines Partners aufzugreifen. Im Unterschied zum kontrollierten Dialog sind hier für eine längere Zeitspanne die Rollen «Klient» und «Berater» fest eingeteilt, so daß in dieser Zeit sich das Gespräch nur um den einen Partner und seine Probleme bewegt, während der andere versucht, sich nur auf diesen einzustellen.

Für manche Situationen ist das partnerzentrierte Gespräch in einer Partnerschaft nicht angebracht (z. B. beim Konfliktgespräch in einigen Phasen), und es ist wichtig, daß du selbst Stellung nimmst und von deinen Gefühlen sprichst. Häufig genug kommt es aber in Partnerschaften vor, daß ein Partner von einem Problem erzählt, das nichts mit dem anderen Partner zu tun hat – und dann ist es besonders hilfreich, das partnerzentrierte Gespräch anzuwenden. Über längere Zeit wirkt dann eine Beziehung «therapeutisch», und beide Partner können sich maximal entwickeln und entfalten.

1. Einleitungsgespräch (40 Min.)
2. Partnerzentrierte Gespräche (120 Min.)
3. Abschlußgespräch (30 Min.)

1. Einleitungsgespräch (40 Min.)

Wie in den vorigen Sitzungen:
1. Kontrollierter Dialog über Erlebnisse und Störungen (15 Min., Tonband)
2. Ausfüllen und Vorlesen des Fragebogens zum Einleitungsgespräch (15 Min.)
3. Abhören des Tonbandes (15 Min.)
4. Selbst-Feedback (5 Min.)

Fragebogen zum Einleitungsgespräch

	stimmt genau						stimmt überhaupt nicht
1. Ich habe mich bei diesem Gespräch sehr unwohl gefühlt.	1	2	3	4	5	6	7

2. Ich habe das Gefühl, daß ich
immer vollkommen verstan-
den habe, was du gesagt hast.   1 2 3 4 5 6 7

3. Ich habe mich von dir immer
sehr verstanden und akzeptiert gefühlt.   1 2 3 4 5 6 7

4. Mir sind deine Gedanken sehr
viel klarer geworden, wenn
ich sie noch einmal mit mei-
nen Worten wiederholt habe.   1 2 3 4 5 6 7

5. Mir sind meine Gedanken
sehr viel klarer geworden,
wenn du sie noch einmal mit
deinen Worten wiederholt
hast.   1 2 3 4 5 6 7

6. Ich habe den Eindruck, daß
ich oft so reagiert habe, daß
ich dich im Ausdruck deiner
Gedanken und Gefühle ge-
stoppt habe.   1 2 3 4 5 6 7

2. Partnerzentrierte Gespräche (120 Min., Tonband)

Jeder Partner hat in dieser Phase die Möglichkeit, zwei partnerzentrierte Gespräche als «Berater» zu üben. Eine Gesprächsphase dauert
ca. 30 Minuten und sollte nach dem untenstehenden Schema durchgeführt werden. In diesen partnerzentrierten Gesprächen kannst du in
der Rolle des «Klienten» ein persönliches Problem dem Partner darstellen. Du kannst dir im Gespräch klarer darüber werden, welche Gefühle du mit diesem Problem verbindest, und vielleicht auch zu neuen
Einsichten gelangen. In der Rolle des «Beraters» sollst du dich ganz
auf das Problem deines Partners konzentrieren und deine eigenen Meinungen und Gedanken zu diesem Problem zurückhalten. Auch wenn
du es später als günstig erachten würdest, dem Partner auch eigene
Sichtweisen zu dem Problem mitzuteilen, so ist es doch zunächst zur
Einübung wichtig, daß du in dieser Sitzung nur die drei Stufen der

partnerzentrierten Gesprächsweise realisierst: Stufe 1 – akzeptierendes Zuhören und Ermunterung zum Gefühlsausdruck; Stufe 2 – Paraphrasieren; Stufe 3 – Verbalisieren der emotionalen Erlebnisinhalte.

Ablauf einer Gesprächsphase von 30 Min.

1. Partnerzentriertes Gespräch (Tonband, 15 Min.)
Dabei übernimmt ein Partner die Rolle des «Klienten», der andere die des «Beraters».
2. Ausfüllen der Fragebogen «Klient» und «Berater» und Vorlesen der Werte. Keine Diskussion (5 Min.)
3. Abhören des Tonbandes (15 Min.)
4. Selbst-Feedback des Beraters und anschließende Diskussion (5 Min.).

«Klienten»-Fragebogen (Gespräch I)

	stimmt genau					stimmt überhaupt nicht	
1. Ich habe mich während des Gespräches sehr verstanden gefühlt.	1	2	3	4	5	6	7
2. Dein Verhalten war für mich sehr angenehm.	1	2	3	4	5	6	7
3. Viele meiner Gedanken wurden mir während des Gespräches klarer.	1	2	3	4	5	6	7
4. Ich bin einer Lösung des Problems nähergekommen.	1	2	3	4	5	6	7

«Berater»-Fragebogen (Gespräch I)

	stimmt genau					stimmt überhaupt nicht	
1. Mir fiel es leicht, das zu verstehen, was du gesagt hast.	1	2	3	4	5	6	7
2. Der gefühlsmäßige Hintergrund deiner Aussage wurde							

mir immer deutlich. 1 2 3 4 5 6 7

3. Mir fiel es leicht, den gefühlsmäßigen Gehalt deiner Äußerungen in meinen Worten
wiederzugeben. 1 2 3 4 5 6 7

4. Ich habe mich in der Rolle
des «Beraters» wohl gefühlt. 1 2 3 4 5 6 7

3. Abschlußgespräch (30 Min.)

Wie bei den vorigen Sitzungen Ausfüllen des Fragebogen, Vorlesen
und Diskussion über die Erfahrungen in dieser Sitzung.

Abschlußfragebogen

1. Was hat mir in der heutigen Sitzung am besten gefallen?_____

_____

2. Was hat mir in der heutigen Sitzung wenig gefallen?_____

_____

3. Was habe ich in der heutigen Sitzung gelernt?_____

_____

	stimmt genau				stimmt überhaupt nicht		
4. Ich habe mich sehr wohl ge- fühlt.	1	2	3	4	5	6	7
5. Ich habe sehr viel Neues über mich erfahren.	1	2	3	4	5	6	7
6. Ich habe sehr viel Neues über dich erfahren.	1	2	3	4	5	6	7
7. Ich bin vollkommen zufrie- den mit meiner Aktivität in dieser Sitzung.	1	2	3	4	5	6	7

Kreis = meine Werte; Kreuz = deine Werte, wie ich sie vermute.

5. Sitzung Feedback und Vermutungen

(190 Min.)

In dieser Sitzung erhältst du Gelegenheit, angemessenes Feedback einzuüben und ungeprüfte Vermutungen über Gedanken, Motive und
Gefühle des Partners nachzuprüfen.

Wichtiger noch als in einer Gruppe ist es in einer Zweierbeziehung,
dem Partner auf eine Art und Weise mitzuteilen, welche Gefühle sein
Verhalten in uns auslöst, daß er nicht verletzt wird und in Verteidigungshaltung gerät. In vielen Partnerschaften werden gerade die eigenen Gefühle des Ärgers und die «Störungen» so geäußert, daß der
Partner emotional in Verteidigung gerät und unsere Gefühle nicht
mehr akzeptieren und verstehen kann. Er rechtfertigt sich dann sofort,
hört weg, greift uns an oder verletzt uns, wenn wir selbst unseren Ärger als Vorwurf oder als Angriff formuliert haben.

Auf diese Weise macht der Partner immer wieder die Erfahrungen:
«Es lohnt sich doch nicht, von meinem Ärger zu sprechen», «Er will
sich eben nicht ändern oder mir wenigstens zuhören» oder «Der andere hat ja schon wieder etwas zu meckern». Aus diesen Erfahrungen
heraus «verstummen» dann langsam beide Partner, sprechen nicht
mehr über Dinge, die sie in der Partnerschaft stören, und können sie
deswegen auch nicht ändern. Im ganzen kann auf diese Weise eine
Partnerschaft tot und leer werden. Die Partner sprechen nicht mehr
über Störungen, und das Resultat ist Distanz und Entfremdung. Nach
einer langen Zeit des Nebeneinanderherlebens kommt es dann fast mit
Regelmäßigkeit zu «Szenen» und Streitigkeiten, in denen meist beide
Partner sich all das an «den Kopf werfen», was sie die ganze Zeit zu-
rückgehalten haben. Aber im aggressiven Streit ist jeder Partner im
höchsten Maße in Verteidigungs- und Angriffsbereitschaft, keiner
hört zu und nimmt neue Informationen auf. Da in solchen Streitsitua-
tionen der Ausdruck des Ärgers nicht «konstruktiv» zur Veränderung
benutzt werden kann, sondern nur zu «negativen Erlebnissen» führt,
verfestigt sich bald die Meinung, es lohne sich nicht, dem Partner solche Gefühle mitzuteilen.

Bevor es soweit kommen kann, solltest du lernen, so Feedback zu geben, daß dein Partner sich nicht verletzt fühlt und dennoch deinen Standpunkt kennenlernt. Ein solches Feedback vermittelt dir selbst dann die Erfahrung: «Ich kann meine Meinung sagen. Der andere hört zu und ist sogar bereit, mit mir darüber zu sprechen.» Diese Form des Feedbacks kannst du in dieser Sitzung üben.

1. Einleitungsgespräch (40 Min.)
2. Feedback, zwei Beispiele (40 Min.)
3. Vermutungen äußern (40 Min.)
4. Mir gefällt, mir mißfällt (40 Min.)
5. Abschlußgespräch (30 Min.)

1. Einleitungsgespräch (40 Min., Tonband)

Wie in der 3. Sitzung:
1. Kontrollierter Dialog über Erlebnisse in der letzten Zeit, Befindlichkeit im Augenblick sowie Erwartungen und Befürchtungen für die Sitzung (Tonband, 15 Min.)
2. Ausfüllen des Fragebogens zum Einleitungsgespräch, Vorlesen der Werte (5 Min.)
3. Abhören des Tonbandes (5 Min.)
4. Selbst-Feedback und kurze Diskussion (5 Min.)

Fragebogen zum Einleitungsgespräch

	stimmt genau						stimmt überhaupt nicht
1. Ich habe mich bei diesem Gespräch sehr unwohl gefühlt.	1	2	3	4	5	6	7
2. Ich habe das Gefühl, daß ich immer vollkommen verstanden habe, was du gesagt hast.	1	2	3	4	5	6	7
3. Ich habe mich von dir immer sehr verstanden und akzeptiert gefühlt.	1	2	3	4	5	6	7

4. Mir sind deine Gedanken sehr
   viel klarer geworden, wenn
   ich sie noch einmal mit mei-
   nen Worten wiederholt habe.   1 2 3 4 5 6 7
5. Mir sind meine Gedanken
   sehr viel klarer geworden,
   wenn du sie noch einmal mit
   deinen Worten wiederholt
   hast.   1 2 3 4 5 6 7
6. Ich habe den Eindruck, daß
   ich oft so reagiert habe, daß
   ich dich im Ausdruck deiner
   Gedanken und Gefühle ge-
   stoppt habe.   1 2 3 4 5 6 7

2. Feedback, zwei Beispiele (40 Min.)

In dieser Übung kannst du dich noch einmal für angemessenes Feedback sensibilisieren und erfahren, welche unterschiedlichen Gefühle verschiedene Formen eines Feedback beim Partner hervorrufen.

(5 Min.) Beide Partner schreiben auf den Bogen «Zwei Beispiele für Feedback» in wörtlicher Rede genau das, was sie ihrem Partner in einer bestimmten Situation sagen würden, um ihm Feedback über sein Verhalten zu geben. Ihr solltet dabei an Situationen denken, die in der letzten Zeit auftraten und in denen dich das Verhalten deines Partners gestört hat.

Zwei Beispiele für Feedback

1. Die Situation: _____

_____

Mein Feedback an den Partner: _____

_____

2. Die Situation: _____

_____

Mein Feedback an den Partner: _____

_____

(5 Min.) Beide Partner tauschen die Bogen aus, und jeder von ihnen schreibt mit Hilfe des folgenden Bogens auf, welche Wirkung die beiden Rückmeldungen auf ihn haben. Jeder Partner arbeitet für sich, und die beiden sprechen noch nicht darüber.

Wie wirkt das Feedback auf mich?

Beispiel 1: Kreuz; Beispiel 2: Kreis

	stimmt genau						stimmt überhaupt nicht
1. Das Feedback verletzt mich.	1	2	3	4	5	6	7
2. Das Feedback macht mich wütend.	1	2	3	4	5	6	7
3. Das Feedback reizt mich zum Angriff.	1	2	3	4	5	6	7
4. Das Feedback reizt mich zur Verteidigung.	1	2	3	4	5	6	7
5. Das Feedback gibt mir neue Informationen.	1	2	3	4	5	6	7
6. Das Feedback regt mich an, nachzufragen, was der Partner eigentlich genau meint.	1	2	3	4	5	6	7

(5 Min.) Die Partner geben sich die Bogen wieder zurück, und jeder schaut sich an, wie sein Feedback auf den Partner gewirkt hat. Jetzt hat jeder die Aufgabe, eines der beiden Feedbacks umzuschreiben, so daß es ein «optimales» Feedback wird. Ihr solltet dabei nach dem nachfolgend stehenden Schema vorgehen. Das Feedback wird jetzt natürlich sehr viel länger – aber zur Übung ist das sehr gut.

Optimales Feedback

1. Welche Gefühle hatte ich in
dieser Situation (direkt ausgedrückt)?

2. Genaue Beschreibung deines
Verhaltens in dieser Situation
(nur beobachtbares Verhalten):

3. Meine Vermutung über deine
Gefühle und Absichten in
dieser Situation (als Vermutung geäußert):

4. Warum hatte ich meine Gefühle, welche Bedeutung hat
dein Verhalten für mich?

5. Neue Einsichten, die mir jetzt
beim Schreiben über mich,
über dich und über die Situation gekommen sind:

6. Wie wünsche ich mir, daß wir
uns in solchen Situationen in
der Zukunft verhalten?

(5 Min.) Die Partner lesen sich gegenseitig ihr optimales Feedback vor
und teilen sich gegenseitig mit, wieviel besser diese Form auf sie wirkt
und wieviel sie durch ein solches Feedback lernen können.

(5 Min.) Beide Partner sprechen über das Thema: «Auf welche Art gebe ich normalerweise Feedback, und wie nehme ich deine Art, mir Feedback über mein Verhalten zu geben, wahr? Wie wollen wir in Zukunft mit Feedback umgehen?» Denke dabei an die Diskussionsregeln!

3. Vermutungen äußern (40 Min.)

In dieser Übung könnt ihr euch über euren Bereich der Vermutungen eurem Partner gegenüber klarer werden und diese Vermutungen überprüfen.

Wenn wir Menschen neu kennenlernen, haben wir fast immer Vermutungen über sie, sogenannte «Vor»-Urteile, die unsere Wahrnehmung und unser Verhalten beeinflussen. Um den Sozialpartner realistischer wahrnehmen zu lernen, müssen wir uns über diese unsere Vermutungen klarer werden, und der beste Weg dazu ist, darüber zu sprechen. Da in engen Beziehungen die Partner einander besser kennen, liegt hier das Problem der ungeprüften Vermutungen etwas anders. Hinter bestimmten Äußerungen, Verhaltensweisen, Gesten usw. des Partners vermuten wir Wünsche, Gefühle und Einstellungen, die häufig eher unseren eigenen Erwartungen und Befürchtungen entsprechen und auf den Partner gar nicht zutreffen. Viele Mißverständnisse können aufgeklärt werden, wenn du öfter deine Vermutungen äußerst. Denke jedoch daran, daß es sich um deine Vermutungen handelt, die du stets als offene Frage formulieren solltest. So gibst du Gelegenheit, dazu Stellung zu nehmen und zu sagen, ob deine Vermutung zutrifft oder nicht.

(10 Min.) Die Partner teilen sich abwechselnd gegenseitig Vermutungen übereinander mit, wobei sie jedesmal stereotyp mit den Satzanfängen beginnen:

«Ich vermute, daß du...» oder «Ich habe den Eindruck, daß du...»

Die ganzen 10 Minuten lang sollen die Partner abwechselnd ihre Vermutungen über den anderen äußern. Auf diese Vermutungen soll auf keinen Fall eingegangen werden. Sie sollen weder richtiggestellt werden, noch soll der Kopf geschüttelt werden, noch bejahend genickt werden. Dies wird euch sicherlich schwerfallen, doch ist dies eine wichtige «Spielregel», von der der Lernerfolg dieser Übung entscheidend abhängt. Das Spiel soll 10 Minuten durchgehalten werden. Wenn einem Partner einmal wirklich nichts mehr einfällt, dann kann er einmal «passen». Im großen und ganzen sollte die wechselnde Reihenfolge aber eingehalten werden.

Beispiel

A: «Ich vermute, daß du in der letzten Woche gar nicht so glücklich im Beruf warst, wie du sagtest.»

B: «Ich vermute, daß du dich auf den Abend bei Jürgen und Michael am Samstag sehr freust.»

A: «Ich habe den Eindruck, du hast dich in Peter verknallt.»

B: «Ich vermute, daß du bei dem Feedback-Spiel vorhin doch überraschter warst, als du es mir gesagt hast.»

(30 Min.) Die Partner sprechen jetzt zunächst darüber, wie sie sich während des Spiels gefühlt haben und was es für ein Gefühl war, die Vermutungen des anderen unwidersprochen hinzunehmen und nicht darauf antworten zu dürfen. Kannst du dir vorstellen, wie sich Menschen fühlen, denen die Vermutungen des anderen so mitgeteilt werden, daß man ihnen vermittelt: «Ich weiß es schon besser als du», ihnen nicht die Möglichkeit der Richtigstellung gibt oder ihnen einfach nicht glaubt, wenn sie sagen: «So ist es nicht»? Die Partner können dann weiterdiskutieren über die verschiedenen geäußerten Vermutungen und haben jetzt die Möglichkeit, Stellung dazu zu nehmen. Die Partner sollten auch über das Thema sprechen: «Wie gehen wir normalerweise mit unseren Vermutungen um, und wie wollen wir es in Zukunft halten?» Denkt dabei an die Diskussionsregeln!

4. Mir gefällt, mir mißfällt (40 Min.)

A: (5 Min.) Ein Partner setzt sich vor den anderen und bittet ihn, ihm Feedback zu geben. Während 5 Minuten soll der Feedback-Geber alles äußern, was ihm am Partner gefällt und was ihm mißfällt. Die Wichtig-

keit von negativem Feedback haben wir schon im Vorspann erwähnt –
hier sei noch einmal darauf hingewiesen, wie wichtig positives Feedback ist. Oft meinen wir, der andere wisse doch, was wir an ihm mögen. Das ist aber häufig ein Irrtum, und es macht recht nachdenklich,
wenn wir erfahren, daß wir dem Partner eine lange Zeit nicht mitgeteilt haben, was uns ganz konkret an ihm gefällt, und wir erleben, wie
überrascht er ist, wenn wir das aussprechen.

Der Feedback-Geber: Er soll beginnen mit den Sätzen «Mir gefällt
an dir…» und «Mir mißfällt an dir…». Er soll dann 5 Minuten weiter über alles sprechen, was ihm mißfällt und was ihm gefällt. Er
sollte sich deshalb nicht scheuen, neue Einsichten über seine Gefühle
und Eindrücke zu äußern, wenn ihm diese beim Geben des Feedback
kommen.

Der Feedback-Empfänger: Dieser versucht, das Feedback aufmerksam anzuhören. Er soll dabei weder antworten noch Stellung nehmen.
Er soll durch seine Mimik nicht anzeigen, daß er die Sache ebenso sieht
wie der Feedback-Geber oder daß er sie anders sieht. Er soll mit möglichst unbewegtem Gesicht nur zuhören und bei Gesprächspausen darauf warten, bis der Feedback-Geber weiterspricht.

B: (5 Min.) Der Feedback-Empfänger spricht von seinen Gefühlen,
die er im Augenblick hat. Ist er überrascht, betroffen, enttäuscht, traurig, erleichtert, nachdenklich usw.? Er soll nur von seinen Gefühlen
sprechen und eine Diskussion über die verschiedenen Feedback-Punkte noch aufschieben.

C: (5 Min.) Wie bei A, jetzt aber mit vertauschten Rollen.

D: (5 Min.) Wie bei B.

E: (20 Min.) Die Partner sprechen über das Thema: «Was habe ich in
dieser Übung erfahren, und wie fühle ich mich jetzt?» Sie sollen dabei
nicht versuchen, den anderen dazu zu bewegen, Aussagen zurückzunehmen oder «rückgängig» zu machen. Sie sollten viel eher danach

fragen, was sie am Feedback des anderen nicht verstanden haben. Die Partner sollten die neuen Informationen als wichtige Bereicherung ihres Wissens über ihre Wirkung auf den anderen auffassen und sich diese neuen Informationen auch sorgfältig merken, um einmal allein darüber nachdenken zu können. Wenn die Partner sich gegenseitig in diesem Gespräch für ihre Offenheit bestrafen («Wie konntest du nur sagen…», «Das hätte ich nun wirklich nicht von dir gedacht») oder gar mit Drohungen einschüchtern («Ich glaube, ich muß jetzt wirklich unsere Beziehung neu überdenken, und ich weiß nicht, was dabei herauskommt…»), dann verbauen sie sich den Weg zu einer realistischen Wahrnehmung ihrer Wirkung auf den anderen und den Weg zu einer Verbesserung der Beziehung. Denke auch daran, daß in dieser Übung erst einmal nur Informationen erhoben werden sollen. Zum Lösen etwaiger neu aufgetretener Probleme brauchst du mehr Zeit, und das soll im Konfliktgespräch geschehen (9. Sitzung).

5. Abschlußgespräch (30 Min.)

Wie in den vorangegangenen Sitzungen füllen die beiden Partner den Abschlußfragebogen aus, teilen sich gegenseitig ihre Werte mit und sprechen über die Erfahrungen in dieser Sitzung.

Abschlußfragebogen

1. Was hat mir in der heutigen Sitzung am besten gefallen? _____

_____

2. Was hat mir in der heutigen Sitzung wenig gefallen? _____

_____

3. Was habe ich in der heutigen Sitzung gelernt? _____

_____

	stimmt genau					stimmt überhaupt nicht

4. Ich habe mich sehr wohl ge-
fühlt.   1 2 3 4 5 6 7

5. Ich habe sehr viel Neues über
mich erfahren.   1 2 3 4 5 6 7

6. Ich habe sehr viel Neues über
dich erfahren.   1 2 3 4 5 6 7

7. Ich bin vollkommen zufrieden mit meiner Aktivität in
dieser Sitzung.   1 2 3 4 5 6 7

Kreis = meine Werte; Kreuz = deine Werte, wie ich sie vermute.

Nonverbale Kommunikation 6. Sitzung
(Distanz und Nähe)
(170 Min.)

Zwischen zwei Partnern in einer Beziehung besteht Abhängigkeit, keiner der beiden kann in der Beziehung sich so verhalten, als ob er allein wäre. Die Wünsche und die Abneigungen des Partners werden einem selbst wichtig, und man nimmt Rücksicht auf diese, damit eine befriedigende Beziehung möglich ist. Das ist gut so – und ohne feste Bindungen an Sozialpartner in Beziehungen, in denen die verschiedenen Interessen und Wünsche aufeinander abgestimmt werden, ist für die meisten Menschen eine Selbstverwirklichung kaum möglich. Eine solche reife Form der gegenseitigen Abhängigkeit könnte man – mit F. S. Perls – durch die folgenden Sätze wiedergeben:
«Ich bin ich, und du bist du. Wir sind zwei verschiedene Menschen mit verschiedenen Interessen, Wünschen, Vorlieben und Abneigungen, und wir beide sind nicht auf der Welt, um so zu sein, wie sich das der andere wünscht. Jeder von uns soll sich in dieser Beziehung frei auf

seine Weise entfalten können und eine eigenständige Persönlichkeit entwickeln dürfen. Da wir akzeptieren, daß wir verschiedene Menschen mit zum Teil unterschiedlichen Interessen sind, braucht keiner dem anderen böse zu sein oder sich weniger geliebt fühlen, wenn wir zu einer Sache nicht die gleiche Meinung haben. Auf der anderen Seite gibt es Probleme, die uns beide gemeinsam betreffen und bei denen wir uns arrangieren müssen und unser Verhalten aneinander anpassen müssen. Wir glauben fest daran, daß dies möglich ist, ohne Macht- oder Kampfmittel anzuwenden und ohne daß einer den anderen unterdrückt. Im Gegenteil, wir glauben, daß wenn wir unsere Verschiedenheit akzeptieren und uns deswegen gegenseitig keine Vorwürfe machen, beide den ehrlichen Wunsch haben, die Beziehung so zu gestalten und unser Verhalten so einzurichten, daß wir unsere eigenen Interessen in dieser Beziehung befriedigen können. Wir glauben außerdem fest daran, daß die Lösungen unserer Konflikte keine ‹faulen Kompromisse› sind, zu denen wir widerstrebend ja sagen – sondern daß es im Gegenteil Lösungen für unsere Konflikte gibt, hinter denen wir beide fest stehen können und die meinen wie auch deinen Interessen gerecht werden.»

Eine solche Haltung von reifer Abhängigkeit, bei der die Partner sich gegenseitig soviel Autonomie (Selbstbestimmung) und eigene Persönlichkeitsentfaltung zugestehen, wie es möglich ist, will gelernt sein, und beide Partner müssen sich in einem längeren Lernprozeß immer wieder bemühen, diese Haltung zu entwickeln.

In vielen Partnerschaften muß zunächst erkannt werden, in welchen Bereichen eine «unreife Abhängigkeit» besteht, bei der sich die Partner gegenseitig einengen und den anderen in seiner Persönlichkeitsentfaltung hemmen und aufhalten, anstatt ihn zu fördern. In diesen Beziehungen erzeugen die Gedanken an die unausgesprochenen eigenen Wünsche, Interessen und Abneigungen die Angst, die Zuneigung des Partners zu verlieren. Diese Angst kann nur verringert werden, indem beide Partner Schritt für Schritt den Mut aufbringen, ihre Verschiedenheit wahrzunehmen und zu akzeptieren und immer wieder die Erfahrung machen, daß die Zuneigung des Partners nicht geringer wird. Wenn du diesen Weg gehen willst, wirst du oft erfahren, daß deine Befürchtungen zum Teil unrealistisch sind und aus «alten» Erfahrungen (zum Beispiel in der Kindheitsfamilie oder mit früheren Partnern) resultieren und daß du deine Beziehung bereicherst und erweiterst, wenn du die Angst abbaust, «eine eigene Persönlichkeit zu sein».

1. Einleitungsgespräch (40 Min.)
2. Was vermeide ich? (30 Min.)
3. Wortlose Übung zur Liebe (30 Min.)
4. Ablehnungsübung (20 Min.)
5. Sklavenhandel (20 Min.)
6. Abschlußgespräch (30 Min.)

1. Einleitungsgespräch (40 Min., Tonband)

Wie in den vorangegangenen Sitzungen:
1. Kontrollierter Dialog (15 Min., Tonband)
2. Ausfüllen des Fragebogens zum Einleitungsgespräch und Vorlesen der Werte (5 Min.)

Fragebogen zum Einleitungsgespräch

	stimmt genau					stimmt überhaupt nicht	
1. Ich habe mich bei diesem Gespräch sehr unwohl gefühlt.	1	2	3	4	5	6	7
2. Ich habe das Gefühl, daß ich immer vollkommen verstanden habe, was du gesagt hast.	1	2	3	4	5	6	7
3. Ich habe mich von dir immer sehr verstanden und akzeptiert gefühlt.	1	2	3	4	5	6	7
4. Mir sind deine Gedanken sehr viel klarer geworden, wenn ich sie noch einmal mit meinen Worten wiederholt habe.	1	2	3	4	5	6	7
5. Mir sind meine Gedanken							

sehr viel klarer geworden,
wenn du sie noch einmal mit
deinen Worten wiederholt
hast.   1   2   3   4   5   6   7

6. Ich habe den Eindruck, daß
ich oft so reagiert habe, daß
ich dich im Ausdruck deiner
Gedanken und Gefühle ge-
stoppt habe.   1   2   3   4   5   6   7

2. Was vermeide ich? (30 Min.)

A: (5 Min.) Beide Partner füllen jeder für sich den folgenden Fragebogen «Was vermeide ich?» aus.

Was vermeide ich?

Ich vermeide, mit dir zu sprechen über…	stimmt genau						stimmt überhaupt nicht

1. meine Ängste, Probleme
und Hemmungen   1   2   3   4   5   6   7

2. meine geheimsten sexuellen
Wünsche   1   2   3   4   5   6   7

3. meinen Ärger und Zorn,
den du in mir auslöst   1   2   3   4   5   6   7

4. meine Zuneigung zu dir   1   2   3   4   5   6   7

5. meine Zuneigung zu ande-
ren   1   2   3   4   5   6   7

6. meine Bedürfnisse nach Un-
abhängigkeit   1   2   3   4   5   6   7

7. meinen Wunsch nach Ab-
hängigkeit   1   2   3   4   5   6   7

8. meine Gefühle, die ich selbst
nicht akzeptiere, wie z. B.
Eifersucht, oder den

Wunsch, dich ganz zu besitzen	1	2	3	4	5	6	7
9. meine Wünsche und Hoffnungen	1	2	3	4	5	6	7
10. ausgelassen zu sein	1	2	3	4	5	6	7
11. hemmungslos zu sein	1	2	3	4	5	6	7
12. ernst zu bleiben	1	2	3	4	5	6	7
13. mich ganz auf das einzustellen, was dir Sorgen macht	1	2	3	4	5	6	7
14. zu zeigen, daß ich im Augenblick lieber allein sein möchte	1	2	3	4	5	6	7
15. auf deinen Ärger einzugehen	1	2	3	4	5	6	7
16. auf deine Unsicherheit einzugehen	1	2	3	4	5	6	7
17.	1	2	3	4	5	6	7
18.	1	2	3	4	5	6	7
19.	1	2	3	4	5	6	7
20.	1	2	3	4	5	6	7

B: (35 Min.) Beide Partner lesen sich gegenseitig ihre Werte zu den betreffenden Fragen vor und diskutieren die einzelnen Punkte. Versuche, partnerzentriert zu reagieren und den anderen nicht für seine offenen Äußerungen zu bestrafen. Denke daran, daß Gefühle, die du hast, aber eigentlich ablehnst (unrealistische Befürchtungen, kindliche Abhängigkeitsbedürfnisse), sich nicht verändern, wenn du diese nicht wahrnimmst oder unterdrückst.

In den nachfolgenden drei Übungen (3. bis 5.) wenden wir uns den Ausdrucksmöglichkeiten der Körpersprache zu:

3. Wortlose Übungen zur Liebe (30 Min.)

A: (10 Min.) Partner A teilt Partner B in der nachfolgend festgelegten Reihenfolge mittels Körpersprache folgendes mit:

– Ich brauche dich (1)
– Ich werde dich glücklich machen (2)
– Du bist mir angenehm (3)
– Du machst dieses oder jenes nicht richtig (4)
– Du verlangst zuviel von mir (5)
– Du verlangst zuwenig von mir (6)

B: (10 Min.) Anschließend macht Partner B in freigewählter Reihenfolge die Mitteilungen mittels Körpersprache, und Partner A soll am Ende jedesmal sagen, was B ihm mitgeteilt hat.
C: (10 Min.) Beide Partner werten die Erfahrungen dieser Übung aus.

4. «Ablehnungs»-Übung (20 Min.)

Die Aufgabe der Übung besteht darin, daß einer der beiden die Rolle des sich Annähernden, der andere die des Ablehnenden übernimmt. Später werden die Rollen getauscht, so daß beide die Erfahrung des Ablehnens und des Abgelehntwerdens machen. Lernziel der Übung ist, daß beide Verhaltensformen keine unerträgliche Qual sein müssen. Zunächst sollen beide Teilnehmer kurze Zeit über ihre positiven und negativen Gefühle dem Partner gegenüber meditieren. Wenn der Partner, der die Aufgbe hat, den anderen abzulehnen, merkt, daß er ihn eigentlich akzeptieren möchte, so muß er dies tun. Wenn der Partner, der sich dem anderen nähern soll, merkt, daß er das Interesse verliert, so muß er aufhören.

5. Übung: «Sklavenhandel» (20 Min.)

Auch diese Übung wird nonverbal, nur durch Zeichen und Signale der Körpersprache, ausgeführt.
In dieser Übung wird einer der Partner der «Herr» und der andere der «Sklave». Nach zwei bis drei Minuten werden die Rollen getauscht. Der Herr kann dem Sklaven alles befehlen, was vernünftig ist, etwas besorgen oder tragen lassen oder sonstige kleine Dienstleistungen (z. B. Schuheputzen).
Diese Übung zwingt den Partner dazu, ganz deutlich zu machen, was

er sich vom anderen wünscht. Anschließend tauschen sich beide Partner kurz darüber aus, wie sie die jeweilige Rolle erlebt haben (10–15 Min.).

6. Abschlußgespräch (30 Min.)

Beide Partner füllen den Abschlußfragebogen aus, lesen sich gegenseitig ihre Werte vor und sprechen über die Erfahrungen in dieser Sitzung.

Abschlußfragebogen

1. Was hat mir in der heutigen Sitzung am besten gefallen? _____

_____

2. Was hat mir in der heutigen Sitzung wenig gefallen? _____

_____

3. Was habe ich in der heutigen Sitzung gelernt? _____

	stimmt genau					stimmt überhaupt nicht	
4. Ich habe mich sehr wohl gefühlt.	1	2	3	4	5	6	7
5. Ich habe sehr viel Neues über mich erfahren.	1	2	3	4	5	6	7
6. Ich habe sehr viel Neues über dich erfahren.	1	2	3	4	5	6	7
7. Ich bin vollkommen zufrieden mit meiner Aktivität in dieser Sitzung.	1	2	3	4	5	6	7

Kreis = meine Werte; Kreuz = deine Werte, wie ich sie vermute.

7. Sitzung Wünsche

(160 Min.)

In dieser Sitzung kannst du lernen, auf welche Weise du normalerweise deine Wünsche verschlüsselst oder ausdrückst und ob du durch deine Art und Weise, Wünsche zu verschlüsseln, dazu beiträgst, daß sie nicht erfüllt werden. Außerdem kannst du in Spielform einige Verhaltensfertigkeiten einüben, die für das angemessene Äußern von Wünschen und für das Reagieren auf diese hilfreich sind.

Häufig verhindern Partner, daß der andere seine Wünsche erfüllt, indem er diese zum Beispiel nicht äußert und still und heimlich darauf wartet, daß sie der Partner von seinen Augen abliest und erfüllt. Da dies normalerweise nicht allzu wahrscheinlich ist, hat man dann selbst einen guten Grund, zu «schmollen» und dem anderen Vorwürfe zu machen, daß er auf uns selbst keine Rücksicht nimmt. Auf diese Weise erreichen wir, daß der Partner sich so verhalten muß, daß es uns nicht recht ist (wie soll er Wünsche erfüllen, die er nicht kennt?) und daß er zusätzlich ein schlechtes Gewissen bekommt und sich für rücksichtslos hält. Das hat den «Vorteil», daß er eher bereit sein mag, sich für sein Verhalten in der Beziehung Vorwürfe zu machen, und das ist eine «gute» Voraussetzung, um ihn abhängig zu machen.

Es ist erstaunlich, wie viele Wünsche in Partnerschaften als Beschwerde oder als Vorwurf formuliert werden und damit nur erreichen, daß der Partner sich verteidigt und gar nicht überlegen kann, ob er den Wunsch erfüllen will oder ob er das nicht kann. Daß ein Partner einen Wunsch nicht erfüllen kann, wird in jeder Partnerschaft vorkommen müssen, und hier ist es wichtig, daß du lernst, Wünsche in einer ruhigen und verständnisvollen Haltung abzuschlagen, und es außerdem nicht als Liebesentzug oder als «gegen dich gerichtet» aufzufassen, wenn dein Partner einmal auf einen deiner Wünsche nicht eingehen kann.

Wenn du nach dieser Sitzung in deiner Beziehung vermehrt üben willst, Wünsche offen zu äußern, dann solltest du für einige Zeit einmal strikt die Regel befolgen: «Wünsche, die nicht geäußert werden, werden nicht befriedigt.»

1. Einleitungsgespräch (40 Min.)
2. «Gib es mir!» (20 Min.)
3. «Sag mal, was Du willst!» (20 Min.)
4. Wünsche kennenlernen (20 Min.)
5. Mit Wünschen überschütten (10 Min.)
6. Wünsche abschlagen (20 Min.)
7. Abschlußgespräch (30 Min.)

1. Einleitungsgespräch (40 Min., Tonband)

Wie in den vorangegangenen Sitzungen:
1. Kontrollierter Dialog (15 Min., Tonband)
2. Ausfüllen des Fragebogens zum Einleitungsgespräch, Austausch der Werte (5 Min.)
3. Abhören des Tonbandes (15 Min.)
4. Selbst-Feedback und Diskussion (5 Min.)

Fragebogen zum Einleitungsgespräch

	stimmt genau					stimmt überhaupt nicht	
1. Ich habe mich bei diesem Gespräch sehr unwohl gefühlt.	1	2	3	4	5	6	7
2. Ich habe das Gefühl, daß ich immer vollkommen verstanden habe, was du gesagt hast.	1	2	3	4	5	6	7
3. Ich habe mich von dir immer sehr verstanden und akzeptiert gefühlt.	1	2	3	4	5	6	7
4. Mir sind deine Gedanken sehr viel klarer geworden, wenn ich sie noch einmal mit meinen Worten wiederholt habe.	1	2	3	4	5	6	7
5. Mir sind meine Gedanken sehr viel klarer geworden, wenn du sie noch einmal mit							

deinen Worten wiederholt
hast.   1   2   3   4   5   6   7

6. Ich habe den Eindruck, daß
ich oft so reagiert habe, daß
ich dich im Ausdruck deiner
Gedanken und Gefühle ge-
stoppt habe.   1   2   3   4   5   6   7

2. «Gib es mir!» (20 Min.)

Ein Partner denkt sich eine Sache aus, die er auf keinen Fall verlieren will. Es ist gleichgültig, was das für eine Sache ist, da während des Spiels nicht ausgesprochen werden darf, worum es sich handelt. Er soll sich aber vorstellen, daß er an dieser Sache wie an seinem Leben hängt und sie auf keinen Fall seinem Partner geben will.

Der Partner hat die Aufgabe, in der Diskussion alles daranzusetzen, diese Sache zu bekommen.

Beide Partner sollen in diesem Spiel versuchen, sich ganz in die Rollen hineinzuleben und intensiv die Gefühle zu spüren «Ich will es haben, ich muß es haben» und «Du bekommst es auf keinen Fall». Versucht unbedingt, für die angegebene Zeit nicht aus den vorgegebenen Rollen zu fallen.

A: Rollenspiel 1 (5 Min.).

B: Rollenspiel 2 mit vertauschten Rollen (5 Min.). Der Partner, der zunächst den anderen um die Herausgabe des Gegenstandes bitten sollte, überlegt sich nun selbst einen Gegenstand, den er nicht herausgeben will.

C: Diskussion über die Erfahrungen bei den Spielen (10 Min.).

Überlege in der Diskussion, ob ein Zusammenhang besteht zwischen deinem Verhalten im Spiel und deiner normalen Art, den Partner dazu zu bewegen, den eigenen Wunsch zu erfüllen. Fühlst du dich in der Rolle des «Besitzenden» unwohl oder bedroht? Fühlst du dich in der Rolle des «Bittenden» machtlos oder unbeliebt?

3. «Sag mal, was du willst!» (20 Min.)

In dieser Übung kannst du im Spiel üben, Vorwürfe oder Beschwerden in Wünsche zu übersetzen. Nach dem nachfolgend angegebenen Schema übt ihr 15 Minuten, Anklagen umzuformulieren. Danach wertet ihr eure Erfahrungen 5 Min. lang aus.

Übungsschema
1. Ein Partner äußert dem anderen gegenüber einen Vorwurf, eine Anklage, eine Beschwerde oder drückt auf ähnlich bestrafende Form sein Mißfallen über den anderen aus. Dabei sollen diese Vorwürfe fiktiv sein. Auf spielerische Weise könnt ihr euch Vorwürfe ausdenken, die nicht zu stimmen brauchen.
2. Der angesprochene Partner reagiert mit folgendem Satz: «Sag mal, was du eigentlich willst. Ich habe den Eindruck, daß du dir wünschst, daß...»
3. Partner I formuliert seinen Wunsch noch einmal deutlich in Wunschform, wobei er beginnt mit den Worten «Ich wünsche mir...» Danach ist Partner II dran, einen Vorwurf zu äußern, Partner I reagiert auf die vorgeschriebene Weise, und Partner II formuliert seinen Wunsch noch einmal direkt als Wunsch, usw. 15 Minuten lang.

Beispiel
A: «Niemals wischst du dir die Schuhe ab, wenn du ins Zimmer kommst!»
B: «Sag mal, was du eigentlich willst. Ich höre heraus, daß du dir wünschst, daß ich mir häufiger die Füße abwische.»
A: «Ja, ich wünsche mir, daß du in Zukunft jedesmal die Füße abwischst, bevor du ins Zimmer kommst.»
B: (ärgerlicher Ton) «Warum bleiben wir eigentlich sonntags immer zu Hause und fahren niemals irgendwohin, wo es schön ist?»
A: «Sag mal, was du eigentlich willst. Ich höre heraus, daß du dir wünschst, daß wir sonntags öfter wegfahren.»
B: «Ja, ich wünsche mir, daß wir sonntags häufiger was unternehmen.»
Usw.

4. Wünsche kennenlernen (20 Min.)

Diese Übung ist eine Vorbereitung auf die Phase «Herausarbeiten der Hintergrundbedürfnisse» des Konfliktgesprächs. Hinter vielen Wünschen, die ein Mensch hat, stecken andere «Hintergrundbedürfnisse», so daß ein Erfüllen der zunächst geäußerten Wünsche nicht die Störung oder das Problem des anderen lösen würde. Häufig ist Menschen aber nicht bewußt, was eigentlich hinter ihren geäußerten Wünschen steckt. Die beste Weise, ihnen zu helfen, diese Hintergrundbedürfnisse zu erkennen, ist das partnerzentrierte Eingehen auf ihre Wünsche.

A: (15 Min.) Ein Partner äußert einen Wunsch, und der andere hat die Aufgabe, die Gefühle hinter diesem Wunsch zu verbalisieren, so daß der Partner sich immer klarer über dahinterliegende Bedürfnisse werden kann. Jeder Partner sollte öfter in der Rolle des «Wünschenden» Gelegenheit haben, diesmal aber einen realen Wunsch an den Partner zu äußern und darüber zu reflektieren.

B: «Du langweilst dich etwas an unseren Sonntagen?»

A: «Ja, und wie. Ich empfinde es als richtig tot hier. Wir öden uns gegenseitig an, und keiner weiß so recht etwas mit sich und dem anderen anzufangen.»

B: «Du bist unzufrieden mit dem Kontakt, der an Sonntagen zwischen uns ist, und dir fehlt, daß wir gemeinsam etwas erleben oder über etwas sprechen?»

A: «Was heißt ‹über etwas sprechen›? Über uns sprechen. Diese Leere ist, glaube ich, auch an anderen Tagen da, und irgendwie haben wir uns entfremdet. Nur an den Wochentagen merkt man das nicht so.»

B: «Habe ich dich richtig verstanden, daß hinter deinem Wunsch, daß wir sonntags mehr unternehmen, der Wunsch steckt, daß wir uns einmal wieder mehr mit uns beiden beschäftigen sollten, um mehr Kontakt zueinander zu finden?»

A: «Ja, genau. Dafür müssen wir natürlich nicht unbedingt wegfahren, sondern könnten uns auch andere Möglichkeiten überlegen, um das zu erreichen.»

5. Mit Wünschen überschütten (10 Min.)

Wenn Wünsche so geäußert werden, daß die Partner sich gegenseitig vermitteln: «Ich habe jetzt gesagt, was ich möchte, und ich würde jetzt gern hören, was du möchtest. Wir wollen gemeinsam überlegen, ob wir verschiedene Wünsche haben, und wenn das der Fall ist, ob wir eine Lösung finden, die beiden gerecht wird», dann sind beide Partner bereit, dem anderen zuzuhören. Wenn die Partner aber den anderen mit Wünschen bombardieren, wobei im Tonfall mitschwingt: «Nun erfüll schon den Wunsch, und wenn das nicht geht, dann kannst du was erleben», dann wird das Gegenüber bestimmt nicht mehr allzugern zuhören und bereit sein, auf die Wünsche einzugehen.

A: (5 Min.) In Spielform überschütten sich die Partner mit fiktiven Wünschen in dem oben angeführten Tonfall.

B: (5 Min.) Die Partner werten gemeinsam die Erfahrung dieser Übung aus. Sind Parallelen zum normalen Verhalten in der Beziehung vorhanden?

6. Wünsche abschlagen (20 Min.)

In dieser Übung kannst du zweierlei lernen: 1. deine Angst zu verringern, dem Partner einen Wunsch abzuschlagen, und 2. das Abschlagen eines Wunsches zu akzeptieren und dem Partner deswegen nicht böse zu sein. Wenn beide Partner es als normal und natürlich erleben, daß sie manchmal verschiedene Interessen haben und der eine den Wunsch des anderen nicht erfüllen kann, dann werden auf beiden Seiten folgende Gefühle vorherrschen:

A: «Ich bin traurig, und es tut mir leid, daß ich deinen Wunsch nicht erfüllen kann. Es geht nicht, und ich kann auch gut verstehen, daß du dich darüber nicht gerade freust und traurig bist, daß ich diesen Wunsch nicht erfülle.»

B: «Ich bin traurig, daß du meinen Wunsch nicht erfüllen kannst oder willst. Ich hätte mich sehr gefreut, wenn du es getan hättest – aber ich muß respektieren, daß du dich auf diese Weise entschieden hast.»

Bei diesen Gefühlen wird die Kommunikation trotz der unterschiedlichen Interessen offen und vertrauensvoll bleiben können. Wenn es aber beiden Partnern angst macht, entweder einen Wunsch abzuschlagen oder zu erleben, daß der eigene Wunsch abgeschlagen wird, dann wird die Kommunikation durch Ärger und den Wunsch, den anderen zu überzeugen, defensiv. In beiden Partnern werden dann folgende Gefühle überwiegen:

A: «Ich habe ein schlechtes Gewissen, daß ich nicht tun will, was du von mir erwartest. Ich muß dieses schlechte Gewissen verringern und will dir zeigen, daß du unrecht mit deinem Wunsch hast und ich im Recht bin, diesen abzuschlagen. Ich werde mir viele objektive Argumente einfallen lassen, um dich davon zu überzeugen, daß du zu diesem Wunsch keinen vernünftigen Grund hast und auch nicht das Recht, ihn zu äußern.»

B: «Du liebst mich eben nicht, und deswegen ist dir auch ganz egal, was ich wünsche. Du denkst nur an dich und nie an mich. Außerdem werde ich dir schon zeigen, daß ich ein Recht auf diesen Wunsch habe, und ich werde mir viele Argumente einfallen lassen, um dir zu zeigen, daß ich im Recht bin und du im Unrecht. Außerdem werde ich beim nächstenmal, wenn du einen Wunsch äußerst, den erst recht abschlagen.»

Durchführung

A: (15 Min.) Die Partner sollen gegenseitig Wünsche äußern, bei denen der Partner schwer nein sagen kann. Zum Beispiel: «Ich wünsche mir, daß wir morgen zusammen frühstücken» oder «Ich wünsche mir, daß du mir nachher einen Kuß gibst». Wünsche also, die der Partner normalerweise sowieso erfüllen würde. Der Partner soll auf jeden dieser Wünsche antworten: «Wenn ich dich recht verstanden habe, dann wünschst du dir... Ich kann das gut verstehen und würde mir das wohl auch wünschen, wenn ich du wäre. Ich selbst will dir diesen Wunsch aber nicht erfüllen und wünsche mir, daß du das respektierst!» Dieser Satz soll immer wieder stereotyp benutzt werden, und der Abschlag des Wunsches darf nicht begründet werden. Dabei soll der «Abschlagende» ruhig, sicher, verständnisvoll und freundlich reagieren. Ähnlich wie beim Selbstbehauptungstraining sollen keine Begründungen gegeben werden, weil das die «Schwierigkeit» der Aufgabe erleichtern würde und keine wirkliche Reduzierung der Angst vorm Abschlagen erreicht wird.

B: (5 Min.) Beide Partner werten die Erfahrungen in dieser Übung aus.

7. Abschlußgespräch (30 Min.)

Wie in den vorangegangenen Sitzungen füllen beide Partner den Abschlußfragebogen aus, teilen sich gegenseitig ihre Werte mit und sprechen über die Erfahrungen in dieser Sitzung.

Abschlußfragebogen

1. Was hat mir in der heutigen Sitzung am besten gefallen? _____

_____

2. Was hat mir in der heutigen Sitzung wenig gefallen? _____

_____

3. Was habe ich in der heutigen Sitzung gelernt?

	stimmt genau					stimmt überhaupt nicht	
4. Ich habe mich sehr wohl gefühlt.	1	2	3	4	5	6	7
5. Ich habe sehr viel Neues über mich erfahren.	1	2	3	4	5	6	7
6. Ich habe sehr viel Neues über dich erfahren.	1	2	3	4	5	6	7
7. Ich bin vollkommen zufrieden mit meiner Aktivität in dieser Sitzung.	1	2	3	4	5	6	7

Kreis = meine Werte; Kreuz = deine Werte, wie ich sie vermute.

8. Sitzung Umgang mit Aggressionen

(170 Min.)

In dieser Sitzung hast du Gelegenheit, intensiver zu erfahren, wie du in deiner Beziehung normalerweise deine Aggression ausdrückst.

Du kannst angemessene Formen zum Ausdruck deiner Aggression einüben. Auch diese Übung kannst du auffassen als Vorbereitung zum Konfliktgespräch, da viele eingeschliffene Verhaltensweisen in Partnerschaften das angemessene Konfliktlösungsverhalten verhindern – und besonders wichtig ist hier die Art und Weise, mit den eigenen Aggressionen umzugehen.

Besonders zwei Faktoren verhindern den angemessenen Umgang mit der Aggression: zum ersten die Angst vor der eigenen Aggression, die häufig das Ergebnis von alten Erfahrungen ist (Kindheitsfamilie und frühere Partner, Normen und Idealvorstellungen), und zum zweiten die Angst, bei der Lösung eines Konflikts der «Verlierer» zu sein. Diese Befürchtung beruht oft auf konkreten Erfahrungen in der Partnerschaft. Wenn in einer Beziehung Konflikte über längere Zeit so gelöst worden sind, daß ein Partner der «Verlierer» und der andere der «Gewinner» ist, dann wird dieses Paar über längere Zeit die Erfahrungen mit neuem Konfliktlösungsverhalten machen müssen, bis die Angst, der «Verlierer» zu sein, sich verringert hat. Dazu hast du von der nächsten Sitzung an Gelegenheit.

Wie sieht es aber nun mit unangenehmen Erfahrungen mit der Aggressivität aus? Zunächst stehst du wahrscheinlich vor einem Dilemma. Auf der einen Seite weißt du, daß die Unterdrückung von aggressiven Gefühlen dazu führt, daß die Aggression im Verhalten, in der Gestik oder im Tonfall doch herauskommt oder daß die Gefühle dann indirekt geäußert werden, d. h. vorwurfsvoll herauskommen und die Kommunikation mißverständlich machen können. Außerdem können sich deine aggressiven Gefühle nur verändern und im Laufe der Zeit vielleicht geringer werden, wenn du sie wahrnimmst und ausdrückst. Auf der anderen Seite weißt du, daß die Äußerungen von aggressiven Gefühlen deine Beziehung belasten, den Partner verletzen oder wütend machen, so daß das für euch beide unangenehm wird.

Auf den ersten Blick sieht das wie ein Dilemma aus, auf den zweiten Blick kannst du jedoch erkennen, daß beide Seiten einander bedingen: Wer gelernt hat, seinen Ärger zu unterdrücken, konnte nicht lernen, ihn so zu äußern, daß ein Gegenüber nicht verletzt wird. Wenn er diesen Ärger nun doch einmal äußert, wird er eine negative Erfahrung machen, der Partner wird wütend – und das führt dazu, daß er seinen Ärger noch mehr zu unterdrücken versucht.

Diesen Teufelskreis zu durchbrechen heißt immer wieder zu üben, den eigenen Ärger so auszudrücken, daß der Partner nicht verletzt wird. Auf diese Weise verlieren beide Partner ihre Angst vor dem Erkennen und Aussprechen von Störungen in der Beziehung, diese können gemeinsam behoben werden, und das Klima wird frei von «unterschwelligem» Ärger, der indirekt ausgedrückt wird.

1. Einleitungsgespräch (40 Min.)
2. «Steh auf!» I (40 Min.)
3. «Steh auf!» II (20 Min.)
4. Gewitter (20 Min.)
5. Ärger erkennen (20 Min.)
6. Abschlußgespräch (30 Min.)

1. Einleitungsgespräch (40 Min., Tonband)

Wie in der 3. Sitzung:
1. Kontrollierter Dialog (15 Min., Tonband).
2. Ausfüllen und Vorlesen der Werte des Fragebogens zum Einleitungsgespräch (5 Min.).
3. Abhören des Tonbandes (15 Min.).
4. Selbst-Feedback und Diskussion (5 Min.)

Fragebogen zum Einleitungsgespräch

	stimmt genau					stimmt überhaupt nicht	
1. Ich habe mich bei diesem Gespräch sehr unwohl gefühlt.	1	2	3	4	5	6	7

2. Ich habe das Gefühl, daß ich immer vollkommen verstanden habe, was du gesagt hast. 1 2 3 4 5 6 7

3. Ich habe mich von dir immer sehr verstanden und akzeptiert gefühlt. 1 2 3 4 5 6 7

4. Mir sind deine Gedanken sehr viel klarer geworden, wenn ich sie noch einmal mit meinen Worten wiederholt habe. 1 2 3 4 5 6 7

5. Mir sind meine Gedanken sehr viel klarer geworden, wenn du sie noch einmal mit deinen Worten wiederholt hast. 1 2 3 4 5 6 7

6. Ich habe den Eindruck, daß ich oft so reagiert habe, daß ich dich im Ausdruck deiner Gedanken und Gefühle gestoppt habe. 1 2 3 4 5 6 7

2. «Steh auf!» I (40 Min., Tonband)

In dieser Übung kannst du in einer Spielsituation erfahren, auf welche Weise du deinen Ärger ausdrückst, wenn du dich gegen deinen Partner durchsetzen willst.

A: (5 Min.) Ein Partner sitzt auf einem Stuhl, der andere steht davor. Partner A hat die Aufgabe, seinen Stuhl nicht zu verlassen und ihn nicht herzugeben, Partner B hat die Aufgabe, alles zu versuchen, um Partner A zur Aufgabe des Sitzplatzes zu bewegen. Er muß sich durchsetzen – koste es, was es wolle. Das Spiel wird auf Tonband aufgezeichnet.

B: (5 Min.) Dieselbe Szene wird gespielt, jetzt aber mit vertauschten Rollen. Dieses Spiel wird ebenfalls auf Tonband aufgezeichnet.

C: (10 Min.) Beide Partner hören sich die beiden Spiele noch einmal auf dem Tonband an.

D: (20 Min.) Beide Partner sprechen über das Thema: «Wie habe ich mich in den beiden Rollen gefühlt, und welche Parallele sehe ich zu meiner sonstigen Art, meinen Ärger auszudrücken?»

In dieser Übung wirst du vielleicht einige Verhaltensweisen bei dir feststellen, die Parallelen deutlich machen zu deinem Verhalten in Situationen deines Alltags. Besprecke dabei jede bedeutsame Äußerung von dir und deinem Partner gemeinsam mit ihm. Achtet dabei auf folgende Punkte:
– Auf welche Art versuche ich meine Art durchzusetzen?
– Wie versuche ich mit meinem Partner zu kämpfen, und wie reagiert er darauf?
– Wie habe ich mich während der Übung gefühlt? (Habe ich versucht, aufzustehen, körperliche Gewalt anzuwenden oder ernsthaft ärgerlich und böse zu werden?)

Verschiedene «Kampfstile»
1. Den anderen «verhungern» lassen. (Nicht auf ihn reagieren, schweigen, weghören, ihn anlächeln, usw.)
2. Dem anderen mein «Recht» zeigen. (Ihm klarmachen, daß ich eine «objektive» Berechtigung besitze, auf dem Stuhl zu sitzen.)
3. Den anderen ins Unrecht setzen. (Ihm klarmachen, daß er kein Recht hat, auf dem Stuhl zu sitzen.)
4. Den anderen verletzen (Ironie, Bissigkeit, Beleidigung).
5. Dem anderen drohen.
6. Sich über die «Form» des anderen aufregen. (Daß du den Platz haben willst, kann ich ja verstehen. Aber deswegen brauchst du mich nicht so anzuschreien!)
7. Die eigenen Gefühle zur Manipulation einsetzen. (Weinen, betteln, verstimmt sein, usw.)

Sprich auch über das Thema: «Welche Gefühle löst mein Kampfstil eigentlich bei dir aus, und wie will ich in Zukunft meinen Ärger ausdrücken?»

3. «Steh auf!» II (20 Min.)

In dieser Übung kannst du die Angst verringern, «etwas anderes zu wollen als dein Partner», und außerdem kannst du die Erfahrung machen, daß gemeinsames Schreien im Spiel eine befreiende und verbindende Sache sein kann. In dieser Übung lernst du kein angemessenes Sozialverhalten, sondern die überschießenden unangemessenen «Schreireaktionen» sollen die Angst, «etwas anderes zu wollen», verringern – denn die Folge von verringerter Angst ist, daß du eher auf verletzende Kampfstile verzichten kannst. Wenn Partner die Angst verlieren, bei verschiedenen Interessen sich nicht durchsetzen zu können, und nicht mehr zu befürchten brauchen, daß eine Konfliktlösung deine eigenen Interessen nicht berücksichtigt, verlieren die verletzenden Kampfstile ihre Funktion – sie werden «arbeitslos». Verringere aber in dieser Übung zunächst die Angst, die eigenen Interessen überspielt und übertrieben auszudrücken.

A: (5 Min.) Wie in der vorigen Übung sitzt Partner A auf dem Stuhl, während Partner B sich durchsetzen soll, um den Sitzplatz zu erhalten. Beide Partner sollen nach einigen anfänglichen Aufforderungen nur noch die stereotypen Sätze benutzen: «Steh bitte auf!» und «Ich stehe hier nicht auf!». Ihr sollt auf alle Argumente verzichten, die Sätze sollen rhythmisch aufeinanderfolgen, und die Partner sollen dabei langsam immer lauter werden, bis sie die maximale Lautstärke erreicht haben. (In Neubauten sollten die Nachbarn vorher gewarnt werden!) Wenn sich die Partner etwa dreißigmal mit maximaler Lautstärke angeschrien haben, gibt A nach, B setzt sich auf den Stuhl und genießt diese Belohnung. B ist also in diesem Spiel der «Übende», der für sein Schreien belohnt wird.

B: (5 Min.) Das gleiche Spiel wird mit vertauschten Rollen wiederholt. A ist jetzt der Übende und erhält zum Schluß die Belohnung.

C: (10 Min.) Die Partner sprechen darüber, welche Gefühle sie hatten, als sie selbst laut schrien, und welche Gefühle das Schreien des Partners bei ihnen ausgelöst hat. Bemerktest du eine «Hemmgrenze», über die du mit deiner Lautstärke nicht hinauskamst?

4. Gewitter (20 Min.)

In dieser Übung sollen beide Partner lernen, den Ärger und die Wut des anderen zunächst als dessen Gefühl zu begreifen, das zunächst nichts mit der eigenen Person zu tun hat. Selbst wenn der andere seinen Ärger so äußert, als ob er etwas mit einem selbst zu tun hat, soll man das überhören und einfach wahrnehmen: «Aha, der andere hat seinen Ärger, und das ist sein Problem.» Bei dieser Haltung sollte man nicht stehenbleiben, und in der nächsten Übung kannst du lernen, die Haltung durch Verständnis und durch Beschäftigung mit dem Ärger des anderen zu erweitern. Das wird dir aber leichter fallen, wenn du in dieser Übung zunächst lernst, dich von dem Ärger deines Partners nicht erschüttern zu lassen.

A: (5 Min.) Beide Partner setzen sich in einiger Entfernung voneinander hin. Jeder soll so viele fiktive Anklagen, Vorwürfe, Ärger- und Wutausbrüche spielen, wie es ihm möglich ist. Er soll dabei so laut wie möglich sein und möglichst keine Gesprächspausen entstehen lassen. Beide Partner sollen nicht darauf hören, was der andere sagt oder schreit, sie sollen so mit ihrem eigenen «Gewitter» beschäftigt sein, daß sie schon akustisch gar nicht mehr verstehen können, was der andere sagt.

B: (10 Min.) Beide Partner sprechen über ihre Erfahrungen, die sie in dieser Übung gemacht haben.

5. Ärger kennenlernen (20 Min.)

Wenn du langsam lernst, zunächst den Ärger deines Partners als seinen Ärger aufzufassen, bei dem noch gar nicht klar ist, ob und wie er mit dir zu tun hat, dann wird es dir auch möglich sein, dich zunächst ganz auf deinen Partner einzustellen und partnerzentriert auf ihn reagieren zu können. Du hilfst dir und dem Partner, den Ärger erst einmal besser kennenzulernen und zu verstehen. Danach ist es natürlich wichtig, daß du auch selbst in einer «Ich»-Aussage zu dem Ärger Stellung nimmst – aber das wird besser und verständnisvoller gehen, wenn du dich zunächst einmal auf den Partner eingestellt hast.

A: (5 Min.) Partner A erzählt von einer Sache, die ihn wirklich (in dieser Übung nicht fiktiv!) an seinem Partner ärgert. Partner B hat die Aufgabe, partnerzentriert zu reagieren, und soll versuchen, den Ärger besser kennenzulernen und zu verstehen.

B: (5 Min.) Jetzt erzählt Partner B von einer Sache, die ihn ärgert, und Partner A reagiert partnerzentriert.

C: (10 Min.) Beide Partner sprechen über das Thema: «Könnten wir unsere Konflikte besser lösen, wenn wir erst einmal dem anderen zuhören würden und ihn verstehen würden, bevor wir auf seine Ärgeräußerung mit unserer Meinung reagieren würden?»

Beispiel

A: «Mich hat es unwahrscheinlich wütend gemacht, als du am Samstag vor unseren Bekannten geäußert hast, daß ich an der Uni Schwierigkeiten habe!»

B: «Du fühlst dich irgendwie bloßgestellt durch mich?!»

A: «Ja, ich schäme mich richtig.»

B: «Das war dir peinlich, daß ich die Sache angeschnitten habe?»

A: «Ja, ich mag einfach nicht darüber reden. Auch wenn die anderen mich daraufhin angesprochen hätten, hätte ich mich geärgert.»

B: «Verstehe ich dich richtig, daß du dich eigentlich nicht über mich geärgert hast, sondern darüber, daß diese dir peinliche Sache besprochen wurde?»

A: «Nein, ganz so ist es nicht. Natürlich liegt mein Ärger zum Teil daran, daß ich mich selbst schäme. Aber andererseits empfand ich es als rücksichtslos, daß gerade du mir die Situation so schwer machst.»

B: «Du hattest von mir erwartet, daß ich deine Gefühle über diese Sache kenne und sie deswegen nicht anschneiden würde?»

A: «Ja, genau. (Pause.) Na ja, vielleicht habe ich sie dir vorher nicht so geschildert. Aber jetzt weißt du ja, wie peinlich es mir ist, und ich wünsche mir, daß du vor Bekannten dieses Thema nicht mehr anschneidest. Wenn ich darüber sprechen will, dann muß das von mir kommen.»

B: «Das fiel mir ziemlich schwer, mich eben so zurückzuhalten, aber ich bin erstaunt, wie gut wir dieses Problem lösen konnten. Hätte ich sofort impulsiv reagiert, wäre das Problem bestimmt nicht so klar geworden. Ich bin natürlich bereit, deinen Wunsch zu akzeptieren, und es tut mir leid, daß ich vorher nicht gewußt habe, wie peinlich dir die Sache ist. Aber ich habe auch noch einen Wunsch: Könnten wir nicht öfter darüber sprechen, wie wir von verschiedenen Dingen denken und fühlen?»

Wenn ihr genauso begeistert seid von dieser Methode wie die Partner in unserem Beispiel, dann verlängert ruhig die Zeit für diese Übung. Beachtet jedoch unbedingt: Wenn ihr partnerzentriert reagiert, verlangt das Disziplin und Zurückhaltung!

6. Abschlußgespräch (30 Min.)

Wie in den vorangegangenen Sitzungen füllen die Partner den Abschlußfragebogen aus, lesen sich gegenseitig ihre Werte vor und sprechen über die Erfahrungen in dieser Sitzung.

Abschlußfragebogen

1. Was hat mir in der heutigen Sitzung am besten gefallen? _____

_____

2. Was hat mir in der heutigen Sitzung wenig gefallen? _____

_____

3. Was habe ich in der heutigen Sitzung gelernt? _____

_____

	stimmt genau					stimmt überhaupt nicht
4. Ich habe mich sehr wohl ge- fühlt.	1 2 3	4	5 6 7			
5. Ich habe sehr viel Neues über mich erfahren.	1 2 3	4	5 6 7			
6. Ich habe sehr viel Neues über dich erfahren.	1 2 3	4	5 6 7			

7. Ich bin vollkommen zufrieden mit meiner Aktivität in
dieser Sitzung. 1 2 3 4 5 6 7

Kreis = meine Werte; Kreuz = deine Werte, wie ich sie vermute.

9. Sitzung Das Konfliktgespräch
(ca. 180 Min.)

In dieser Sitzung habt ihr Gelegenheit, das Konfliktgespräch einzuüben und einen realen Konflikt partnerschaftlich zu lösen, so daß
beide Partner zu der Lösung ja sagen können und ihre Interessen berücksichtigt finden. Bevor ihr mit der Sitzung beginnt, solltet ihr noch
einmal das Kapitel «Konfliktgespräch» durchgelesen haben.
Der Konflikt, den ihr bearbeiten wollt, sollte für euch beide real und
wichtig sein, aber es sollte dabei nur um eng begrenzte Verhaltensweisen gehen, damit ihr es euch beim ersten Konfliktgespräch nicht zu
schwer macht.
Um in einer Partnerschaft Konflikte zu lösen, die sich über längere
Zeit angesammelt haben, ist es wichtig, immer nur über jeweils einen
Punkt ein Konfliktgespräch bis zur Lösung zu führen. Bemerken die
Partner danach, daß dieser Konflikt eigentlich gar nicht so wichtig
war, wie sie zunächst dachten, und daß hinter diesem Konflikt noch
ein anderer steckt, dann wird über den neuen Punkt ein neues Konfliktgespräch geführt. Der alte Punkt ist aber erst einmal erledigt, so
daß er nicht mehr störend ins neue Konfliktgespräch eingreifen
kann.
Versucht euch in dieser Sitzung streng an die Strukturierung zu halten. Später werdet ihr wahrscheinlich nicht mehr so schematisch vorgehen müssen, für die Einübung des Konfliktgespräches ist es jedoch
nötig, den vorgegebenen Ablauf einzuhalten.
Als Hilfe zur Einübung lernt ihr in dieser Sitzung die Technik des
Rollenwechsels kennen, die ihr aber auch später bei euren Konfliktge-

sprächen anwenden könnt, wenn die Kommunikation defensiv wird und ein Partner den anderen nicht mehr versteht.

Diese Sitzung kann für dich Modell sein für weitere Sitzungen nach Beendigung des Programms, in denen du in regelmäßigen Abständen dich bemühst, Konflikte zwischen dir und deinem Partner aufzuarbeiten.

1. Einleitungsgespräch (40 Min.)
2. Das Konfliktgespräch (nicht länger als 60 Min.)
3. Abhören des Tonbandes (nicht länger als 60 Min.)
4. Abschlußgespräch (30 Min.)

Falls euer Konfliktgespräch lange dauert, werdet ihr nur einen Punkt bearbeiten können. Falls ihr schneller zu einer Lösung gelangt, der ihr beide zustimmen könnt, dann könnt ihr nach dem gleichen Schema noch einen neuen Punkt bearbeiten.

1. Einleitungsgespräch (40 Min., Tonband)

Wie in den vorangegangenen Sitzungen:
1. Kontrollierter Dialog (15 Min., Tonband)
2. Ausfüllen des Fragebogens zum Einleitungsgespräch und Mitteilung der Werte (5 Min.)
3. Abhören des Tonbandes (15 Min.)
4. Selbst-Feedback und Diskussion (5 Min.).

Fragebogen zum Einleitungsgespräch

	stimmt genau						stimmt überhaupt nicht
1. Ich habe mich bei diesem Gespräch sehr unwohl gefühlt.	1	2	3	4	5	6	7
2. Ich habe das Gefühl, daß ich immer vollkommen verstanden habe, was du gesagt hast.	1	2	3	4	5	6	7
3. Ich habe mich von dir immer sehr verstanden und akzeptiert gefühlt.	1	2	3	4	5	6	7

4. Mir sind deine Gedanken sehr
   viel klarer geworden, wenn
   ich sie noch einmal mit mei-
   nen Worten wiederholt habe. 1 2 3 4 5 6 7
5. Mir sind meine Gedanken
   sehr viel klarer geworden,
   wenn du sie noch einmal mit
   deinen Worten wiederholt
   hast.   1 2 3 4 5 6 7
6. Ich habe den Eindruck, daß
   ich oft so reagiert habe, daß
   ich dich im Ausdruck deiner
   Gedanken und Gefühle ge-
   stoppt habe.   1 2 3 4 5 6 7

2. Das Konfliktgespräch (nicht länger als 60 Min., Tonband)

1. Phase: Einigung auf einen Konfliktpunkt
Die Partner einigen sich auf einen Punkt, bei dem sie einen Konflikt,
d. h. verschiedene Interessen und Wünsche haben. Dieser Punkt soll
ganz konkret definiert werden und eng umrissen sein.

Beispiele
– «Ich möchte, daß du abends mehr Zeit für mich hast!»
– «Ich will den Wagen öfter benutzen, als es jetzt möglich ist.»
– «Dein Verhalten, wenn ich einmal bei Bekannten bin und später
  nach Hause komme, stört mich. Ich möchte darüber mit dir reden.»

2. Phase: Kurze Darstellung der verschiedenen Interessen
Beide Partner stellen ihre verschiedenen Interessen nebeneinander
und formulieren sie so konkret wie möglich. Über diese Interessen soll
auf keinen Fall diskutiert werden – zunächst müssen beide Partner erst
einmal wissen, was der andere für Interessen besitzt. Beide sollen nach
der Formulierung ihres Interesses den Satz sprechen: «Und ich
möchte, daß wir beide gemeinsam hierfür eine Lösung suchen!»

Beispiel
A: «Wenn ich abends nach Hause komme und länger bei Bekannten war, dann verhältst du dich so, daß ich ein schlechtes Gewissen bekomme, und das paßt mir nicht. Ich möchte, daß wir beide gemeinsam hierfür eine Lösung suchen!»
B: «Wenn du abends zu spät von deinen Bekannten kommst, ärgere ich mich darüber, und ich möchte, daß du in Zukunft dann kommst, wann du es angekündigt hast. Ich möchte, daß wir beide gemeinsam hierfür eine Lösung suchen.»

Wenn beide Partner ihr Interesse oder ihren Wunsch geäußert haben, dann wechseln sie die Stühle und sprechen in der Rolle des Partners noch einmal von dessen Wunsch. Wenn du auf diese Weise die Rollen vertauschst und einmal in «Ich»-Form die Meinung deines Partners formulieren mußt, kann dir noch klarer werden, was er eigentlich will, als wenn du seine Aussage in «Du»-Form verbalisierst.

3. Phase: Herausarbeiten der Hintergrundbedürfnisse
Jeweils ein Partner soll von allen seinen Gefühlen und Erlebnissen sprechen, die er mit diesem Konfliktpunkt verbindet. Der andere Partner soll nur partnerzentriert auf ihn reagieren. Es ist günstig, wenn zunächst jeder Partner ungefähr 5 Min. Zeit hat, in denen seine Gefühle und Wünsche im Vordergrund stehen, während der Partner ihm hilft, diese klarer zu erkennen und auszusprechen. Danach kann das Gespräch auch in die Form des kontrollierten Dialoges übergehen. In dieser Phase sollen die Partner auf keinen Fall mehr an die Lösung des Konfliktpunktes denken, sondern sich ganz auf die verschiedenen Gefühle konzentrieren, die beide mit dem Punkt verbinden.

Beispiel
A spricht zunächst von seinen Gefühlen, B reagiert partnerzentriert.
A: «Wenn ich abends nach Hause komme, reagierst du so, als ob ich ein Verbrechen begangen hätte, wenn ich etwas später komme. Du tust so, als ob ich von einer Orgie oder was weiß ich komme.»
B: «Du hast das Gefühl, daß ich es nicht gern sehe, wenn du bei deinen Bekannten bist?»

A: «Ja, genau. Ich glaube, daß du mich am liebsten die ganze Zeit für dich allein haben willst und dir wünschst, daß ich gar keine Bekannten habe!»

B: «Du fühlst dich etwas eingeengt von mir?»

A: «Ja. (Pause.) Auf der anderen Seite hast du mir ja gesagt, daß es dir nicht leichtfällt, wenn ich so oft weggehe, und daß du dich bemühen willst, es dir nicht so leicht anmerken zu lassen. Vielleicht geht das aber auch gar nicht, und ich muß sehen, daß ich nicht so schnell ein schlechtes Gewissen bekomme.»

B: «Du glaubst, daß du in dieser Situation besonders empfindlich dafür bist, ob es mir auch recht war, daß du weggegangen bist?»

A: «Ja, ich denke nämlich schon den ganzen Abend daran, was du wohl denken magst und wie du dich fühlst, und mein altes Gewissen meldet sich manchmal und macht mir Vorwürfe.»

Wenn beide Partner nach diesem Gespräch das Gefühl haben, daß ihnen klarer ist, was sie sich eigentlich von dem Partner wünschen, dann formulieren sie ihren Wunsch noch einmal neu. In unserem Beispiel haben sich durch das Gespräch folgende Positionen herausgeschält:

A: «Ich wünsche mir, daß ich in vermehrtem Maße mit meinen Bekannten zusammensein kann, ohne daß ich befürchten muß, daß du dich allein langweilst oder glaubst, daß ich dich weniger liebe.»

B: «Ich wünsche mir von dir, daß du bei diesem Weg langsam vorgehst, so daß ich auch umlernen kann. Besonders wichtig wäre es mir, daß wir in solchen Situationen auch noch etwas Zeit für uns beide haben. Deswegen wünsche ich mir, daß du die Zeiten einhältst, wenn du dich mit mir verabredest und vorher andere Verabredungen hast.»

Auch dieser neu formulierte Wunsch wird noch einmal in der Rolle des Partners von jedem wiederholt, um sich besser in ihn hineinfühlen zu können und seine Position besser verstehen zu können.

4. Phase: Brainstorming für Lösungsmöglichkeiten
Erst jetzt, wo die wirklichen Bedürfnisse und Interessen beider Partner transparent sind, sollen beide an eine Lösung des Konfliktes denken. Sie sollen in dieser Phase zunächst ihrer Phantasie freien Lauf lassen

und alle erdenklichen Lösungsmöglichkeiten aufzählen, die ihnen einfallen. Werte dabei die verschiedenen Lösungen noch nicht (ob du selbst damit einverstanden bist oder ob die Möglichkeiten überhaupt praktizierbar sind). Vergiß zunächst noch dein eigenes Interesse und stelle so viele Lösungsmöglichkeiten nebeneinander, wie dir einfallen.

In unserem **Beispiel**:
1. Besuche einschränken.
2. A's Freunde nach Hause einladen.
3. A's Freunde gemeinsam besuchen.
4. B sucht sich einen eigenen Bekanntenkreis.
5. A überlegt vorher genau, ob er Verabredungen mit B einhalten kann. Nur wenn er sich sicher ist, verabredet er sich.
6. Umfassenderes Konfliktgespräch über Bedürfnisse nach Unabhängigkeit bei beiden.
7. B akzeptiert A's Unabhängigkeit; A akzeptiert B's wöchentliche Kartenabende.
8. A muß für jedes Zuspätkommen B zum Essen einladen.

Auch wenn viele dieser Lösungen unsinnig oder nicht praktikabel scheinen, ist dieses Brainstorming doch wichtig. Beide Partner erfahren, daß sie gleichermaßen an einer befriedigenden Lösung interessiert sind, die Phantasie wird von einengenden Klischees befreit, und beide Partner können unbefangen über die unsinnigsten Vorschläge lachen, über die sie nicht mehr hätten lachen können, wenn ein Partner sie ernsthaft vorgeschlagen hätte.

5. Phase: Einigung auf die Lösung, die beide Partner gleichermaßen befriedigt.
In dieser Phase sollen sich die Partner nun auf eine Lösung einigen, die beiden Interessen gerecht wird. In dieser Phase ist es nun wichtig, daß kein Partner aus Müdigkeit, Langeweile oder Überdruß nachgibt, innerlich jedoch enttäuscht bleibt, weil die Lösung doch mehr den Interessen des Partners entspricht als seinen Vorstellungen. Wenn einer der beiden zu der Lösung nicht vollkommen ja sagen kann, ist die Wahrscheinlichkeit gering, daß beide sich in Zukunft an diese Abmachung

halten und das Ergebnis sich auch in konkrete Verhaltensänderung umsetzt. Äußert immer wieder eure noch vorhandenen Bedenken gegen die Lösung und «streitet» so lange, bis ihr beide vollkommen zufrieden mit der Lösung seid.

In unserem **Beispiel**:
Beide Partner einigen sich auf folgende Lösung: A trifft soviel Verabredungen wie er möchte – hält sich aber strikt an die Zeiten, wenn er sich mit B verabredet hat. B versucht, seine Freude, daß A kommt, diesem zu vermitteln, und spricht erst danach von seinen Gefühlen – aber ohne A einen Vorwurf zu machen. A kümmert sich nach jeder anderweitigen Verabredung darum, daß er sich ebenso intensiv wie um die anderen Bekannten auch um B kümmert und ihm ausführlich von seinen Erlebnissen erzählt.
Mit dieser Lösung wollen beide zunächst einige Zeit experimentieren und ein neues Konfliktgespräch führen, falls diese einem Partner nicht mehr zusagt.
Dies ist die Lösung dieser Partner, andere hätten den gleichen Konflikt wahrscheinlich auf andere Weise gelöst. Was für die eine Partnerschaft richtig ist, muß nicht richtig sein für eine andere.

Falls es in dieser Phase den Partnern sehr schwerfällt, eine gemeinsame Lösung zu finden, dann sollten sie zwischendurch einen Rollenwechsel einfügen, bei dem sie den Standpunkt des Partners, seine Wünsche und seine Einwände noch einmal in «Ich»-Form wiederholen und zusammenfassen sollen.

3. Abhören des Tonbandes (nicht länger als 60 Min.)

Nach dem vollständigen Konfliktgespräch hören die Partner gemeinsam die Tonaufzeichnung des Gesprächs an. Achtet dabei darauf, auf welche Weise es euch gelang, in den verschiedenen Phasen verständnisvoll, offen und akzeptierend zu kommunizieren.
Diskutiert über eure Erfahrungen in diesem Konfliktgespräch und überlegt gemeinsam, auf welche Weise ihr diese Form der Konfliktbewältigung in eurem gemeinsamen Alltag anwenden könnt.

4. Abschlußgespräch (30 Min.)

Wie in den vorangegangenen Sitzungen füllen beide Partner den Abschlußfragebogen aus, tauschen ihre Werte aus und sprechen über die Erfahrungen in dieser Sitzung.

Abschlußfragebogen

1. Was hat mir in der heutigen Sitzung am besten gefallen? _____

_____

2. Was hat mir in der heutigen Sitzung wenig gefallen? _____

_____

3. Was habe ich in der heutigen Sitzung gelernt? _____

_____

	stimmt genau					stimmt überhaupt nicht	
4. Ich habe mich sehr wohl gefühlt.	1	2	3	4	5	6	7
5. Ich habe sehr viel Neues über mich erfahren.	1	2	3	4	5	6	7
6. Ich habe sehr viel Neues über dich erfahren.	1	2	3	4	5	6	7
7. Ich bin vollkommen zufrieden mit meiner Aktivität in dieser Sitzung.	1	2	3	4	5	6	7

Kreis = meine Werte; Kreuz = deine Werte, wie ich sie vermute.

10. Sitzung Rückblick und Weiterarbeit

(ca. 170 Min.)

In dieser letzten Sitzung des Programms könnt ihr gemeinsam alle durchgeführten Sitzungen betrachten, eure Erfahrungen zusammenfassen und den Lernerfolg für euch beide reflektieren. Ihr könnt prüfen, ob eure Beziehung befriedigender geworden ist und was sich in der Beziehung von der 1. Sitzung bis zu diesem Zeitpunkt verändert hat. Außerdem könnt ihr überlegen, ob und auf welche Weise ihr weiter an eurer Beziehung arbeiten wollt und ob ihr noch weiter in der Übung von Kommunikationsfertigkeiten und der Verbesserung des Sozialverhaltens fortfahren wollt.

Diese Sitzung ist wenig vorstrukturiert. Deswegen ist es wichtig, daß ihr in euren Gesprächen daran denkt, die folgenden Hilfsmittel zur Kommunikation zu benutzen:

1. die Kommunikationsregeln,
2. den kontrollierten Dialog (zur Übung, um den anderen besser zu verstehen),
3. das partnerzentrierte Gespräch (wenn der andere ein Problem hat),
4. das Konfliktgespräch (wenn beide Partner miteinander ein Problem haben),
5. das Tonband.

Auf diese Hilfsmittel solltet ihr auch nicht verzichten, wenn ihr euch entschließen solltet, weitere, selbststrukturierte Sitzungen abzuhalten.

1. Einleitungsgespräch (40 Min.)
2. Rückblick (ca. 60 Min.)
3. Weiterarbeit (ca. 60 Min.)
4. Abschlußgespräch (30 Min.)

1. Einleitungsgespräch (40 Min., Tonband)

Wie in den vorangegangenen Sitzungen:
1. Kontrollierter Dialog (15 Min., Tonband)
2. Ausfüllen des Fragebogens zum Einleitungsgespräch und Mitteilung der Werte (5 Min.)
3. Abhören des Tonbandes (15 Min.)
4. Selbst-Feedback und Diskussion (5 Min.)

Fragebogen zum Einleitungsgespräch

	stimmt genau						stimmt überhaupt nicht
1. Ich habe mich bei diesem Gespräch sehr unwohl gefühlt.	1	2	3	4	5	6	7
2. Ich habe das Gefühl, daß ich immer vollkommen verstanden habe, was du gesagt hast.	1	2	3	4	5	6	7
3. Ich habe mich von dir immer sehr verstanden und akzeptiert gefühlt.	1	2	3	4	5	6	7
4. Mir sind deine Gedanken sehr viel klarer geworden, wenn ich sie noch einmal mit meinen Worten wiederholt habe.	1	2	3	4	5	6	7
5. Mir sind meine Gedanken sehr viel klarer geworden, wenn du sie noch einmal mit deinen Worten wiederholt hast.	1	2	3	4	5	6	7
6. Ich habe den Eindruck, daß ich oft so reagiert habe, daß ich dich im Ausdruck deiner Gedanken und Gefühle gestoppt habe.	1	2	3	4	5	6	7

2. Rückblick (ca. 60 Min.)

Beide Partner diskutieren zusammen, auf welche Weise jeder Partner von der Durchführung des Programms profitiert hat und ob die Beziehung zwischen den Partnern sich verbessert hat.

A: (5 Min.) Beide Partner schließen die Augen und versuchen sich noch einmal intensiv in die Zeit vor der 1. Sitzung zurückzuversetzen. Sie stellen sich noch einmal vor, wie ihre gemeinsame Beziehung damals aussah.

B: Beide Partner schauen sich gemeinsam die verschiedenen Fragebogen und Datenerhebungsbogen von der ersten bis zur letzten Sitzung an, um den Lernerfolg und die Veränderungen in ihrer Beziehung über die einzelnen Sitzungen zu diskutieren.

C: Beide Partner füllen den folgenden Fragebogen aus, teilen sich gegenseitig ihre Werte mit und sprechen über das Thema: «Wie gut war es, daß wir beide dieses Programm durchgeführt haben?»

Was hat mir dieses Programm gegeben?

	stimmt genau						stimmt überhaupt nicht
1. Ich habe gelernt, meinem Partner gegenüber offener zu sein.	1	2	3	4	5	6	7
2. Ich habe gelernt, in Gesprächen auch über heikle Fragen ruhiger und gelassener zu sein.	1	2	3	4	5	6	7
3. Wenn ich meinem Partner mitteile, was mich an ihm stört, dann kann ich das heute so tun, daß er nicht verletzt wird und mir ruhig zuhören kann.	1	2	3	4	5	6	7
4. Ich verstehe heute die Gefühle meines Partners besser.	1	2	3	4	5	6	7

5. Ich bin heute eher bereit,
   unsere gemeinsamen Konflikte zu erkennen und dar-
   über zu sprechen.   1 2 3 4 5 6 7

6. Ich vertraue heute in einem
   stärkeren Maße darauf, daß
   wir bei Konflikten Lösungsmöglichkeiten finden, bei
   denen ich nicht unterliege.   1 2 3 4 5 6 7

7. Ich weiß heute mehr von
   meinem Partner.   1 2 3 4 5 6 7

8. Ich habe vieles über die Wirkung meines Verhaltens auf
   meinen Partner kennenge-
   lernt.   1 2 3 4 5 6 7

9. Ich fühle mich heute von
   meinem Partner besser ver-
   standen.   1 2 3 4 5 6 7

10. Ich glaube, daß ich mich in
    dieser Beziehung weiterent-
    wickeln und frei entfalten
    kann.   1 2 3 4 5 6 7

3. Weiterarbeit (ca. 60 Min.)

Beide Partner diskutieren zusammen, ob und auf welche Weise sie wei-
terarbeiten wollen. Als Anregung seien folgende Alternativen ge-
nannt:
– Regelmäßige Konfliktstunden
– Die gemeinsame Weiterarbeit in einer Gruppe
– Regelmäßige Rollenspielgruppen

4. Abschlußgespräch (30 Min.)

Wie in den vorangegangenen Sitzungen füllen beide Partner den Abschlußfragebogen aus, tauschen ihre Werte aus und sprechen über die Erfahrungen in dieser Sitzung.

Abschlußfragebogen

1. Was hat mir in der heutigen Sitzung am besten gefallen? _____

_____

2. Was hat mir in der heutigen Sitzung wenig gefallen? _____

_____

3. Was habe ich in der heutigen Sitzung gelernt? _____

_____

	stimmt genau					stimmt überhaupt nicht
4. Ich habe mich sehr wohl gefühlt.	1 2 3 4 5 6 7					
5. Ich habe sehr viel Neues über mich erfahren.	1 2 3 4 5 6 7					
6. Ich habe sehr viel Neues über dich erfahren.	1 2 3 4 5 6 7					
7. Ich bin vollkommen zufrieden mit meiner Aktivität in dieser Sitzung.	1 2 3 4 5 6 7					

Kreis = meine Werte; Kreuz = deine Werte, wie ich sie vermute.

4 Selbstsicherheitstraining

Anwendungsprinzipien

Grundgedanke beim Selbstsicherheitstraining ist, daß Verhalten gelernt wird und unzweckmäßiges Verhalten, z. B. Schüchternheit, soziale Hemmungen, da es sich um gelerntes Verhalten handelt, auch wieder verlernt werden kann.

Das Lernprogramm ist auf 21 Wochen verteilt und endet mit einer großen Abschlußfete.

Im einzelnen geht es bei den Übungen um den Erwerb und Ausbau folgender Fähigkeiten:
- Forderungen stellen
- Wünsche oder unbillige Forderungen abschlagen
- Öffentlicher Beachtung sich aussetzen und Kritik offen äußern
- Verbesserung des Kontaktverhaltens.

Das Lernprogramm wird in einer Gruppe von 6–12 Teilnehmern in Form von Rollenspielen gemeinsam erarbeitet. Es kann ohne therapeutischen Leiter durchgeführt werden. In jeder Gruppensitzung können abwechselnd zwei Teilnehmer die Funktion des Gruppenleiters übernehmen. Aufgabe der Gruppenleiter ist es, die einzelnen Situationen zu erklären und die einzelnen Übungen modellhaft vorzuführen. Die übrigen Teilnehmer spielen die Szenen dann nach. Oberste Verhaltensregel (Grundregel) ist dabei, daß selbstsicheres Verhalten gelobt (und dadurch verstärkt) wird, während Fehler nicht beachtet, übergangen werden. Dadurch wird während der Übungssituation eine angstfreie Situation geschaffen und selbst-bewußtes Verhalten bekräftigt.

Das in der Gruppe ausprobierte und erarbeitete Verhalten soll dann in der Realität durchgeführt werden. Bei manchen Übungen empfiehlt es sich, diese in der Realität so oft zu wiederholen, bis sie zu einem festen Bestandteil des eigenen Verhaltensrepertoires werden. Zusätzlich gibt es auch Hausaufgaben, die zu erledigen sind. In 21 Wochen werden 76 Situationen erarbeitet. Hinzu kommen noch 26 Hausaufgaben, die zu absolvieren sind. Das Programm endet mit einer Abschlußfeier/«Anmachfete» in einer großen Schwulendiskothek.

Kurzübersicht der Übungsbereiche

1. Straße

2. Verkehrsmittel

3. Geschäfte

4. Sich als Schwuler zu erkennen geben

5. Problembereich Partnerschaft

6. Umgang mit Vorgesetzten

7. Umgang mit AIDS

8. Problembereich «Kontaktverhalten»

9. Sich öffentlicher Beachtung aussetzen

Übungssituation 68 Sich im Speiselokal die Rechnung aufschlüsseln lassen

Übungssituation 69 In einem Speiselokal das Essen zurückgehen lassen

Übungssituation 70 In einem Tanzlokal demonstrativ «jemanden suchen»

Übungssituation 71 Mit voller Absicht die Aufmerksamkeit von anderen Gästen in einem Lokal auf sich lenken

Übungssituation 72 Im vollbesuchten Kino spontan seine Freude über das Wiedersehen zeigen und laut eine konkrete Verabredung treffen

Übungssituation 73 Zu spät zu einer Veranstaltung kommen und sich den Beginn vom Nachbarn kurz erklären lassen

Übungssituation 74 Im vollen Kino laut nach der Eisverkäuferin rufen und, da dir der Preis zu hoch ist, nicht kaufen

Übungssituation 75 Vortrag halten und dabei sich absichtlich Fehler erlauben

Übungssituation 76 Große «Anmachparty» in einer Schwulendiskothek

Übungsteil

Übungsfeld 1 Straße

1. Woche

Übungssituation 1

Du erkundigst dich bei einem Passanten nach der Uhrzeit. Beginne dein Gespräch etwa mit: «Guten Tag, wieviel Uhr haben wir bitte?» oder «Ach, können Sie mir bitte sagen, wie spät es ist?»

Ziel

Du sollst bei diesen Übungen lernen, daß bereits einfache zwischenmenschliche Handlungen, wie Auskünfte einholen oder Auskünfte geben, besser auf einer gleichberechtigten, partnerschaftlichen Ebene ablaufen.

Du wirst sehen, daß du auch ohne Entschuldigungen die gewünschten Auskünfte erhältst.

Beachte

Sprich laut und deutlich. Verwende einen freundlichen Tonfall. Vermeide auf jeden Fall überflüssige Entschuldigungen wie «Entschuldigen Sie bitte...» oder «Ich bin fremd hier». Die Kontaktaufnahme mit anderen Menschen ist kein Grund, sich zu entschuldigen. Solche überflüssigen Redensarten drücken eine Unterlegenheit gegenüber anderen aus und verstärken Hemmungen und Unsicherheit.

Übungssituation 2

Du erkundigst dich bei einem Passanten **nach einer Straße**, von der du annimmst, daß sie sich **in unmittelbarer Nähe** befindet.

Die Person ist freundlich und gibt dir genaue Auskunft.

Beginne dein Gespräch etwa mit:
«Guten Tag, ich suche die … straße.»
«Guten Tag, wissen Sie, wie ich am besten zur … straße komme?»
«Ach bitte, können Sie mir sagen, wo die … straße ist?»

Ziel
Auch hier geht es um das Einholen einer einfachen Auskunft auf einer gleichberechtigten, partnerschaftlichen Ebene.

Beachte
Sprich auch hier wieder laut, deutlich und in einem freundlichen Tonfall. Vermeide auf jeden Fall überflüssige Entschuldigungen wie «Entschuldigen Sie bitte…» oder «Ich bin fremd hier.»

Übungssituation 3

Frage jemanden auf der Straße **nach einem komplizierten Weg**. Dabei könnte es sich in einer Stadt um ein weit entferntes zentrales Gebäude, um eine Fernverkehrsstraße oder ähnliches handeln.
In ländlichen Gebieten käme ein Ausflugsziel oder die nächste Gemeinde in Frage.

Die gefragte Person gibt dir nur ungenau die Richtung an und will dann weitergehen. Sie **erscheint** dir diesmal **etwas ungehalten. Du fragst nachdrücklich noch einmal** und **erhältst eine kurze**, aber präzise Auskunft, die dir zunächst weiterhilft.

Ziel
Du wirst sehen, daß du auch weniger gesprächsbereite Personen nicht mit deinem Anliegen belästigst. Eine kurze Auskunft kannst du dennoch erhalten.

Beachte
Lasse dich nicht durch die schlechte Laune von anderen beeinflussen. Bleibe freundlich, aber bestimmt.

Übungssituation 4

Ein Straßenpassant fragt dich nach einer Straße, die du kennst. Die Erklärung wäre kompliziert und du hast überhaupt keine Zeit, weil du deine Straßenbahn (deinen Zug) erreichen willst. Du gibst **freundlich zur Antwort: «Ich habe leider keine Zeit»** und gehst weiter.
Der andere läßt sich aber nicht abschütteln und meint, du könntest es ihm ja ganz kurz erklären. Du antwortest: «Nein, ich bin wirklich in Eile. Bitte, fragen Sie jemand anderen.»

Ziel
In dieser Situation übst du, anderen etwas abzuschlagen, ohne Schuldgefühle zu bekommen und ohne dich zu entschuldigen. Du kannst zwar das Anliegen des anderen verstehen, bist jedoch wirklich in Eile.

Beachte
Unterstreiche auch mit deiner Körpersprache die Ablehnung.

Hausaufgabe 1

Frage in der kommenden Woche mindestens 5 Passanten auf der Straße nach der Uhrzeit.

Hausaufgabe 2

Frage in der kommenden Woche Passanten auf der Straße nach einem bestimmten Gebäude, einer Straße, einer Verkehrsverbindung, einem Geschäft.

2. Woche

Übungssituation 5

Wenn du heute auf der Straße übst und **Passanten dir entgegenkommen, bemühe dich, nicht auszuweichen.** Die Entgegenkommenden sind im Gespräch, du selbst bist in Eile und gehst schnell auf die Gruppe zu. Sieh kurz vor dem Zusammentreffen dein Gegenüber direkt an. Du gehst geradewegs deinen Weg, die anderen weichen aus.

Ziel
Du erfährst, wie unnötig es ist, daß immer du den anderen ausweichst. Da du es offensichtlich eiliger hast als die anderen, ist es richtig, daß dir der Vortritt gegeben wird.

Beachte
Ziel der Übungen ist es nicht, andere absichtlich anzurempeln. Du siehst den anderen an, du achtest auf deine Haltung und «machst dich groß» indem du die Schultern zurücknimmst, das Kreuz durchdrückst und den Kopf erhebst.

Übungssituation 6

Mehrere Personen gehen gleichzeitig auf eine Türe zu. **Du** willst der erste sein und **gehst zuerst durch die Tür.** Achte auch in Zukunft darauf, dich nicht abdrängeln zu lassen.

Ziel

Du sollst erfahren, daß du nicht immer hintanzustehen brauchst. Versuche bewußt, einer der ersten zu sein.

Beachte

Vergiß nicht, daß du hierbei übst, deine Hemmungen zu überwinden. Ziel ist es **nicht**, sich ein rücksichtsloses Verhalten anzugewöhnen.

Übungssituation 7

Sage zu deinem Gruppennachbarn **so freundlich wie möglich «Guten Tag»**; sieh ihn dabei an, und nicke dabei etwas mit dem Kopf. Der andere wird dich ebenso freundlich zurückgrüßen. Übe das Grüßen jetzt auch mit deinen Gruppenmitteilnehmern und anderen Bekannten recht häufig (Nachbarn, Kollegen, im Lift und so weiter).

Ziel

Du lernst erkennen, wie du mit einfachen Mitteln – freundlich grüßen – das Verhalten deiner Umwelt für dich vorteilhaft beeinflussen kannst.

Du sendest freundliches Verhalten aus und empfängst freundliche Reaktionen. Du lernst, daß positive Folgen deines Handelns dein Selbstwertgefühl verbessern.

Deshalb wirst du jetzt besser verstehen, daß es notwendig ist, dieses Verhalten so oft zu üben, bis es zur Gewohnheit wird.

Hausaufgabe 3

Übe in der kommenden Woche **mindestens 3–4mal** für jeweils ca. 10 Min. auf der Straße, **dir entgegenkommenden Passanten nicht auszuweichen.** Nimm Blickkontakt mit den Passanten auf, gehe gerade weiter, ändere deine Richtung nicht.

Durch diese Übungen kann sich bei dir das Bewußtsein festigen, daß es nicht nötig ist, anderen auszuweichen und den Vortritt zu lassen.

Am besten führst du die Übungen in sehr belebter Geschäftsstraße (Fußgängerzone) zur Hauptgeschäftszeit durch.
Macht- und Überlegenheitsgefühle werden sich einstellen, wenn die Passanten bereitwillig alle rechts und links von dir ausweichen, während du unbeirrt deine Bahnen ziehst.

Hausaufgabe 4

Übe in der kommenden Woche, **immer als erster durch eine Türe zu gehen,** wenn es die Situation erlaubt. Doch solltest du dich dabei nicht vordrängeln und grob rücksichtslos sein. Denke daran, nur in sehr förmlichen Situationen kann es angebracht sein, den anderen vorzulassen.

Hausaufgabe 5

Sage so oft wie möglich bei Leuten, die du kennst, «Guten Tag». Der andere wird dich ebenso freundlich zurückgrüßen, z. B. Nachbarn, Kollegen, unbekannte Leute im Lift, der Hausmeister usw. Benutze dabei, wenn möglich, den Namen des anderen.

Verkehrsmittel | Übungsfeld 2

3. Woche

Übungssituation 8

Du rufst in einem vollen öffentlichen Verkehrsmittel (Bus, Straßenbahn usw.) **aus einem Abstand von fünf Metern** deinem Übungspartner **laut** zu: «Heiner, wir müssen jetzt aussteigen!» Dein Partner ruft zurück: «Ja, ist in Ordnung!» Einzelne Fahrgäste sehen flüchtig auf.

Ziel

Mit einem solchen Verhalten kannst du lernen, daß die öffentliche Beachtung keine negativen Folgen für dich hat.

Beachte

Hier ist es wichtig, sehr laut zu rufen, um sich verständlich zu machen. Achte darauf, daß du dich auch mit dem Körper deinem Partner zuwendest. Die Umstehenden sind unwichtig.

Übungssituation 9

Rufe aus einem Abstand von zwei Metern in einem vollen Verkehrsmittel dem Schaffner oder dem Fahrer etwa zu: «Bitte, ist die nächste Haltestelle Rudolfplatz?» Der Schaffner (Fahrer) hat dich nicht gehört. **Du wiederholst deine Frage**, ohne näherzukommen. Jetzt bekommst du Auskunft. Einzelne Fahrgäste sehen dich flüchtig an.

Ziel

Auch hierbei kannst du lernen, dich öffentlicher Beachtung auszusetzen. Du erfährst, daß dies keine negativen Folgen hat.

Übungssituation 10

Du hast für eine zehnstündige Zugfahrt eine Platzkarte. Beim Betreten des Abteils grüßt du freundlich und suchst deinen reservierten Platz. Dieser ist durch eine gleichaltrige Person besetzt. Du sprichst sie an und sagst: **«Sie sitzen auf meinem Platz. Würden Sie bitte aufstehen?»** und zeigst dabei deine Platzkarte. Die Person ist freundlich und steht auf.

Ziel

Achte darauf, daß du dich auf keinen Fall entschuldigst. Es ist schließlich dein gutes Recht, den reservierten Platz auch zu benutzen.

Übungssituation 11

Die Situation gestaltet sich wie Übungssituation 10.

Diesmal jedoch **will die Person nicht aufstehen** und ist sehr unfreundlich. Sie sagt etwa: «Es sind doch wahrhaftig noch genug Plätze im Zug. Seien Sie doch nicht so stur und schauen Sie sich woanders um.» **Du bleibst sachlich** und sagst sehr bestimmt: «Das ist mein Platz. Bitte stehen Sie auf.»

Die Person weigert sich beharrlich, den Platz zu räumen. **Du unterbrichst sie** und sagst laut und bestimmt: «Ich habe keine Lust, mit Ihnen zu diskutieren. Ich habe mir diesen Platz reserviert, bitte, stehen Sie sofort auf.»

Die Person verläßt mürrisch das Abteil.

Ziel

Laß dich auf keine Diskussion ein. Du unterbrichst den anderen und wiederholst deine Forderung sehr bestimmt.

Beachte

Stell dich direkt vor den anderen, lege dein Gepäck ab, ziehe deinen Mantel aus, kurz: Du läßt keinen Zweifel daran, daß du deinen Platz auf jeden Fall einnehmen wirst.

Hausaufgabe 6

Steige zusammen mit deinem Freund/einem Bekannten **getrennt** in ein vollbesetztes öffentliches Verkehrsmittel (Bus, Straßenbahn usw.). Rufe aus einem **Abstand von mehr als fünf Metern** laut zum Übungspartner: «Heiner, wir müssen jetzt aussteigen!» Dein Partner ruft zurück: «Ja, ist in Ordnung!» und verläßt mit dir gemeinsam an der nächsten Haltestelle die Bahn/den Bus. Wiederhole die Übung mehrmals.

Hausaufgabe 7

Während du in einem öffentlichen Verkehrsmittel (Bus, Straßenbahn, usw.) fährst, **frage einen Fahrgast** nach dem Namen der nächsten Station, nach einer bestimmten Haltestelle usw.

4. Woche

Übungssituation 12

Übe Blickkontakt mit einem Fremden in der Straßenbahn, Bus, Zug ... schau dir dein Gegenüber an und registriere aufmerksam das Verhalten des anderen. Du könntest bemerken, daß dein Gegenüber selbst in der U-Bahn aus dem Fenster sieht oder andere Leute offen anschaut, von den Mitfahrenden abrückt oder sich dir zuwendet.

In diesen sozialen Situationen wird Menschenscheu oder Kontaktbereitschaft bereits dadurch signalisiert (angekündigt), daß man sich körperlich abwendet, von anderen abrückt, ihren Blicken ausweicht oder die räumliche Nähe toleriert und andere anschaut.

Ziel

In dieser Übung kommt es darauf an, einem Gegenübersitzenden offen ins Gesicht zu schauen und den Blickkontakt zu suchen.

Beachte

Schaue den anderen freundlich an. Du kannst auch lächeln. Auf keinen Fall solltest du ihm starr und ständig in die Augen schauen, weil dies ein Signal für aggressives Verhalten darstellt.

– Du läßt deinen Blick umherschweifen, schaust deinem Gegenüber aber möglichst oft beiläufig in die Augen.

– Wenn du angeschaut wirst, solltest du den Blickkontakt jedoch keinesfalls sofort vermeiden.

Geschäfte Übungsfeld 3

Übungssituation 13

Du erkundigst dich in einem Geschäft nach einem Gegenstand, den du ganz genau beschreiben kannst. Du erhältst ausführliche und exakte Auskunft über den Artikel (Preis, Qualität, Handhabung). Du erkundigst dich etwa nach einem Feuerzeug. Dabei könntest du sagen: «Ich interessiere mich für ein Feuerzeug. Es soll in einer mittleren Preislage sein, möglichst einfach zu handhaben, am besten mit Gasfüllung, strapazierfähig. Es soll eine neutrale Form haben...»
Du bedankst dich für die Information und **gehst, ohne etwas zu kaufen**. Es ist nicht nötig, Äußerungen wie: «Ich überlege es mir noch mal» oder «Ich werde später noch mal kommen» usw. zu gebrauchen.

Ziel
Du nimmst dein Recht auf Information wahr.

Beachte
Du gehst direkt auf den Verkäufer zu und bringst deinen Wunsch vor.
– Du wartest nicht, bis der Verkäufer dich fragt, sondern du beschreibst exakt den Gegenstand, an dem du interessiert bist, und sprichst möglichst viel.
– Benutze möglichst oft das Wort «Ich», etwa «Ich möchte...»

Übungssituation 14

Du erkundigst dich in einem Geschäft nach einem Gegenstand, über den du nur ungenau informiert bist. Wähle diesen so aus, daß der Verkäufer sehr viele Einzelheiten erklären kann, ein elektrisches Gerät, ein Auto.
Es kann auch sein, daß du noch nicht genau weißt, was du möchtest.

So könntest du dir in einem Kosmetikgeschäft die verschiedensten Präparate erklären lassen, weil du «etwas für deine Haut tun möchtest», oder du läßt dich über Bücher oder Geschenke informieren.

Du sagst in etwa: «Ich suche ein Geschenk für eine ältere Dame.» Der Verkäufer kommt deiner Bitte höflich nach. **Am Ende des Gesprächs bedankst du dich, ohne etwas zu kaufen.** Du sagst etwa: «Sie haben mir sehr geholfen. Ich danke Ihnen. Auf Wiedersehen.»

Ziel

Versuche, die Möglichkeiten, die dir ein qualifizierter Sachberater bieten kann, für dich optimal zu nutzen. Vergiß nicht, daß ein Verkäufer verkaufen will. Ein besseres Urteil über die Ware kannst du dir bilden, wenn du in mehreren Geschäften Erkundigungen eingezogen hast.

Beachte

Du brauchst sehr viele Auskünfte. Du sagst etwa: «Ich möchte mich eingehend informieren, bevor ich kaufe»; stelle Rückfragen: «Habe ich das richtig verstanden, daß...?»

Stelle gezielte Fragen nach Preisunterschieden, Qualitätsunterschieden, Zahlungsbedingungen, eventuellen Vergünstigungen, Zusatzkosten, Kundendienst.

Laß dir die Ware nach Möglichkeit vorführen.

Achte darauf, daß du möglichst viel Zeit zugewendet bekommst.

Hausaufgabe 8

Gehe in ein Geschäft und sage dem Verkäufer: **«Ich möchte mich bei Ihnen nur umschauen.»** Wenn der Verkäufer seine Hilfe anbietet oder eventuell mitkommen möchte, **wimmle ihn ab** und sage: «Danke! Ich möchte mich erst allein in Ruhe umsehen.»

5. Woche

Übungssituation 15

Du schickst einen Vertreter weg. Der Vertreter klingelt an der Haustür und bietet höflich die Ware an. Du antwortest: «Ich habe hierfür kein Interesse» und schließt die Tür.

Übungssituation 16

Du schickst einen Vertreter weg. Diese Situation gestaltet sich wie Übungssituation 15. Diesmal aber versperrt der Vertreter dreist die Tür oder kommt direkt in deine Wohnung. Er redet auf dich ein, stellt ständig Fragen und will gleich anfangen, seine Waren auszupacken.
Du hast wirklich kein Interesse und sagst sehr energisch und bestimmt: **«Ich habe Sie nicht hereingebeten.** Verlassen Sie jetzt bitte sofort meine Wohnung.»
Der Vertreter redet aber weiter auf dich ein. Du wirst jetzt sehr böse und sagst sehr laut: **«Raus jetzt!** Verlassen Sie sofort meine Wohnung!» und drängst dabei den Vertreter zur Tür hinaus.

Ziel
Auch einmal richtig böse werden zu können. Lernen, einer Unverschämtheit durch Einschüchterung begegnen zu können.

Beachte
Werde wirklich wütend. Steigere dich in dieses Gefühl hinein und mache deinem Ärger richtig Luft.
Sei sehr laut.
Gehe dicht auf den anderen zu. Fasse die Tür und versuche, diese zu schließen.
Nutze den Überraschungseffekt. Die Übung sollte nicht länger als eine halbe Minute dauern, so bleibt deine Position überlegen, und du brauchst nicht mit einer Anzeige wegen Hausfriedensbruch zu drohen.

Vertreter üben einen Beruf aus und wollen erfolgreich verkaufen. Es ist deren gutes Recht, dies zu wollen. Wie in vielen Berufen oder Positionen, wo man geschult wird, wie man etwas von anderen erreicht, wird hier ganz gezielt auf deine Unselbständigkeit spekuliert. Oft will man sich deine «Anständigkeit» zunutze machen. Du sollst manipuliert werden, weil du gelernte Regeln von Rücksichtnahme, Höflichkeit oder Hilfsbereitschaft praktizierst, die in den meisten zwischenmenschlichen Situationen sinnvoll sind. Das macht sich eine Außengruppe bewußt zunutze, um ihre Zwecke bei dir durchzusetzen. Hier mußt du in der Lage sein, die Konsequenz, auf die die anderen spekulieren, zu ändern, nämlich nicht nachgiebig und entgegenkommend, sondern abblockend und bestrafend reagieren zu können. Du läßt erst gar nicht zu, daß die Regeln mißbraucht werden und du so in Entscheidungskonflikte gerätst. Deine soziale Diagnose ermöglicht es dir, auf die versuchte Manipulation vom Vertreter, vom bösen Chef... nicht hereinzufallen. Gute Regeln des Zusammenlebens sind nicht deshalb schon aufzugeben, weil sie in vielen Situationen zur Ausnutzung mißbraucht werden. Wir brauchen uns nicht gleich von unseren Vorstellungen abbringen zu lassen, wenn sie nicht in allen Situationen sinnvoll sind. Du lernst Situationen zu unterscheiden und die neuen Verhaltensalternativen sinnvoll zur Abwehr von Manipulation einzusetzen.

Übungssituation 17

Du kaufst in der Hauptgeschäftszeit im Kaufhaus (in der Lebensmittelabteilung) **einen Artikel**, hast das Geld abgezählt parat, **gehst an der Schlange vorbei** und fragst den Kunden an der Kasse: «Würden Sie mich bitte vorlassen?» Du zeigst dabei flüchtig den Artikel und das Geld.

Ziel
Du lernst, dich der öffentlichen Beachtung auszusetzen. Du nimmst ein Entgegenkommen der anderen für dich in Anspruch, was du im gleichen Falle auch gewähren würdest.

Beachte

Du bittest freundlich, aber unterläßt unnötige Erklärungen und Entschuldigungen.

Übungssituation 18

Du läßt in einem Geschäft die Ware, etwa Aufschnitt, noch einmal nachwiegen. Du stellst dich vor die Waage und siehst zu, daß es genau die gewünschten hundert Gramm sind. Du fragst nach dem Kilopreis und vergleichst auf dem Zettel, ob es genau stimmt.
Führe diese Übung erst in einem fremden Kaufhaus, dann in einem Geschäft durch, wo man dich kennt.

Ziel

Du lernst hierbei, gerechtfertigte Ansprüche auch dann anzumelden, wenn die Möglichkeit relativ groß ist, daß dein Gegenüber «etwas sauer» reagiert. Zu oft werden aus übertriebener Angst, daß andere gekränkt reagieren könnten, einfache Kontrollen unterlassen und mögliche Klarstellungen vermieden. Zu Hause ärgert man sich dann über das eigene Verhalten oder entwickelt ein oft grundloses Mißtrauen.

Beachte

Du äußerst deinen Wunsch freundlich und sachlich. Auf etwaige Äußerungen des Verkäufers: «Sie trauen mir wohl nicht recht» sagst du einfach: «Ich wollte es einfach noch mal sehen.»

Hausaufgabe 9

Laß in einem Geschäft die Ware (Aufschnitt, Käse usw.) noch einmal nachwiegen, weil du es nicht genau erkannt hast. Sag in etwa: «Ich habe es eben nicht gesehen, wieviel Gramm es genau waren.» Stell dich direkt vor die Waage und kontrolliere genau, wieviel Gramm es sind. Erkundige dich gleichzeitig nach dem Kilopreis der Ware.

Hausaufgabe 10

Du kaufst in einem **Supermarkt** nur einen einzigen Artikel. Du hältst das Geld abgezählt parat in der Hand. **Gehe an der Schlange von Käufern vorbei** und frage den Kunden, der an der Kasse ist: «Würden Sie mich bitte vorlassen?» und zeige dabei flüchtig den Artikel und das **abgezählte Geld**. Gehe dann direkt zur Kasse vor und bezahle den Artikel bei der Kassiererin.

Übungsfeld 4 Sich als Schwuler zu erkennen geben

6. Woche

Übungssituation 19

Du holst dir eingehend Informationen über eine Schwulengruppe und/oder ein Schwulenkommunikationszentrum ein. Erkundige dich genau über Zielsetzung, Aufgabenschwerpunkte, Freizeitaktivitäten und Normen der Gruppe.

Ziel
Du gibst dich am Telefon als Schwuler vor Schwulen zu erkennen und erhältst Informationen, was eine Schwulengruppe/ein Schwulenkommunikationszentrum dir bieten kann/könnte.

Übungssituation 20

Du besuchst ein Schwulenkommunikationszentrum.

Ziel

Nachdem du dich vorher telefonisch eingehend über die betreffende Schwulengruppe/das Schwulenkommunikationszentrum erkundigt hast, stellst du nun selber fest, was dir eine solche Selbsthilfegruppe zu bieten hat.

Übungssituation 21

Du nimmst dir vor, nicht über einen Schwulenwitz zu lachen, z. B. am Arbeitsplatz. Du brauchst dich dabei nicht als Schwuler zu bekennen. Es genügt, daß du deutlich machst, kein Verständnis dafür zu haben, über sexuelle Minderheiten herzuziehen.

Ziel

Du lernst selbstbewußt eine abweichende Meinung zu vertreten und beugst dich nicht jedem situativen Gruppendruck.

Hausaufgabe 11

Besuche in der folgenden Woche mindestens viermal das Schwulenkommunikationszentrum, über das du dich eingehend informiert hast.

7. Woche

Übungssituation 22

Du sagst einem dir nahestehenden Menschen (heterosexuellen Freund, Bruder, Schwester usw.), daß du schwul bist.

Ziel

Du unternimmst erste Schritte, dein Doppelleben aufzubrechen. Du wendest dich dabei an Personen, von denen du Verständnis erwartest.

Übungssituation 23

Du sagst deinen Eltern, daß du schwul bist.

Ziel

Du möchtest ein offenes, aufrichtiges Verhältnis zu deinen Eltern und mit ihnen über alles reden können. Ein so wichtiger Teil von dir wie deine Sexualität soll dabei nicht ausgespart sein. Schon lange stören dich Andeutungen oder Fragen nach einer Freundin. Du möchtest aber gleichzeitig auch nicht, daß du deine Eltern schockierst oder sie sich unnötige Sorgen oder gar Vorwürfe machen.

Beachte

Entscheidend ist, wie du es deinen Eltern nahebringst. Du selbst kennst den Kommunikationsstil am besten, der bei euch zu Hause üblich ist.

So kann in dem einen Elternhaus ein direktes Ansprechen besser sein, in einem anderen hingegen, unauffällig ein Buch wie «Schwul, na und» liegen zu lassen, bevor du eine offene Aussprache beginnst. Mache dir in jedem Fall klar, daß es für Eltern in aller Regel schwer sein wird, diese Wahrheit über dich zu hören. Nimm ihnen unnötige Sorgen oder gar Schuldgefühle. Mache ihnen klar, daß weder sie noch du für dein Schwulsein schuldig sind. Es ist dir gegeben und es ist gut, so wie es ist.

Glaube nicht, es sei besser und rücksichtsvoller, dein Schwulsein zu verschweigen. Ein solches Versteckspiel ist weitaus belastender und führt nur in eine unaufrichtige, unechte Beziehung. Menschen, die sich nahestehen, sollten niemals wichtige Teilbereiche ihres Lebens ausklammern.

Für manche Eltern könnte es auch hilfreich sein, in eine «Schwule Eltern-Kind-Gruppe» zu gehen, die es in manchen Großstädten gibt. Hier können Eltern Aussprache und gegenseitige Hilfe von ebenfalls betroffenen Eltern finden.

Übungssituation 24

Du sitzt mit einem schwulen Freund/schwulen Bekannten in einem **öffentlichen Verkehrsmittel** (Bus, Straßenbahn, usw.) und **sprichst laut über** ein **Schwulenkommunikationszentrum** oder über schwule Bekannte.

Ziel
Mit einem solchen Verhalten lernst du in aller Öffentlichkeit zu zeigen, daß du schwul bist und dein Schwulsein für etwas Selbstverständliches und völlig o. k. hältst.

Beachte
Hier ist wichtig, so laut zu sprechen, daß Mitreisende deutlich eure Unterhaltung mitbekommen. Achte ferner darauf, daß du so selbstbewußt und selbstverständlich vom Schwulsein redest, als wärest du mit deinem Freund oder Bekannten allein in der Bahn. Anwesende Mitreisende sind für euch offensichtlich völlig unwichtig.

Hausaufgabe 12

Übe in der folgenden Woche möglichst häufig, dich «offen» als Schwuler erkennen zu geben. Es geht dabei nicht darum, daß du quasi mit einem Schild «Ich bin schwul» herumläufst. Es geht nur darum, daß du außerhalb von Schwulenkneipen, Schwulenkommunikationszentren und dem Kreis einiger sehr nahestehender heterosexueller Menschen **nicht** grundsätzlich dein Schwulsein verbirgst.
Überlege dir, wann es dir sinnvoll und wichtig ist, daß man darüber Bescheid weiß. Arbeite aber daran, daß ein Versteckspiel (Doppelrolle) zunehmend immer mehr die Ausnahme von der Regel wird. Du wirst merken, wie gut es dir seelisch tut, wenn du zunehmend immer häufiger auf ein Versteckspiel verzichtest!

8. Woche

Übungssituation 25

Du gehst Arm in Arm mit einem Mann / **mit deinem Freund durch** eine belebte Geschäftsstraße / **die Fußgängerzone**. Ab und zu gebt ihr euch spontan ein Küßchen.

Ziel
Du zeigst in aller Öffentlichkeit, daß ein schwules Liebespaar etwas ganz Alltägliches für dich ist.

Beachte
Das Ganze soll weniger den Charakter einer demonstrativen Zurschaustellung haben, sondern mehr Züge von Spontaneität und Echtheit. Ihr seid offensichtlich so verliebt ineinander, daß euch die zahlreich anwesenden Passanten völlig unwichtig sind.

Übungssituation 26

Du wirst mit «schwule Sau» auf der Straße **angepöbelt**.

Ziel
Reagiere auf diesen aggressiven Angriff «**selbstbewußt**»! Mache dir klar, Aggressivität ist ebenso wie Schüchternheit kein selbstbewußtes Verhalten.
Wie du auf diesen Angriff auf deine Person sinnvoll reagierst, hängt von der jeweiligen Situation und deiner eigenen momentanen Stimmung ab. Dies könnte ein selbstbewußtes Überhören, ein spontaner, wirkungsvoller Einwurf oder eine deutliche, selbstbewußte (nicht-aggressive!) Auseinandersetzung sein.

Beachte
Offensichtlich hast du durch dein Verhalten – dich offen als Schwuler erkennen zu geben – beim Gegenüber schwule Ängste aktiviert, ver-

drängte schwule Anteile ins Bewußtsein gehoben, die er nun, statt sie bewußt zu verarbeiten, bei dir aggressiv abzureagieren versucht.

Er greift dich an, obwohl es nicht dein, sondern sein Problem ist! Könnte der Betreffende sich als Sexualwesen völlig akzeptieren, würden latente sexuelle Anteile bei ihm nicht angstbesetzt sein, so könnte er Menschen jeweils unabhängig von ihrem (bevorzugten!) sexuellen Dialekt (ob nun «bisexuell», «heterosexuell» oder «homosexuell») völlig akzeptieren.

Problembereich Partnerschaft   Übungsfeld 5

Übungssituation 27

Übe, dir **nahestehende Menschen** (Bekannte, Freunde, Liebespartner usw.) **möglichst häufig zu loben.** Es kann sich dabei um ganz **alltägliche Anlässe** handeln, wie frisch rasiert, wohlriechendes Deodorant, geschmackvolles Hemd oder Krawatte, oder um **kleine Aufmerksamkeiten**, wie Telefonanruf, spontaner Besuch, nettes Lächeln usw.

Ziel
Du sollst lernen, spontan deine Freude auszudrücken über ein Verhalten eines anderen, das dir wohl tut. Es geht **nicht** darum, andere zu manipulieren, wohl aber ihnen Rückmeldung zu geben, wie angenehm du ihre Aufmerksamkeit und Nettigkeit erlebt hast.

Beachte
Das Lob sollte nicht nur aus Worten bestehen. Unterstreiche deine Anerkennung durch strahlendes Lächeln, anerkennendes Auf-die-Schulter-Klopfen, spontanes Hände-Berühren, In-den-Arm-Nehmen, spontane Küßchen usw.

Übungssituation 28

Du erhältst von einer dir nahestehenden Person (Bekannte, Freunde, Liebespartner usw.) **Lob.**
Manchen Menschen fällt es schwer, Lob anzunehmen. Die Abwehr von Lob kann viele Ursachen haben:

- Gelernte Bescheidenheit, verbunden mit einem dauernden Zurückstecken
- Angst, anderen Personen verpflichtet zu sein
- Angst vor gefühlsmäßiger Nähe.

Noch fataler als die offene Ablehnung von Lob ist die innerliche Selbstabwertung in Gedanken. Ich nehme das Lob zwar hin, denke aber innerlich: «Das stimmt doch nicht, sicher habe ich mich wieder blamiert, man bemitleidet mich ja nur…» Diese Form von Selbstbestrafung ist eine hartnäckige Ursache von Selbstunsicherheit, Depression und Verhaltensdefiziten.

Ziel
Lerne Lob annehmen! Lob annehmen kann dadurch erleichtert werden, daß ich mich sehr nett bei dem anderen für dessen Verhalten bedanke.
Du kannst zum Beispiel sagen: «Ich finde schön, daß du dies sagst» oder: «Ich bin richtig froh, daß du das so empfindest». Durch eine solche **Lob akzeptierende Äußerung** wird der andere **wieder positiv bekräftigt** und angeregt, dich künftig noch häufiger zu loben.

Beachte
Übe in der kommenden Woche, besonders häufig Lob zu geben und Gelobtwerden durch Lob akzeptierende Äußerungen positiv zu bekräftigen.

9. Woche

Übungssituation 29

Du vermißt beim Partner **mehr Leidenschaft** und äußerst deine Empfindungen. Du könntest in etwa sagen: «Heiner, was ist mit dir? Du bist gar nicht mehr so zärtlich zu mir. Sonst warst du schon am Morgen so stürmisch und auch tagsüber immer spontan zärtlich und zu Küßchen aufgelegt. Jetzt bist du immer so zurückhaltend und kühl, so daß ich Angst habe, du liebst mich nicht mehr. Ich sehne mich so sehr danach, daß du mir wieder soviel Zuneigung, Anerkennung und Zärtlichkeit schenkst wie früher.»

Ziel
Der Partner soll genau wissen, was dir fehlt, und erfahren, wie angenehm du sein früheres Verhalten erlebtest.

Beachte
Wichtig ist die Atmosphäre, die du dabei schaffst, während du deine Kritik anbringst bzw. deine Wünsche äußerst. Mache dir klar, Spontaneität läßt sich nicht befehlen. Drücke nicht nur in Worten, sondern auch durch Blickkontakt, Gesten, Mimik, Bewegung usw. Sehnsucht nach Zärtlichkeit, Nähe und Bekommensverhalten aus. Verlagere insgesamt das **Schwergewicht weniger auf** die **Bestrafung** des dich gegenwärtig störenden Verhaltens, sondern belohne mehr das erwartete künftige «Wohlverhalten».

Übungssituation 30

Du brauchst heute mehr Zuwendung und Geborgenheit vom Partner. Drücke dies überwiegend ohne Worte aus!
Beispielsweise könntest du das Lieblingsgericht gekocht haben, Kerzen angezündet haben oder das Kaminfeuer brennt; du empfängst deinen Freund mit verheißungsvoll leuchtenden Augen und strahlendem, sehnsuchtsvollem Blick, schiebst behutsam die Zeitung aus seiner

Hand, wenn er sich wortkarg dahinter verkriecht, kuschelst dich zärtlich an ihn, und erst dann sagst du mit sanfter, fast flüsternder und zugleich erotisierender und begehrlicher Stimme, wie sehr du gerade heute seine Nähe brauchst und wie sehr du dir wünschst, daß der Abend heute ausschließlich euch beiden gehört.

Ziel

Du sollst alle Verführungskunst verbal (durch Worte) wie nonverbal (durch Körpersprache) anwenden, um bei deinem Freund deinen Wunsch nach Nähe auszudrücken und Nähe und Geborgenheit bei ihm selbst auch heute zum echten Bedürfnis werden zu lassen.

Beachte

Arbeite ausschließlich mit Mitteln der **positiven Verstärkung und sanften Verführung.** Nichts wäre von der zu schaffenden Atmosphäre her tödlicher als Vorwürfe oder Befehle.

Übungssituation 31

Du bist eifersüchtig und sprichst mit deinem Freund über deine Gefühle.

Der Anlaß zur Eifersucht kann sich auf ein zurückliegendes Ereignis beziehen oder aus dem aktuellen Augenblick heraus entstanden sein. Bei letzterem liegt der Vorteil darin, daß du die schmerzlichen Gefühle viel unmittelbarer erlebst und authentisch deinem Partner mitteilst. Eine solche Mitteilung könnte beispielsweise lauten: «Du, Heiner, hör mal. Ich kann es nicht mit ansehen, wie vertraulich du dich mit Peter unterhältst und wie verliebt ihr euch dabei anseht. Im Augenblick habe ich das Gefühl, Peter ist dir wichtiger und steht dir näher als ich. Das macht mich unheimlich wütend und traurig. Ich bin richtig sauer auf dich und neidisch auf Peter...»

Ziel

Du sollst lernen, deinem Partner/Freund deine augenblicklichen Gefühle mitzuteilen. Du machst aber keine Vorwürfe und stellst auch (vorerst!) keine Forderungen, sondern überläßt es einer anschließenden gemeinsamen Aussprache, eventuell zu einem späteren, für euch beide passenderen Zeitpunkt eine für euch beide tragfähige Lösung zu finden.

Beachte
Wichtig ist, daß du deine negativen Gefühle und Empfindungen ehrlich ausdrückst. Der andere soll genau wissen, wie es dir momentan geht.

Übungssituation 32

Du möchtest, daß dein Partner weniger eifersüchtig ist und eure Beziehung angstfreier und entspannter wird.
Bevor du dein Anliegen vorbringst, achte darauf, daß die ganze Atmosphäre stimmt, ihr beispielsweise gelöst und entspannt beieinandersitzt, einen Abend voller Ruhe und Zärtlichkeit genießt. Trage dann deinen Wunsch vor und ermuntere deinen Partner, seine Meinung, Vorstellungen und eventuellen Bedenken deutlich zu äußern.

Ziel
Jeder soll deutlich machen, wie er die Sache sieht, um dann darangehen zu können, eine für beide tragbare und wünschenswerte Lösung zu erarbeiten.

Beachte
Eine **demokratische Partnerschaftsstruktur** herrscht dann vor, wenn dem Partner in der (vorübergehend) schwächeren Position als «Starthilfe» (zunächst) mehr Rechte eingeräumt werden. Umgekehrt sollte aber der sogenannte Schwächere seinen «Heimvorteil» nicht schamlos ausnutzen. Bei der Eifersuchtsproblematik gibt es ferner zu bedenken, daß, wie aus empirischen Studien hinreichend bekannt (Dannecker/Reiche 1974, Mc Whirter/Mattison 1986, Köllner 1990), Schwule sich nicht etwa in zwei Lager aufspalten lassen, wie: da die auf Freundschaft Abzielenden und dort die Promisken. Sich zu

befreunden und zugleich Kontakte zu Dritten suchen (häufig sogar, daß beide Partner gemeinsam losziehen!) sind bei vielen Schwulen keine Gegensätze, sondern mehr sich völlig überlappende Phänomene.

Hausaufgabe 14

Übe, dir **nahestehenden Personen** (Bekannten, Freunden, Liebespartnern usw.), **Rückmeldung zu geben, wie ihr Verhalten auf dich wirkt.** Achte dabei darauf, daß du dem anderen deine Gefühle besonders deutlich machst. Du sollst lernen, offen-zu-legen, was bei dir los ist.

10. Woche

Übungssituation 33

Sprich mit deinem Freund über deine sexuellen Wünsche. Erfahrungsgemäß haben Schwule wenig Probleme damit, sexuelle Wünsche dem Partner zu sagen und/oder gewünschte Sexualpraktiken/Sexualtechniken dem Partner beizubringen (Masters/Johnson 1979, Köllner 1990).

Übe, je nach Situation, deine sexuellen Wünsche **mehr nonverbal**, wie durch Gesten, z. B. Hand- oder Körperbewegungen, Laute des Behagens oder Unbehagens, oder **mehr verbal**, durch Worte und konkrete Handlungsanweisungen auszudrücken.

Ziel

Dein Partner soll wissen, was dir am meisten Spaß macht, und du willst herausbekommen, was er am liebsten hat.

Beachte
Vermeide einen Kommunikationsstil, der Romantik oder geile
Spontaneität behindert. Nüchternes Beschreiben von Techniken im
Sinne einer «Gebrauchsanweisung» oder Verletzung von Schamgren-
zen durch negativ besetzte Vulgärausdrücke kann tödlicher sein als das
nicht sofortige Entdecken und Erkennen der als besonders lustvoll erlebten Sexualpraktiken. Achte vor allem auf eine entspannte, spielerische Atmosphäre, um gemeinsam auf eine geile und spannende Ent-
deckungsreise zu gehen. Man kann immer wieder neue lustvolle Stellen entdecken!

Übungssituation 34

Du kritisierst deinen Freund, weil er sich in letzter Zeit häufig sehr
gehen läßt, wenig auf geschmackvolle **Kleidung** oder **Körperhygiene**
achtet, häufig unrasiert ist usw.
Sag in etwa: «Heiner, ich hätte gerne, wenn du dich öfters mal auch
am Wochenende wieder rasieren würdest. Das kratzt dann immer so
unangenehm. Außerdem habe ich dann das Gefühl, ich bin dir nicht
mehr so wichtig wie früher. Ich selbst achte doch auch immer sehr auf
mein Äußeres, um dir zu gefallen...»

Ziel
Dein Partner/Freund soll wissen, was dir mißfällt und wie du die
Nachlässigkeit erlebst.

Beachte
Sei sehr behutsam bei Kritik. Verletze die Gefühle des anderen nicht.
Mach aber unmißverständlich klar, was dich genau am Verhalten des
anderen stört. Es muß deutlich werden, daß sich die Kritik gegen das
Verhalten, nicht gegen die Person richtet.

Übungssituation 35

Du sprichst mit deinem Liebespartner **über deine Wünsche nach Sexualkontakten zu Dritten.** An der großen Bedeutung eurer Liebesbeziehung soll sich nichts ändern, nur sollten sexuelle Beziehungen zu anderen, die ihr getrennt oder gemeinsam sucht, erlaubt sein.

Ziel
Du erstrebst ein Beziehungskonzept, das euch beiden die Vorteile einer festen Beziehung (Sicherheit, Geborgenheit) ermöglicht, ohne, aus Angst vor Beziehungsverlust, sich die Abenteuer, Jagd- und Sammelleidenschaft verbieten zu müssen.

Übungssituation 36

Ihr lebt in einer «festen» Liebesbeziehung mit «offenem» Charakter: **Zusätzliche Sexualkontakte zu Dritten sind grundsätzlich erlaubt,** sofern keiner von euch beiden Eifersucht empfindet oder glaubt, daß eure Beziehung dadurch bedroht wird. Auch geht ihr gelegentlich gemeinsam auf Partnersuche.
Plötzlich spricht dein Freund davon, er sei **momentan sehr empfindlich,** und bittet dich darum, augenblicklich keinen Anlaß zur Eifersucht zu geben.

Ziel
Störungen haben Vorrang! Verhinderung von seelischem Leid ist höchste Norm! Der Partner in der (vorübergehend) schwächeren Position hat mehr Rechte, die Beziehungsnorm zu bestimmen. Ihr macht beide ab, künftig vorerst auf Sexualkontakte mit Dritten zu verzichten. Weiter, daß Eifersuchtsgefühle im jeweiligen Moment durch bestimmte festgelegte Signale angezeigt werden, damit der andere Partner entsprechend rücksichtsvoll darauf reagiert. Erst wenn ihr euch beide wieder sicher fühlt und dies auch wirklich wieder wollt, kehrt ihr zu eurer früheren offengestalteten Beziehungsform zurück.

Beachte

Eine «offene» Zweierbeziehung setzt einen langen Reife- und Lern-prozeß voraus. Sie bietet Menschen außerordentlich große Entfal-tungsmöglichkeiten, birgt aber auch viele Probleme und Risiken.

Hausaufgabe 15

Übe in der kommenden Woche möglichst häufig **bei** dir **nahestehen-den Personen** (Bekannten, Freunden, Liebespartnern usw.), **Wün-sche anzumelden und Ängste** und Befürchtungen **offen anzuspre-chen.**

11. Woche

Übungssituation 37

Du möchtest heute keinen Sex mit deinem Freund/Liebespartner und **bittest um Verständnis** dafür. Bedenke, daß für viele Schwule die gemeinsame Sexualität ein entscheidendes Gütekriterium für die Qualität der Liebesbeziehung ist. Kein sexuelles Interesse bzw. nach-lassendes sexuelles Interesse wird oft als deutlicher Hinweis für das Zerbrechen einer Beziehung verstanden bzw. für das Ende einer Be-ziehung. Dies gilt besonders dann, wenn die Beziehung sich noch im Anfangsstadium befindet oder wenn einer der beiden Partner – zu-mindest nach gängigem Schönheitsideal – deutlich unattraktiver ist. In diesem Fall sollte der Partner liebevoll und einfühlsam deutlich ma-chen, daß er wirklich nur momentan müde ist, seine augenblickliche Unlust aber nicht mit dem Partner und dessen Ausstrahlungskraft oder mit der Qualität der gemeinsamen Beziehung zu tun hat. Ein besonderes Problem ergibt sich, wenn die «sexuelle Bedürftigkeit» bei beiden Partnern extrem auseinanderklafft. Hier kann es ein sehr müh-seliger und seelisch aufreibender Prozeß sein, sich auf einen für beide erträglichen Level zu einigen.

Übungsfeld 6 Umgang mit Vorgesetzten

Übungssituation 38

Du bittest deinen Chef um eine Gehaltserhöhung. Sag in etwa: «Herr Direktor, ich habe in Abendkursen der Berufsakademie Müller das Zertifikat A erworben. Ich bitte darum, mich entsprechend meiner neuen Leistungsfähigkeit in die Gehaltsgruppe XY heraufzugruppieren.»

Ziel
Du verweist darauf, daß du eine Dotierung erwartest, die deiner Leistungsfähigkeit entspricht und dein persönliches Engagement entsprechend würdigt.

Beachte
Tritt höflich, aber auch selbstbewußt und bestimmt auf.

Übungssituation 39

Dir ist ein Fehler bei deiner Arbeit unterlaufen. Als dein Vorgesetzter dies merkt, wirft er dir ziemlich unfreundlich vor, daß du nicht so sorglos hättest sein dürfen.
Du gibst zu, diesen Fehler gemacht zu haben, bedauerst es und versprichst, beim nächstenmal sorgfältiger zu arbeiten. Du fügst jedoch hinzu, nach deinem Gefühl sei er ein bißchen zu streng gewesen, was dir unbegründet erschienen sei.

Beachte
Unterwürfigkeit zu zeigen, also mit vielen Entschuldigungen das Versehen zu bedauern und zu sagen, wie dumm es gewesen sei, und daß so etwas nie mehr passiert, wäre ebenso unangebracht und unverein-

bar mit selbstbewußtem Verhalten, wie auf den unfreundlichen Ton des Chefs aggressiv zu reagieren, etwa aufbrausend sich die Kritik und insbesondere die Art der Zurechtweisung zu verbieten.

Übungssituation 40

Dein Chef rügt dich zu Unrecht. Du stellst den Sachverhalt höflich, aber bestimmt klar.
Sag in etwa: «Herr Direktor Mayer, ich kann Ihren Ärger verstehen, die Akte in einem verkehrten Ordner vorzufinden. Aber sehen Sie mal: Der Aktenvorgang ist auf den 17. Mai datiert. Da war ich im Urlaub. Mir ist also dieses Versehen nicht unterlaufen.»

Ziel
Du zeigst Verständnis dafür, daß dein Chef sich ärgert, wenn durch Unachtsamkeit Fehler passieren. Du nimmst dir aber ebenso das Recht heraus, eine ungerechtfertigte Behandlung höflich, aber bestimmt zurückzuweisen.

Beachte
Vermeide, ironisch zu werden. Ironie ist ebenso wie Unterwürfigkeit und Aggressivität unvereinbar mit selbstbewußtem Verhalten.

Hausaufgabe 16

Übe in der kommenden Woche möglichst häufig im privaten wie im beruflichen Bereich, berechtigte Wünsche und Forderungen anzumelden und unberechtigt an dich herangetragene Forderungen höflich, aber bestimmt zurückzuweisen.

Übungsfeld 7 Umgang mit AIDS

12. Woche

Übungssituation 41

Du sprichst mit einem Bekannten **über deine Angst vor der Krankheit** AIDS bzw. deiner Angst vor einer Infektion mit dem HIV-Virus.

Ziel
Du möchtest über deine Ängste sprechen und erfahren, wie andere mit ihrer Angst vor AIDS umgehen und was sie tun, um sich vor einer Infektion zu schützen.

Übungssituation 42

Du hast einen Sexualpartner kennengelernt, **der ohne Kondome** mit dir Sex machen will. Du bestehst darauf, daß ihr euch schützt.

Sag in etwa: «Heiner, ohne Kondome läuft bei mir nichts. Wenn du dich bei anderen Sexualpartnern nicht schützt, ist das dein und deren Problem. Ich jedenfalls gehe kein solches Risiko ein.»

Ziel
Du beharrst darauf, daß ihr euch schützt, und weichst nicht davon ab!

Übungssituation 43

Du entschließt dich, einen **Safer-Sex-Gesprächskreis** zu **besuchen**. Nahezu alle regionalen AIDS-Hilfen bieten schwulen Männern Safer-Sex-Gesprächskreise an. Es handelt sich dabei um Workshops der Stop-Aids-Projekte, die 3–4 Stunden dauern und kostenlos durchgeführt werden. Unter Anleitung von zwei schwulen Mitarbeitern wird gemeinsam über Sexualität und die Angst vor AIDS gesprochen und über die Möglichkeit, sich durch Safer Sex vor einer HIV-Infektion zu schützen.

Übungssituation 44

Übe im Rollenspiel folgende Situation: Du bist HIV-positiv und hast jemanden kennengelernt, den du sehr magst und mit dem du gerne Sex hättest. **Du sprichst von deiner Infektion und von der Möglichkeit**, durch konsequenten **Safer Sex** euch vor einer Infektion zu schützen. Anschließend vertauscht ihr eure Rollen und tauscht euch aus über eure Ängste, die ihr aus der jeweiligen Perspektive heraus erlebt habt.

Ziel
Rationale Bewältigung der AIDS-Problematik: Erkenne, daß irrationale Ängste und Panik genauso fehl am Platz sind wie andererseits, die reale Bedrohung durch Leichtsinn und Sorglosigkeit zu übersehen.

Hausaufgabe 17

Besuche außer einem **Safer-Sex-Gesprächskreis auch eine Safer-Sex-Party.** Die AIDS-Hilfe deines Heimatortes gibt dir über Ort und Zeitpunkt dieser Veranstaltungen genau Auskunft.

Übungsfeld 8 Problembereich Kontaktverhalten

13. Woche

Übungssituation 45

Übe, Personen des eigenen Geschlechts anzulächeln. Du versuchst, dir sympathisch erscheinende Passanten so heiter und fröhlich anzuschauen, daß diese zurücklächeln oder dich zumindest beachten. Du kannst diese Übung zur Erleichterung zunächst in der Gruppe, dann alleine bei sehr «flüchtigen» Begegnungen durchführen. Du könntest etwa Personen, die in einer anfahrenden Straßenbahn oder vor einer Ampel im Auto sitzen, oder solche, die selbst heiter aufgelegt erscheinen, anlächeln. Bei der eigentlichen Übung wählst du jedoch auch Straßenpassanten, Mitreisende, Leute im Geschäft, im Lift...

Ziel
Du lernst den Umgang mit einem Ausdruckssignal für Kontaktverhalten. Du erfährst eine der wesentlichen Grundregeln im menschlichen Zusammenleben: Wenn du freundliches Verhalten aussendest, empfängst du selbst freundliche Reaktionen von anderen.

Beachte
Ziel dieser Übung ist noch nicht, Bekanntschaften zu schließen. Du übst hier nur, durch dein Lächeln unbefangen auf andere zu wirken.

Übungssituation 46

Übe, Personen des eigenen Geschlechts kleine Komplimente zu machen. Du setzt dein strahlendstes Lächeln auf und genießt bei erotisch dir sympathisch erscheinenden Personen deren dich so reizende äußere Erscheinung. Dann machst du eine nette Bemerkung über deren nettes, gepflegtes Aussehen, z. B. geschmackvolle Krawatte, modischer Haarschnitt, sportliche Figur usw. Es kann sich bei den Personen um Bekannte aus der Schwulenszene ebenso handeln wie um nichtschwule Nachbarn oder Berufskollegen usw.

Ziel
Du sollst erfahren, wie angenehm es ist, wenn Personen, die dich durch ihr attraktives Äußeres in eine gehobene Gefühlsstimmung versetzen, von dir wiederum durch eine nette Bemerkung belohnt werden.

Beachte
Ziel der Übung ist es nicht, einen Sexualpartner zu finden, wohl aber sexualisierende Wirkung behutsam auszudrücken. Bei Personen, von denen du annimmst, daß sie nicht schwul sind, achte darauf, daß sie das Kompliment nicht als «vorsexuellen» Annäherungsversuch oder gar als sexuelle Anmache auffassen.

Übungssituation 47

Du plauderst eine Weile mit einem Verkäufer in einem Kiosk mit dem Ziel, Informationen über die betreffende Gegend (leerstehende Wohnungen, Zimmer, Lokale usw.) **einzuholen.**
Du suchst einen Kiosk oder ein Geschäft auf, wo wenig Betrieb ist, kaufst eine Zeitung und blätterst darin. Du eröffnest das Gespräch, indem du etwa Bezug auf eine der Schlagzeilen nimmst und einige allgemeine Bemerkungen dazu machst. Du überlegst dir dabei wieder, was den anderen ansprechen könnte. Als Ladenbesitzer könnte er Sorgen über den Umsatz, die Steuer, die Ladenmiete haben. Als Vater oder Mutter könnte er/sie durch Erziehungs- und Schulprobleme angesprochen sein. Er könnte eventuell in seiner Eigenschaft als Hundebesitzer, alter Mann... interessiert werden.
Wenn der andere auf deine Bemerkungen eingeht, unterstütze seine Ausführungen durch fördernde Bemerkungen wie «Tatsächlich?», «Ja, wirklich», «Hm» sowie durch **Rückkoppeln**. Rückkoppeln

heißt, die Äußerung oder Feststellung des anderen in Frageform zu wiederholen, wie: «Dieser Laden kostet wirklich 500 Mark Miete?», «Sie meinen, daß die Steuern schon wieder erhöht werden?»
Dann kommst du langsam zu deinem Anliegen, sprichst den anderen als Ortskundigen an und fragst beiläufig, ob er dir behilflich sein könnte.

Ziel

Du lernst ein unverbindliches Gespräch zu beginnen und durch Rückkopplung fortzuführen. Es ist oft fairer und angenehmer, durch eine Plauderei auf den anderen einzugehen und dann beiläufig ein persönliches Anliegen vorzubringen, als nur die eigenen Wünsche zu sehen und gleich mit der Tür ins Haus zu fallen.

Übungssituation 48

Du setzt dich in Lokalen, Cafés, im Park (keine Schwulentreffs!), an Haltestellen, in Verkehrsmitteln, Ausstellungen... **zu anderen Menschen, ohne von dir aus ein Gespräch zu beginnen.** Suche jede Gelegenheit wahrzunehmen, wo dich andere allein und unbeschäftigt sehen. Du grüßt sehr freundlich, fragst beiläufig «Darf ich mich zu Ihnen setzen», nimmst dann «entspannt» Platz (sich zurücklehnen, Beine und Arme lockern, nicht verschrauben, nicht verschränken, nicht nervös wippen). Schau dich um und beobachte den anderen nur so nebenbei. Laß die Gegenwart des anderen einfach auf dich wirken, nimm beobachtete Einzelheiten vom anderen zum Anlaß, dir Gedanken über ihn zu machen. Aber du tust dies alles wie bei der Betrachtung einer schönen Landschaft: passiv, entspannt wahrnehmen statt aktiver Beobachtung. Du bleibst je nach Situation etwa 10 Min. so sitzen und verabschiedest dich dann freundlich.

Ziel

Du lernst, daß es verschiedene Formen zwischenmenschlichen «Kontaktes» bzw. Zusammenseins gibt, die alle in sich einen eigenen Wert haben können. Nicht aus jeder Gemeinsamkeit beim Anschauen, Zusammensitzen, bei Tätigkeiten, Plaudereien... mit sympathischen Menschen muß sich etwas entwickeln. Lerne, intimen Kontakt nicht von vornherein «auf Biegen und Brechen» als einziges Ziel der Begegnung anzusehen. Das verkrampft nur und verbaut viele andere Möglichkeiten.

Beachte
Natürlich weichst du Blickkontakten oder einer Plauderei nicht aus, wenn der andere dieses sucht. Du selbst sollst lediglich das Gespräch noch nicht eröffnen und dich ganz der passiven Wahrnehmung des anderen widmen.

Hausaufgabe 18

Versuche auf der Straße möglichst oft, gleichgeschlechtlichen Passanten Aufmerksamkeit abzuringen, indem du dein strahlendstes Lächeln aufsetzt. Übe die ganze Woche hindurch, möglichst heiter und fröhlich zu erscheinen.

14. Woche

Übungssituation 49

Du bist in einer Schwulengruppe und sitzt mit Leuten zusammen. Einige kennst du, einige nicht. **Du würdest dich gerne am Gespräch beteiligen, traust dich aber nicht** zu sprechen, obwohl du extra hergekommen bist, um Geselligkeit zu haben und Leute kennenzulernen. Nun nimmst du allen Mut zusammen und sprichst dein Problem an. Sag in etwa: «Ich will euch mal sagen, wie es mir im Augenblick geht. Ich bin heute ins Schwulenzentrum gekommen, weil es mir zu Hause unerträglich langweilig war und ich mich nach Nähe zu anderen Schwulen und Geselligkeit sehne. Und nun sitze ich vor lauter Schüchternheit nur stumm da und bring meinen Mund nicht auf. Bin ich nur mit einem Menschen zusammen, habe ich keine Redehemmung. Nur in einer Gruppensituation wie jetzt im Augenblick fällt mir das alles so schwer.»

Ziel

Du teilst anderen Menschen, mit denen du gerne im Kontakt wärst, mit, wie deine augenblickliche Situation und Gefühlslage ist. Die anderen wissen nun genau, warum du schweigst. Fehlinterpretationen wie «Der will von uns nichts!», «Der hat uns nicht nötig!» usw. sind nun ausgeschlossen.

Beachte

Sag nur das, was wirklich im Augenblick bei dir los ist und du anderen auch wirklich anvertrauen willst. Du allein entscheidest, wieviel du von dir offenbarst.

Übungssituation 50

Du sitzt in einem Schwulenkommunikationszentrum am Tisch. **Das Gesprächsthema langweilt dich**/interessiert dich nicht besonders. Dagegen interessierst du dich sehr für die Leute, die am Tisch sitzen und sich recht lebhaft am Gespräch beteiligen.
Du wartest eine angemessene Zeit. **Dann greifst du ein** und bringst das Gespräch auf ein Thema, das dir mehr liegt.

Ziel

Du wartest nicht immer nur still und bescheiden ab, bis dir das Glück hold ist, sondern greifst selbst aktiv ein, um für dich günstige Situationen herzustellen.

Beachte

Greife nicht vorschnell in das laufende Gesprächsthema ein, sondern warte auf den richtigen Zeitpunkt deiner Intervention.

Übungssituation 51

Du bist in einem **Schwulenlokal**/in einem **Schwulenzentrum. Dir gegenüber sitzt ein Junge/ein Mann, den du äußerst attraktiv findest. Du hast Angst, ihn anzusprechen.** Statt, wie sonst, den «Coolen» zu spielen und nichts zu unternehmen, **nimmst du dir vor**, deine Gefühle zu verbalisieren (in Worte zu fassen).

Sag, nachdem du ihn für einige Augenblicke mit sehnsüchtigem Blick und leuchtendem Glanz in den Augen angesehen hast, in etwa: «Immer, wenn ich einen so attraktiven Jungen/attraktiven Mann wie dich sehe, traue ich mir plötzlich gar nichts mehr zu. Ich würde so gerne mit dir sprechen und dich kennenlernen, aber ich weiß nicht so recht, wie ich anfangen soll. Auch habe ich Angst, du könntest an mir kein Interesse haben. Aber jetzt, während ich so von meinen Ängsten und Hemmungen rede, sind sie auf einmal schon fast wie weggeblasen.»

Ziel

Du nimmst dir vor, deine **Angst zu überwinden**, indem du dich der Situation stellst. Mach dir klar, durch eine **klare Botschaft** gewinnst du in jedem Fall, unabhängig vom Ausgang: Dein «Angebeteter» erhält deine Botschaft. Er weiß nun, wie sehr du ihn magst. Nun kann er dir seinerseits eine reale Rückmeldung geben.

Beachte

Wichtiger als das, was du sagst, ist das Wie. Wenn du erlebte Angst im konkreten Moment echt und ungekünstelt auszudrücken wagst, wirkst du menschlich sehr angenehm und dringst durch deine Öffnung ganz bis zur Innenseite des anderen vor.

Übungssituation 52

Du **sitzt mit Freunden und Bekannten** am Tisch. **Plötzlich kommt ins Schwulenzentrum ein bildhübscher Junge**/Mann herein und nimmt vier Tische entfernt alleine Platz.

Du blickst immer wieder zu ihm rüber und lächelst ihn an. Dann setzt du dein strahlendstes Lächeln auf, gehst an seinen Tisch zu und sagst in etwa: «Hallo, ich habe dich noch nie hier in unserem Schwulenzentrum gesehen. Darf ich mich zu dir setzen? Ich würde dich sehr gerne kennenlernen.»

Ziel
Nachdem du nonverbal deutlich Interesse gezeigt (signalisiert) hast, gehst du von dir aus auf den anderen zu und sprichst ihn an.

Beachte
Achte darauf, daß nach dem Kontaktangebot auch ein nettes Gespräch in Gang kommt. Auch hier gilt: Übung macht den Meister!

Hausaufgabe 19

Überlege bitte, mit welchen Leuten du ein Gespräch anfangen könntest (Bekannte, Kollegen, Leute, die du häufiger an denselben Orten wiedertriffst, usw.).
Überlege weiter, welches Gesprächsthema du mit diesen Personen anschneiden könntest.
Überlege, welche Anknüpfungspunkte sich für ein Gespräch mit diesen Personen ergeben könnten.
Erledige diese Aufgabe bitte schriftlich!

Hausaufgabe 20

Gehe in der kommenden Woche möglichst täglich ins Schwulenzentrum oder in ein Schwulenlokal. Laß es dir zur Gewohnheit werden, Personen, die du besonders attraktiv findest, einfach anzusprechen und mit ihnen in Kontakt zu treten. Überwinde gelegentliche Rede- oder Kontakthemmung durch charmantes Ansprechen der im konkreten Moment auftretenden Ängste. Beachte, nicht Hemmungen haben ist das Problem, sondern untätig in Gehemmtheiten zu verharren!

15. Woche

Übungssituation 53

Du befindest dich auf einer Veranstaltung (Vortrag, Diskussionsabend usw.) im Schwulenzentrum deiner Heimatstadt. Keiner geht auf dich zu. **Die Stuhlreihen links und rechts von dir bleiben frei. Das ist dir unangenehm.** Du hast das Gefühl, keiner braucht dich, keiner will was von dir. Du äußerst deine Empfindungen.

Ziel

Du bringst den Mut auf, Leuten und Bekannten, die du nur vom Sehen her kennst, zu sagen, wie unangenehm es für dich ist, wenn man nicht auf dich zugeht oder deine Nähe sucht.

Übungssituation 54

Du hast dich mit einem Jungen oder einem Mann, den du sehr attraktiv findest, im Schwulenzentrum prächtig unterhalten. Im Verlauf des Gesprächs stellt sich heraus, daß **dein Gesprächspartner dich erotisch völlig uninteressant findet.** Du sagst deinem Gesprächspartner, wie frustrierend und enttäuschend das für dich ist, akzeptierst aber auch völlig seine Empfindungen.

Ziel

Wünsche und Erwartungshaltungen offen ansprechen und eine eventuelle Nichtübereinstimmung wirklich akzeptieren lernen.

Übungssituation 55

Du hast in einem Schwulenlokal oder im Schwulenzentrum **jemanden kennengelernt, mit dem du gerne Sex haben möchtest.** Der Betreffende gefällt dir äußerlich zwar ganz gut, **du wünschst dir aber mit ihm sonst keine engere Beziehung.** Aus Rücksicht ihm gegenüber sprichst du das deutlich an, damit der andere genau weiß, woran er bei dir ist.

Ziel

Sich einen aufrichtigen, ehrlichen Umgangsstil angewöhnen. Durch faires Offenlegen von Absichten und klares Aussprechen von Erwartungshaltungen Leid und Verletzungen weitgehend verhindern.

Übungssituation 56

Du hast **jemanden kennengelernt**, der dir sehr gut gefällt: Doch anders als er **willst** du **nicht sofort Sex mit ihm.** Du sagst ihm deutlich deinen Wunsch, euch erst langsam einander zu nähern, und bittest ihn, dies zu respektieren.

Hausaufgabe 21

Übe, **Erwartungshaltungen deutlich auszudrücken und Rückmeldung** über die Erwartungshaltung deines Gegenübers zu **erhalten.**

Beachte

Feste Beziehungen eingehen und häufiger Partnerwechsel sind für Schwule keine Gegensätze, sondern häufig widerspruchlos beieinander liegendes Verhalten. Entsprechend vielfältig wie die nichtsexuellen Beziehungen, von oberflächlichen Bekannten bis zu wichtigen platonischen Freunden, reicht auch die Palette der sexuellen Beziehungen von einmaligem Sexualkontakt bis zur festen Liebesbeziehung, mit der Möglichkeit, in der «Karriere» auf- und abzusteigen. Dies kann, insbesondere für Schwule, die erst noch am Beginn ihres Schwulenlebens sind, Verwirrung stiften sowie Leid und Enttäuschungen in sich bergen.

Die gegenseitigen Erwartungshaltungen kennen kann helfen, Frustrationen, Leid und Enttäuschungen zu verhindern. Ein solches Sich-Aussprechen verlangt Mut und faire Offenheit. Die Romantik einer aufkeimenden Beziehung erleidet dadurch keinen Schaden.

16. Woche

Übungssituation 57

Du bist allein zu Hause und fühlst dich einsam. Du rufst jemanden an, um Unterhaltung zu haben, eventuell bittest du ihn auch, dich zu besuchen, oder du machst einen konkreten Vorschlag, etwas mit dir zu unternehmen.

Ziel
Du wirst selbst tätig und wartest nicht auf den Zufall oder günstigere Umstände.

Übungssituation 58

Du triffst eine telefonische Verabredung mit einem Bekannten, den du längere Zeit nicht gesehen hast, eventuell auch mit einem vielbeschäftigten Gruppenmitglied, und überredest ihn zu einem Treffen in einem Lokal oder Café.

Ziel
Du lernst, jemanden zu überreden, wenn du ihn auf jeden Fall wiedersehen willst. Du willst den anderen möglichst bald wieder treffen und versuchst, ihn mit all deiner Nettigkeit und Überredungskunst dazu zu bringen.

Beachte
Überlege dir, zu welcher Zeit der Anruf für den anderen wohl am günstigsten wäre (flaue Bürostunden, Schichtarbeiter, Spätarbeiter). Schlage den gleichen oder einen der folgenden Tage zum Treffen vor mit genauen Ort- und Zeitvorschlägen.
Du eröffnest das Telefongespräch mit Erkundigungen über das Befinden, Tun ... des anderen, äußerst den Wunsch, ihn gern mal wiederzusehen, überredest ihn. (Eventuell läßt du Andeutungen über frühere Bekannte fallen, ohne zu ausführlich zu werden, über sein Inter-

essengebiet, gehst auf eines seiner speziellen Probleme besonders ein und sagst, wie gern du mehr davon hören würdest...) – Notfalls hast du als Begründung, daß du gern mal von einem früheren Bekannten hören willst, was er von deinen neuen Verhaltensansätzen hält.

Übungssituation 59

Du hast dich mit einem Bekannten für 17.00 Uhr in einem Café verabredet. Um 18.00 Uhr kommt er endlich an. **Du drückst deine Verärgerung über die Verspätung aus.** Sag ihm etwa: «Heiner, ich bin jetzt richtig wütend auf dich. Eine geschlagene Stunde habe ich nun auf dich gewartet...»

Ziel
Du drückst deine Verärgerung aus, **ohne dabei eine Du-Botschaft zu senden**, etwa wie «Heiner, du bist rücksichtslos und unzuverlässig. Wie kannst du mich eine ganze Stunde warten lassen? Das ist richtig unverschämt von dir...»
Durch Du-Botschaften drängst du den anderen nur in eine Verteidigungshaltung. Drückst du hingegen deine Verärgerung über das Verhalten des anderen durch eine Ich-Botschaft aus, bleibst du bei deinen Gefühlen und erleichterst es dem anderen, sein Fehlverhalten einzusehen und wiedergutzumachen.

Übungssituation 60

Jemand bemüht sich sehr um dich. Er überschüttet dich regelrecht mit netten Aufmerksamkeiten und versucht immer wieder, dich zu gemeinsamen Unternehmungen zu gewinnen. Der Betreffende **sagt dir aber in keinster Weise zu.** Du nimmst dir vor, ihm höflich und deutlich zu sagen, daß du mit ihm überhaupt nichts anfangen kannst. Sag in etwa: «Heiner, du gibst dir wirklich alle nur erdenkliche Mühe, mit mir in Kontakt zu kommen. Das ist richtig schmeichelhaft für mich. Nur leider kann ich mit dir wirklich überhaupt nichts anfangen. Bitte, sei mir nicht böse und akzeptiere, daß es mit uns wirklich nichts werden kann...»

Ziel
Lerne, einem anderen eine deutliche Rückmeldung zu geben, daß du ihn nicht magst. Sei dabei höflich und feinfühlig, aber auch klar, deutlich und bestimmt.

Beachte
Achte darauf, daß du durch deine Botschaft wirklich Klarheiten schaffst, auch wenn dich das Überwindung kostet und für den anderen zunächst sehr schmerzhaft ist.
Eine sehr unfaire, aber im Schwulenalltag häufig anzutreffende Methode ist es, getroffene Verabredungen nicht einzuhalten, in der Hoffnung, der andere wird schon merken, daß man nichts (oder nichts mehr!) von ihm will.

Hausaufgabe 22

Übe in der kommenden Woche, dir nahestehenden Personen (Bekannten, Freunden, Liebespartnern usw.) möglichst häufig **Rückmeldung zu geben** (Lob und Anerkennung ebenso wie Verärgerung ausdrücken), wie ihr Verhalten auf dich wirkt.

17. Woche

Übungssituation 61

Lerne, unpassenden Überraschungsbesuch behutsam hinauszukomplimentieren.
Du bist gerade beim Frühjahrsputz. Plötzlich kommt Heiner, der dich mit seinem Besuch überraschen wollte, vorbei.
Sag in etwa: «Hallo Heiner, ich finde es ja wirklich nett von dir, daß du mal wieder bei mir vorbeischaust. Aber sei mir nicht böse, im Mo-

ment bin ich nicht auf Besuch eingestellt. Wie du siehst, mache ich gerade Frühjahrsputz. Komm doch bitte ein andermal wieder vorbei. Tschüß!»

Du könntest ihn aber auch einladen, mitzuhelfen. Auf diese Weise würde sein Bedürfnis nach Unterhaltung und Nähe mit dir nicht frustriert, und du kämst, mit ihm zusammen, mit dem Putzen viel flotter voran.

Übungssituation 62

In deiner Schwulengruppe wird ein Vorschlag von dir abgelehnt. Je nach Situation und eigener Stimmungslage könntest du beispielsweise zuerst mehr auf der Beziehungsebene reagieren, wie: «Ich bin richtig sauer, daß ihr meinen Vorschlag nicht gut findet. Ich glaube, das ist doch nur, weil... (Jürgen, unser Gruppensprecher, mich nicht mag und sowieso immer alles Scheiße findet, was ich vorschlage...)» und dann erst auf der Sachebene nochmals ausführlich deutlich machen, wie gut deine Idee ist.

Ziel
Du willst überzeugen und für deine Idee werbend eintreten sowie bei Zurückweisung die auftauchenden negativen Gefühle und Empfindungen offen zeigen.

Sowohl auf der Sach- als auch auf der Beziehungsebene willst du dich selbstbewußt behaupten.

Übungssituation 63

Verärgerung wegen übler Nachrede ausdrücken. Von einem Bekannten/Freund erfuhrst du, daß man hinter deinem Rücken schlecht über dich geredet hat. Du gehst ins Schwulenzentrum und stellst die Betreffenden zur Rede. Du machst deutlich, wie unvereinbar mit schwuler Solidarität du das Verbreiten von üblen Gerüchten hältst und wie angewidert du von der ganzen Sache bist.

Ziel
Verärgerung ausdrücken und klare und gezielte Auseinandersetzung
mit den Verursachern.

Beachte
Bedenke, einerseits ist Klatsch und Tratsch unter Menschen (und
nicht zuletzt besonders auch bei Schwulen!) ein kaum ausrottbares
Übel und für viele Menschen eine der beliebtesten Kommunikations-
formen. Andererseits kann es im Extremfall bis zu Rufmord gehen und
den sozialen Tod eines Menschen bewirken.

18. Woche

Übungssituation 64

Mut zur eigenen (abweichenden) Meinung. Du bist auf einer Dis-
kussionsveranstaltung im Schwulenzentrum. Zu einem bestimmten
Sachverhalt hast du eine deutlich andere Meinung, andere politische
Ansicht als die meisten anderen Teilnehmer. Du hältst dich **nicht** aus
Angst vor Sympathieverlust zurück, sondern vertrittst klar, deutlich
und selbstbewußt deine abweichende Meinung.

Ziel
Lerne für deine Überzeugungen einzutreten. Stecke nicht zurück, nur
weil die Mehrheit was anderes vertritt. Versuche zu überzeugen durch
die Ausstrahlungskraft deiner eigenen Person.

Übungssituation 65

Jemand will sich über dich lustig machen. Du reagierst darauf
selbstbewußt.
Mache dir klar, der andere hat dann seinen Erfolg, wenn du Angst vor
der Situation hast, dich blamierst, schwach und klein fühlst. Es ist auch
nicht nötig, daß du den Spieß umdrehst und darauf hinarbeitest, daß

der andere blamiert und gedemütigt ist. Es genügt, wenn du keine Angst vor dem Angriff auf dein Selbstwertgefühl hast. Zeige dem anderen unmißverständlich und souverän, daß du seine Absicht durchschaust, du dich der Situation völlig gewachsen fühlst und der andere bei dir sein Ziel nicht erreicht und auch niemals erreichen kann.

Ziel
Du hast keine Angst davor, dich zu blamieren, bzw. du überwindest in der konkreten Situation die Angst vor einer Bedrohung deines Selbstwertgefühls.

Übungssituation 66

Du erhältst in einer Schwulendiskothek einen Korb. Mache dir klar, daß auch du nicht jeden Jungen oder Mann attraktiv findest. Du hattest den Mut, einem für dich attraktiven Menschen zu zeigen, wie sehr du ihn magst. Daß er dein Interesse nicht erwiderte, ist zwar für dich nicht angenehm, aber viel tragischer wäre es gewesen, wenn du aus Angst, bei ihm nicht anzukommen, es nicht gewagt hättest, dein Interesse an ihm zu zeigen.

Ziel
Übe zu verlernen, in Passivität zu verharren, aus der Angst heraus, nicht anzukommen.

Übungssituation 67

Wage auch außerhalb von Schwulentreffs, schwules Interesse zu zeigen. Übe, schwules Interesse auf der Straße, in öffentlichen Verkehrsmitteln (Bus, Bahn usw.), an Haltestellen, in Ausstellungen... im Park, in Lokalen, Cafés (keine Schwulentreffs!), einer hübschen Person zu zeigen.
Setze dein strahlendstes Lächeln auf. Genieße die angenehme erotische Wirkung, die die betreffende attraktive Person auf dich auswirkt. Laß dich dabei in eine gehobene Stimmung bringen, als würdest du auf

Wolken schweben, während du die betreffende Person genußvoll betrachtest. Saug genießerisch alle ästhetischen Reize in dich auf, einem Künstler gleich, der sich in Ruhe zurücklehnt und in behaglicher Zufriedenheit sein größtes Meisterwerk betrachtet.

Ist die betreffende Person selber schwul, hat sie schon längst dein unmißverständliches Interesse gemerkt und vielleicht auch schon in unterschiedlichen Nuancen, nonverbal (durch Ausdrucksverhalten) oder verbal (durch Worte) zustimmend oder ablehnend geantwortet. Im Falle einer eher zustimmenden Antwort beginne mit einem ganz behutsamen, romantischen Flirt: Bringe alle deine Verführungskünste zum Klingen, um gemeinsam mit deinem «Angebeteten» in eine verzauberte Welt voller Zärtlichkeit und sich erfüllender Sehnsüchte zu gleiten.

Hast du aufgrund der nonverbalen Antwort der faszinierenden Person die Vermutung, er sei **nicht schwul, wohl aber** sehr selbstbewußt und eitel über sein attraktives Äußeres, dann beginne behutsam mit einer netten Bemerkung über sein faszinierendes Aussehen. Begnüge dich damit, Gefühle des Entzückens spontan ausdrücken zu können, was dir wohltut, da du spontan und echt deine Gefühle des Beglücktseins ausdrückst und umgekehrt dies zugleich der Eitelkeit deines Gegenübers schmeichelt.

Zeigt das Antwortverhalten hingegen **Scheu und Schüchternheit**, dann sei besonders rücksichtsvoll und zurückhaltend. Erst wenn du begründeten Verdacht hast, er sei doch schwul, dann wage mehr. Ansonsten brich einfach ab. **Zeigt** dagegen **das Antwortverhalten mehr Angst und Aggression**, z. B. aus unbewältigten, mit sich selbst im Kampf liegenden unbewältigten schwulen Anteilen, dann sei ganz auf der Hut. Versachliche rasch das Ganze und achte nur darauf, daß Aggressionen beim Gegenüber nicht zum Durchbruch kommen und du nicht Opfer seiner Ängste (Sexualängste) wirst.

Ziel

Lerne, nicht ausschließlich auf die Schwulentreffs angewiesen zu sein, um Sexual- und Liebespartner kennenzulernen.

Gewöhne dir an, die Kreativität, die durch Sexualwünsche und -sehnsüchte entstehen kann, zu entdecken und zu kultivieren.

Lerne kennen, wie angenehm es ist, spontan angenehme Gefühle und beflügelnde Empfindungen auszudrücken.

Beachte
Die größte Gefahr bei dieser Übung droht dir von homophoben Menschen (Menschen mit einer krankhaften Angst vor der Homosexualität und den Homosexuellen) und von Menschen, die generell ein feindseliges Verhältnis zur Sexualität haben.

Hausaufgabe 23

Übe besonders fleißig, (für dich) **attraktive Personen ansprechen zu können.** Gewöhne dir an, attraktiven Personen (Menschen, die du attraktiv findest) durch Ausdrucksverhalten und/oder Worte zu zeigen, wie faszinierend du sie findest. Beschränke dich dabei nicht ausschließlich auf die Schwulentreffs.

Meisterschaft und Perfektion setzt auch hier Übung und harte Arbeit an sich selbst voraus. Orientiere dich dabei auch gelegentlich an Vorbildern. Bestimmt gibt es auch in deiner Schwulengruppe den einen oder anderen, dessen Ausstrahlungskraft und Kontaktverhalten du bewunderst (vielleicht ihn darum auch beneidest!).

Mache dir klar, weit wichtiger als das Geschenk eines attraktiven Äußeren als Mitgift ist ein völlig im Einklang mit dir selbst befindliches und alle in dir schlummernden Potentiale und Ausdrucksmöglichkeiten zum Klingen bringendes Kontaktverhalten.

Übungsfeld 9
Sich öffentlicher Beachtung aussetzen

19. Woche

Übungssituation 68

Du bist in einem vollen Speiselokal und willst zahlen. Du rufst laut:
«Herr Ober, die Rechnung, bitte.» Der Ober kommt an deinen Tisch,
notiert deinen Verzehr und nennt dir den zu zahlenden Betrag. Du
bittest darum, die **Rechnung** sehen zu dürfen, und läßt dir die einzelnen Posten **aufschlüsseln**. Gegebenenfalls läßt du dir eine Rechnung
für das Finanzamt ausstellen, die alle einzelnen Posten enthalten muß.

Ziel
Erst nachprüfen und dann zahlen.
Jemanden länger in Anspruch nehmen ohne Angst, ihn zu belästigen.

Beachte
Es handelt sich hier um einen rein geschäftlichen Vorgang. Du kränkst
andere nicht, wenn du Rechnungen prüfst. Beanstande auch Kleinig-
keiten. Sei sachlich und genau. Es hat nichts mit Großzügigkeit zu tun,
wenn du Beanstandungen aus dem Weg gehst.

Übungssituation 69

Du läßt in einem Lokal Essen zurückgehen. Die Beanstandung
könnte sich etwa beziehen auf: Das Essen ist schon kalt, versalzen, der
Wein ist sauer, du bekommst etwas anderes, als du bestellt hast, das
Fleisch ist zu sehr durchgebraten oder angebrannt... Du rufst den
Ober und machst ihn freundlich auf den Fehler aufmerksam und bittest ihn, das Essen umzutauschen. Der Ober kommt deiner Bitte
freundlich nach.

Ziel

Nicht aus Befangenheit Nachteile einzustecken.

Beachte

Sei freundlich, aber bestimmt. Schau den Ober direkt an. Du erklärst den Fehler und sagst dann etwa: «Bitte, bringen Sie mir...» Du vermeidest Sätze wie: «Könnten Sie vielleicht...?» Du erinnerst dich, daß solche Situationen keinen Anlaß für Entschuldigungen deinerseits bieten.

Übungssituation 70

Du suchst ein volles Tanzlokal auf, um «jemanden zu suchen». **Du durchquerst das Lokal zweimal** und hältst Ausschau. Gehe nach Möglichkeit auch **über die Tanzfläche** oder stell dich dorthin, um dich umzusehen.

Ziel

Du lernst, dich öffentlicher Beachtung auszusetzen und bereitest dich auf spätere Übungen vor.

Beachte

Falls Eintritt verlangt wird, versuchst du auf jeden Fall zunächst umsonst hineinzukommen, weil du einen Bekannten abholen mußt, der dort sein soll; erst sehen willst, was los ist... Die Zahl der Wiederholungen oder ein längerer Aufenthalt ergibt sich aus den Ausführungen zu Punkt 2 der nachfolgenden «Richtlinien für meine Bewertung».

Richtlinien für meine Bewertung

Kriterien	Punkte
Ich habe die Übung so durchgeführt, daß ich das ganze Lokal mindestens zweimal ganz durchquert habe, mich an zentraler Stelle (eventuell Tanzfläche) aufgehalten habe.	3

Ich habe die Übung so gestaltet, daß es mir nichts ausmacht,

längere Zeit in einem Tanzlokal zu verweilen und langsam über eine leere Tanzfläche zu schlendern.	3

Die Übung gilt als erfüllt, wenn ich sechs Punkte erzielt habe.

Übungssituation 71

Du versuchst, mit voller Absicht die Aufmerksamkeit von anderen Gästen in einem Lokal auf dich zu lenken, indem du bewußt mal etwas machst, was du sonst eventuell als «peinliches Ereignis» gerade fürchtest. Du könntest dich etwa geräuschvoll schneuzen, laut niesen, eine Gabel fallen lassen und vom Ober ein neues Besteck verlangen, dich verschluckt haben und heftig husten müssen...

Ziel
Du lernst, dich der öffentlichen Beachtung auch bei «tatsächlichen Anlässen» gelassen auszusetzen. Du siehst, daß es durchaus keinen Weltuntergang bedeutet, wenn du solche Dinge tust.

Beachte
Ziel der Übung ist nicht, andere echt zu belästigen oder zu provozieren (etwa jemanden anniesen oder anhusten). Wenn du gerade im Gespräch, etwa bei der Bestellung, warst, fährst du danach ohne jede Erklärung oder Entschuldigung unbefangen fort.

Richtlinien für meine Bewertung

Kriterien	Punkte
Ich habe die Übungen durchgeführt und die Beachtung durch andere bewußt auf mich gelenkt.	2
Ich habe niemanden dabei tatsächlich belästigt.	2
Ich bin ganz gelassen geblieben und habe in keiner Weise auf mein Husten, Niesen... Bezug genommen.	2

Die Übung gilt als erfüllt, wenn ich vier Punkte erreicht habe.

Hausaufgabe 24

Du gehst in ein volles Café oder Lokal und schaust dich in diesem Café/Lokal genau um. Du tust so, als ob du jemanden suchst. Schaue dir alle Leute recht intensiv an. Laß dir dabei Zeit. Gehe in Ruhe vom Ende des Cafés/Lokals zurück zum Ausgang. Wenn du die Möglichkeit dazu hast, übe diese Situation auch z. B. im Hörsaal, im Wartesaal, in öffentlichen Gebäuden usw.

20. Woche

Übungssituation 72

Du gehst mit deinem Freund/Übungspartner ins Kino (Abendvorstellung, vielbesuchter Film). Der Film hat noch nicht begonnen. Ihr betretet das Kino unabhängig voneinander. Einer geht auf dem rechten und einer auf dem linken Seitengang nach vorn. Wenn du etwa in der Mitte des Ganges angelangt bist, «bemerkst» du plötzlich deinen Freund und rufst laut: «Hallo Heiner, ...hast du schon einen Platz? Wir treffen uns nachher am Ausgang!» Der andere begrüßt dich freundlich und bittet dich herüberzukommen oder stellt eine kurze Rückfrage über den Treffpunkt.

Ziel

Du setzt dich der öffentlichen Beachtung aus. Du bist gezwungen, sehr laut zu rufen.

Du erlebst, daß du auch schwierige Situationen nicht zu vermeiden brauchst. Deine Handlung hat keine negativen Folgen. Im Gegenteil. Du hast spontan deine Freude über das Wiedersehen gezeigt, erfolgreich auf dich aufmerksam gemacht und eine konkrete Verabredung getroffen.

Beachte

Rufe mindestens zwei voll ausformulierte Sätze. Winke deutlich, damit der andere dich auch bemerkt.

Übungssituation 73

Du kommst etwas zu spät zu einer Veranstaltung und läßt dir den Beginn von deinem Nachbarn kurz erklären, was dieser freundlich tut.

Ziel
Diese Information ist für dich wichtig. Du nimmst dafür eine geringfügige Störung der anderen in Kauf.

Beachte
Du übst, weil du eine übertriebene Angst, andere zu belästigen, überwinden möchtest. Dies geschieht durch häufiges Tun, ohne daß die gefürchteten Folgen eintreten. In dieser Situation könntest du aber die Grenze der sozialen Toleranz überschreiten (du sprichst zu laut oder zu lange).

Übungssituation 74

Du rufst im vollen Kino laut die Verkäuferin von Süßigkeiten, Eiscreme... und fragst nach dem Preis der Ware, ohne diese zu kaufen.

Ziel
Du übst, dich gelassener der öffentlichen Beachtung auszusetzen. Du bemühst einen Verkäufer und fühlst dich nicht genötigt, die Ware nur deshalb auch zu kaufen. (Du findest es etwas zu teuer.)

Beachte
Informiere dich vorher, in welchem Kino entsprechende Übungsmöglichkeiten bestehen.

Richtlinien für meine Bewertung

Kriterien	Punkte
Ich habe laut genug und deutlich gerufen und meinen Wunsch in einem Satz formuliert.	2
Ich habe in angemessenem Ton nach dem Preis gefragt und dann freundlich abgelehnt, ohne mich zu entschuldigen.	2

Die Übung gilt als erfüllt, wenn ich vier Punkte erreicht habe.

Übungssituation 75

Du sollst heute vor der Gruppe einen fünfminütigen Vortrag über ein Thema halten, das dich selbst betrifft: über dein Arbeitsgebiet, deine Interessen (Mode, Hobby) oder über Prinzipien dieses Trainingsprogramms (Verhaltensanalyse, Lernprinzipien)... Anschließend führst du eine kurze Diskussion zu diesem Thema. Du hast einen vorbereiteten Text, redest aber frei, stehend, schaust die Zuhörer an, machst öfters Pausen und fragst: «Haben alle verstanden?»
Du übst auch, dich absichtlich fünfmal zu versprechen, schneuzt dir einmal die Nase, forderst ein Glas Wasser, trinkst ein paar Schlucke und redest ganz ruhig weiter. Die Gruppe hört interessiert zu, äußert sich in der Diskussion anerkennend.

Ziel
Statt ständig aus Angst, etwas Falsches zu sagen oder zu tun, solchen Situationen aus dem Wege zu gehen, übst du, dir einfach mal absichtlich Fehler zu erlauben. Du siehst, es passiert nichts. Du befaßt dich mit deinen Zuhörern: Anschauen, Pausen, Rückfragen, Diskussion.

Beachte
Der Inhalt deines Vortrages ist unwichtig. Er soll vor allem deine persönliche Meinung ausdrücken. Achte auf eine lockere Haltung. Versuche auch, durch Handbewegungen deine Worte zu unterstreichen.

Hausaufgabe 25

Du suchst im Kino, Hörsaal, Vortragsraum o. ä. einen freien Mittelplatz einer Sitzreihe auf, deren äußere Plätze schon besetzt sind. Du bittest durch Gestik und / oder Worte die bereits sitzenden Gäste, dich durchzulassen. Diese kommen deiner Bitte nach.

Hausaufgabe 26

Du verläßt ein Kino, einen Hörsaal, einen Vortragsraum o. ä. vor Beendigung der Veranstaltung. Da du einen Mittelplatz eingenommen hast, bittest du durch Gestik und / oder Worte die Nachbarn, dich durchzulassen. Diese kommen deiner Bitte nach.

21. Woche

Übungssituation 76

Abschlußfete: Großer «Anmachtag» in einer Schwulendiskothek. Jeder Gruppenteilnehmer lädt 4–5 Bekannte / Freunde zu der «Anmachfete» ein. Zu mindestens 50 Mann betretet ihr am Wochenende die bestbesuchte Schwulendiskothek eurer Heimatstadt. Jeder von euch hat auf dem Rücken einen großen Aufkleber «Heute ‹Anmachtag›» und auf der Brust einen Aufkleber mit «Mach mich doch auch an!» Jeder von euch hat die Aufgabe, einen Diskothekenbesucher, den er besonders attraktiv findet, anzusprechen bzw. bei ihm anzubändeln. Wer einen Korb erhält, setzt seine Aktion so lange fort, bis es klappt.

Ziel der Übung ist es, die Angst vor Zurückweisung durch kollektive Aktionen zu mindern, zum anderen, die in Schwulendiskotheken herrschende Norm des passiven Abwartens zu brechen und ein Klima spontaner Aktivität durch eine gemeinsame Großaktion anzuregen. Viel Spaß und viel Erfolg dabei!

Übrigens, wenn sich für euch die Übung als sehr lohnend herausstellt, dann wiederholt sie ruhig zu gegebener Zeit mal wieder. Gegebenenfalls vielleicht ja auch mal in Schwulendiskotheken einer eurer Nachbarstädte.

Literaturempfehlung

Alberti, Robert E./Michael L. Emmons: Ich behaupte mich selbst. Ein Übungsprogramm. Frankfurt: Fachbuchhandlung für Psychologie 1977

Argyle, Michael: Körpersprache und Kommunikation. Paderborn: Junfermann 1978

Bach, Georg R./Peter Wyden: Streiten verbindet. Gütersloh: Bertelsmann 1970

Bach, George R./Ronald M. Deutsch: Pairing. Intimität und Offenheit in der Partnerschaft. Reinbek: Rowohlt 1979

Berne, Eric: Spiele der Erwachsenen. Psychologie der menschlichen Beziehungen. Reinbek: Rowohlt 1968

Berne, Eric: Spielarten und Spielregeln der Liebe. Psychologische Analysen der Partnerbeziehung. Reinbek: Rowohlt 1971

Bion, Winfried R.: Erfahrungen in Gruppen und andere Schriften. Frankfurt: Fischer 1990

Dunde, Siegfried R.: Auf dem Weg zum Ich. Schritte zur Selbstverwirklichung. Gütersloh: Mohn 1984

Dyer, Wayne W.: Der wunde Punkt. Die Kunst nicht unglücklich zu sein. Zwölf Schritte zur Überwindung unserer seelischen Problemzonen. Reinbek: Rowohlt 1977

Dyer, Wayne W.: Führen Sie in Ihrem Leben selbst Regie. Manipulationsversuche erkennen und sofort kontern. Landsberg: Moderne Verlagsgesellschaft 1978

Harris, Thomas A.: Ich bin o. k. Du bist o. k. Wie wir uns selbst besser verstehen und unsere Einstellungen zu anderen verändern können. Eine Einführung in die Transaktionsanalyse. Reinbek: Rowohlt 1973

Heinzel, Joachim: Verhaltenstherapie bei Erwachsenen und Kindern. Paderborn: Schöningh 1980

Fast, Julius: Körpersprache. Reinbek: Rowohlt 1971

Fittkau, Bernd/Hans-Martin Müller-Wolf/Friedemann Schulz von Thun: Kommunizieren lernen (und umlernen). Trainingskonzeptionen und Erfahrungen. Braunschweig: Westermann 1977

Frör, Hans: Spiel und Wechselspiel. Kommunikationsspiele für Gruppen. Material und Methodik. München: Kaiser 1974

Gorden, Thomas: Familienkonferenz. Hamburg: Hoffmann und Campe 1972

Grossmann, Thomas: Schwul, na und? Reinbek: Rowohlt 1981

Grossmann, Thomas: Eine Liebe wie jede andere. Reihe: Elternrat. Reinbek: Rowohlt 1982

Hennenhofer, Gerd/Klaus D. Heil: Angst überwinden. Selbstbefreiung durch Verhaltenstraining. Stuttgart: Deutsche Verlags-Anstalt 1973

Hofstätter, Peter R.: Gruppendynamik: Kritik der Massenpsychologie. Hamburg: Rowohlt 1957

James, Muriel/Dorothy Jongeword: Spontan leben. Übungen zur Selbstverwirklichung. Reinbek: Rowohlt 1974

James, Muriel/Louis M. Savary: Befreites Leben. Transaktionsanalyse und religiöse Erfahrung. München: Kaiser 1977

Kirst, Werner/Ulrich Diekmeyer: Contact Training. Stuttgart: Deutsche Verlags-Anstalt 1971

Kisten, Rainer E./Joachim Müller-Schwarz: Gruppen-Training. Stuttgart: Deutsche Verlags-Anstalt 1971

Klein, Irene: Gruppenleiten ohne Angst. Handbuch für Gruppenleiter. München: Pfeifer 1974

Kochan, Barbara (Hrsg.): Rollenspiel als Methode sprachlichen und sozialen Lernens. Kronberg: Scriptor 1975

Köllner, Erhard: Homosexuelle Sozialisation und Gay Counselling. Coming out und homosexuelle Sozialisation unter besonderer Akzentuierung von Reifegradpräferenz und Interpersonaler Attraktion. – Eine sexualwissenschaftliche Studie mit sozialpädagogischer Reflexion. Münster: Lit 1990

Köllner, Erhard: Zur Problematik ‹Freundschaftsdauer› bei Homosexuellen. In: Erhard Köllner: Pädagogische Bemühungen. Eine Sammlung von Aufsätzen. Münster: Lit 1991, S. 77–86

Köllner, Erhard: Das Wesen der Ephebophilie und ihre Stellung in der Homosexuellen-Forschung. In: Erhard Köllner: Pädagogische Bemühungen. Münster: Lit 1991, S. 87–96

Konopka, Gisela: Soziale Gruppenarbeit, ein helfender Prozeß. Weinheim: Beltz 1968

Kopp, Sheldon B.: Triffst du Buddha unterwegs... Psychotherapie und Selbsterfahrung. Frankfurt: Fischer 1978

Krause, Gerhard: Positives Denken. Der Weg zum Erfolg. 13 Bausteine für ein erfülltes Leben. Reinbek: Rowohlt 1985

Lüscher, Max: Signale der Persönlichkeit. Rollenspiele und ihre Motive. Reinbek: Rowohlt 1976

Luft, Joseph: Einführung in die Gruppendynamik. Stuttgart: Klett 1971

Mandel, Anita/Karl Herbert Mandel/Ernst Stadter/Dirk Zimmer: Einübung in die Partnerschaft durch Kommunikationstherapie und Verhaltenstherapie. München: Pfeifer 1971

Mucchielli, Roger: Gruppendynamik. Salzburg: Müller 1941

Perls, Friedrich S.: Gestalt, Wachstum, Integration. Paderborn: Junfermann 1980

Rattner, Josef: Gruppentherapie. Die Psychotherapie der Zukunft. Frankfurt: Fischer 1973

Rogers, Carl R.: Entwicklung der Persönlichkeit. Stuttgart: Klett 1973

Rogers, Carl R.: Lernen in Freiheit. München: Kösel 1979

Rogers, Carl R.: Der neue Mensch. Stuttgart: Klett-Cotta 1981

Schmidtbauer, Wolfgang: Sensitivitätstraining und analytische Gruppendynamik. München: Piper 1973

Schult, Hans Jürgen (Hrsg.): Einsamkeit. Stuttgart: Kreuz 1980

Schulz von Thun, Friedemann: Miteinander reden. Störungen und Klärungen. Reinbek: Rowohlt 1981

Schutz, William C.: Freude. Gruppentherapie, Sensitivitytraining, Ich-Erweiterung. Reinbek: Rowohlt 1971

Shaftel, Fanny R./George Shaftel: Rollenspiel als soziales Entscheidungstraining. München: Reinhardt 1973

Siems, Martin: Coming out. Hilfen zur homosexuellen Emanzipation. Reinbek: Rowohlt 1980

Siems, Martin: Dein Körper weiß die Antwort. Focusing als Methode der Selbsterfahrung. Eine praktische Anleitung. Reinbek: Rowohlt 1986

Stevens, John O.: Die Kunst der Wahrnehmung. Übungen der Gestalttherapie. München: Kaiser 1975

Schwäbisch, Lutz/Martin Siems: Anleitung zum sozialen Lernen für Paare, Gruppen und Erzieher. Kommunikations- und Verhaltenstraining. Reinbek: Rowohlt 1974

Teegen, Frauke/Anke Grundmann/Angelika Röhrs: Sich ändern lernen. Anleitung zur Selbsterfahrung und Verhaltensmodifikation. Reinbek: Rowohlt 1975

Watzlawick, Paul/Janet H. Beavin/Don D. Jackson: Menschliche Kommunikation. Formen, Störungen, Paradoxien. Bern: Huber 1969

«Der Mann kann vieles tun. Er kann Herrschaft faßbar machen. Überall ist jemand über ihn, der ihn beherrscht. Dagegen kann er aufbegehren. Überall beherrscht der Mann selber Menschen, ist er Vater, Ehemann, Chef, Direktor, Ausbilder, Ressortleiter... Damit kann er aufhören.»
Volker Elis Pilgrim

Tahar Ben Jelloun
Die tiefste der Einsamkeiten *Was ist aus mir geworden? Ich bin kein Mann mehr. Es ist gefroren, das ist der Tod, der mich zwischen den Beinen packt. Man muß mich operieren. Kannst du keine Röntgenaufnahme machen?*
(rororo mann 8252)
Der Autor schreibt von der sexuellen Not afrikanischer Fremdarbeiter in Frankreich. Vermittelt werden Einblicke in eine verborgene Welt männlicher Scham, Verzweiflung und Heimatlosigkeit.

Lutz Van Dijk
«Ein erfülltes Leben - trotzdem...» **Erinnerungen Homosexueller 1933 - 1945**
(rororo mann 8278)

Harry Friebel
Die Gewalt, die Männer macht *Lese- und Handbuch zur Geschlechterfrage*
(rororo mann 8267)

Horst Herrmann
Vaterliebe *Ich will ja nur dein Bestes*
(rororo mann 8248)

Walter Hollstein
Machen Sie Platz, mein Herr! *Teilen statt Herrschen*
(rororo mann 8277)

Mathias Jung (Hg.)
Männer lassen Federn *Unbelehrbar oder im Aufbruch?*
(rororo mann 8269)

Tor Nørretranders (Hg.)
Hingabe *Über den Orgasmus des Mannes*
(rororo mann 8216)

Burkhard Schröder
Spuren der Macht *Memmen, Macker, Muskelmänner*
(rororo mann 8264)
Ab-Schnitte *Über Macht und Ohnmacht der Gefühle nach einer Trennung*
(rororo mann 8250)
Unter Männern *Brüder, Kumpel Kameraden*
(rororo mann 8236)
Rechte Kerle *Skinheads, Faschos, Hooligans*
(rororo mann 8271)

Das gesamte Programm der Taschenbuchreihe *mann* finden Sie in der *Rowohlt Revue*. Jedes Vierteljahr neu. Kostenlos in Ihrer Buchhandlung.

Andro
Laß Dir Zeit für Deine Lust... oder anderes als das Gewöhnliche wagen
(rororo mann 8279)

M Bisinger / U. Büntjen / S. Haase / H. Manthey / E. Schäfer (Hg.)
Der ganz normale Mann *Frauen und Männer streiten über ein Phantom*
(rororo mann 8275)

M. Frings / E. Kraushaar
Liebesdinge *Bemerkungen zur Sexualität des Mannes*
(rororo mann 8213)

Haydar Karatepe / Christian Stahl (Hg.)
Männersexualität
(rororo mann 8281)

LUST *Die Lust der Frauen. Die Lust der Männer. Unsere geheimen Lüste*
Redaktion von «Ottar, Buchzeitschrift über Sexualität, Zusammenleben und Gesellschaft» (Stockholm / Schweden) Hg.
(rororo mann 8224)
In diesem Buch versuchen Frauen und Männer ihre erotische Lust darzustellen – wie sie sich erinnern, wie sie Lust empfinden und wie sie ihre Lust gerne ausleben würden.

Bernd Nitzschke
Die Liebe als Duell *...und andere Versuche, Kopf und Herz zu riskieren*
(rororo mann 8272)
Der Autor legt hier eine Sammlung seiner Texte über Liebe und Sexualität vor.

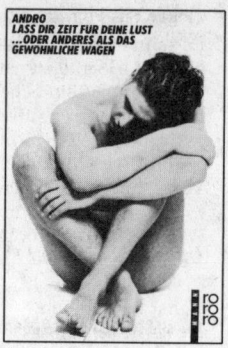

ANDRO
LASS DIR ZEIT FUR DEINE LUST
...ODER ANDERES ALS DAS
GEWOHNLICHE WAGEN

H. u. W. Nutt (Hg.)
Brüderlein fein *Geschichten über ein schwieriges Verhältnis zwischen Männern*
(rororo mann 8262)

Helmut Ostermeyer
Zärtlichkeit
(rororo mann 8259)

D. Schnack / R. Neutzling
Kleine Helden in Not *Jungen auf der Suche nach Männlichkeit*
(rororo mann 8257)

Jürgen Volbeding (Hg.)
Die Kraft ist schwach, allein die Lust ist groß *Ein MANN-Lesebuch*
(rororo mann 8242)

Das gesamte Programm der Taschenbuchreihe *mann* finden Sie in der *Rowohlt Revue*. Jedes Vierteljahr neu. Kostenlos in Ihrer Buchhandlung.

Volker Elis Pilgrim

Volker Elis Pilgrim, geboren 1942 in Wiesbaden, aufgewachsen in der DDR, Studium der Psychologie, Rechtswissenschaft und Soziologie an den Universitäten Göttingen und Frankfurt, Dr. jur., seit 1970 freier Schriftsteller.

Manifest für den freien Mann
(rororo mann 8220)

Der selbstbefriedigte Mensch
Freud und Leid der «Onanie»
(rororo mann 8217)
Dieses Buch ist eine Mischung aus Theorie und Praxis, Kunst und Wissenschaft. Es enthält Erfahrungen und Spekulationen des Autors und eine Materialsammlung zur Geschichte des «Onanie»-Tabus, das um 1700 entstand.

Der Untergang des Mannes
(rororo mann 8214)

Dressur zum Bösen *Warum wir uns selber und andere kaputtmachen*
(rororo mann 8201)
Das Buch ist ein Angriff gegen die Männerkategorie der «Mutter als einziger Bezugsperson» und gegen die Idyllevorstellung von der Kleinfamilie.

Elternaustreibung *Roman*
(rororo mann 8205)
«Ein schamloses Buch... schamlos im allereinfachsten Wortsinn: ohne Scham. Ohne Respekt vor jeder Intimschranke... Ein aufrichtigeres Buch wurde selten geschrieben...»
Hans Krieger in DIE ZEIT

Muttersöhne
(rororo mann 8240)

Adieu Marx *Gewalt und Ausbeutung im Hause des Wortführers*
288 Seiten. Kartoniert

Zehn Gründe, kein Fleisch mehr zu essen
(rororo sachbuch 8273)

Volker Elis Pilgrim / Alexej Mend
Das Paradies der Väter
(rororo mann 8207)

Volker Elis Pilgrim / Doris und Herbert Liffmann (Hg.)
Fremde Freiheit *Jüdische Emigration in Australien Briefe 1938 - 1940*
256 Seiten. Gebunden
Die Machtübernahme der Nationalsozialisten in Deutschland vertrieb viele europäische Juden aus ihrer Heimat. Demütigende Erfahrungen und unmittelbare Bedrohung der Existenz lösten im Jahre 1939 die letzte Auswanderungswelle aus. In diesem Buch berichten Menschen, denen die Flucht in die fremde Freiheit Australien noch rechtzeitig gelungen ist.

rororo sachbuch

«Die Liebe hat nun einmal
dieses Übel, daß Krieg und
Frieden immer wechseln.»
Horaz, Satiren

Lonnie Barbach
Mehr Lust *Gemeinsame
Freude an der Liebe*
(rororo sachbuch 8721)

Cheryl Benard / Edit Schlaffer
Männer *Eine
Gebrauchsanweisung für
Frauen*
(rororo sachbuch 8820)
Im Dschungel der Gefühle *Ex-
pedition in die Niederungen
der Leidenschaft*
(rororo sachbuch 8783)

Barbara Gordon
Jennifer-Fieber *Der
Männertraum vom jungen
Glück*
(rororo sachbuch 9159)

Marty Klein
Über Sex reden *Heimliche
Wünsche, verschwiegene
Ängste*
(rororo sachbuch 8824)

Suzan Lewis / Cary L. Cooper
Karriere Paare *Mehr Zeit
für uns*
(rororo sachbuch 8858)

Tina Tessina
In guten wie in schlechten Tagen
*Anregungen für homosexuelle
Paare*
(rororo sachbuch 8782)
Dieses einfühlsame Buch trägt
den besonderen Möglichkeiten und Problemen homo-
sexueller wie lesbischer Beziehungen Rechnung und gibt
praktische Anregungen vom
ersten Flirt bis zur Goldenen
Hochzeit.

Diane Vaughan
Wenn Liebe keine Zukunft hat
*Stationen und Strategien der
Trennung*
(rororo sachbuch 8818)

Judith Sills
Liebe nach dem ersten Blick
Handbuch für Romantiker
(rororo sachbuch 9134)
«Dies ist kein Buch über
hoffnungslos unglückliche
Beziehungen, sondern eines
über potentiell glückliche.»

Ethel S. Pearson
Lust auf Liebe *Die Wieder-
entdeckung des
romantischen Gefühls*
(rororo sachbuch 9304)

Béatrice Hecht-El Minshawi
Zwei Welten, eine Liebe *Leben
mit Partnern aus anderen
Kulturen*
(rororo sachbuch 9141)

Das gesamte Programm der
Taschenbuchreihe «zu zweit»
finden Sie in der Rowohlt
Revue. Jedes Vierteljahr neu.
Kostenlos in Ihrer Buchhand-
lung.